Handbuch für

Freizeitleiterinnen

und Freizeitleiter

Inhaltsverzeichnis

Impressum:

Autoren:
   Martina Drabner, Manfred Fuß, Hubert Meyer-Wessel, Kerstin Rittner, Andrea Trautmann, Claudia Winter, Martin Wirthensohn
Lektorat:
   Dr. Helle Becker
Redaktion:
   Dr. Helle Becker, Martina Drabner
Layout & Satz:
   Hermann Giesen, jugendhaus düsseldorf e.v.
Umschlaggestaltung:
   WerbeNeun, Essen
Cartoons:
   Dirk Meissner, Köln
Druck:
   Koninklijke Wöhrmann B.V., NL-Zutphen

2. Auflage 2003

© 	 Verlag Haus Altenberg, Carl-Mosterts-Platz 1, 40477 Düsseldorf, 2002
Alle Rechte vorbehalten. Jede Form der Verwertung und der elektronischen Publikation ohne Zustimmung des Verlages ist unzulässig. Zu diesem Buch waren umfangreiche Recherchen notwendig. Leider konnten wir nicht in jedem Fall ein Urheberrecht oder eine Quelle ausfindig machen. Für entsprechende Hinweise sind wir dankbar
ISBN 3-7761-0069-9
Diese Publikation wurde mit Mitteln aus dem Kinder- und Jugendplan des Bundes gefördert.

Einleitung

Lieber Freizeitleiterinnen und Freizeitleiter!

Ferienfreizeiten zu leiten ist eine verantwortungsvolle Aufgabe – vertrauen euch doch Eltern ihre Kinder an, um – wie man so schön sagt – die „schönsten Wochen des Jahres" zu verbringen. Auch für euch soll die Begleitung Spaß machen und nicht mit durchgebrannten Nerven enden.

In der Regel werdet ihr durch den Träger eurer Fahrt, zum Beispiel euer Ferienwerk, eure Pfarrgemeinde oder euer Jugendverband mit Schulungen auf diese Aufgabe vorbereitet. Manchmal vergisst man jedoch das eine oder andere, insbesondere dann, wenn die Schulung schon eine Weile zurückliegt. Manchmal fehlt es auch an kleinen Hilfestellungen, welche die Arbeit vor Ort vereinfachen können wie Spiele- und Programmideen, eine Übersicht für erste Hilfe-Maßnahmen oder Listen und Vordrucke für die Ausflugsplanung etc.

Um euch die direkte Arbeit vor Ort zu erleichtern, haben wir dieses Handbuch zusammengestellt. Es handelt sich dabei um eine Neuauflage des von der BAG Katholischer Jugendferienwerke bereits 1993 erstmals herausgegebenen Handbuches für Freizeitleiterinnen und Freizeitleiter. Bewährtes haben wir wieder bzw. neu aufgenommen und neue Themen hinzugefügt. Das Buch will keine Patentrezepte für eure Arbeit geben, sondern als hilfreiches Nachschlagewerk dienen. Es eignet sich vor allem während der Freizeit, daher haben wir bewusst auf die Themenbereiche verzichtet, die sich auf grundsätzliche Vorbereitungen wie Unterkunftsauswahl, Werbung usw. beziehen. Ihr findet in der vorliegenden Ausgabe jedoch nützliche Adressen zur Vorbereitung einer Fahrt.

Die einzelnen Kapitel können unabhängig voneinander gelesen werden. Einige Themen berühren mehrere Bereiche und werden daher mehrfach und in ver-

schiedenen Kapiteln angesprochen. Wenn irgendwo mehr zum Thema zu finden ist, wird darauf durch einen Verweis auf das entsprechende Kapitel aufmerksam gemacht.

Der erste Teil des Handbuches enthält grundsätzliche Informationen, die sowohl bei der Freizeitleitung als auch gegebenenfalls bei Gruppenstunden von Bedeutung sind. Im zweiten Teil findet ihr eine Fülle praktischer Tipps, Methoden und Umsetzungsideen für die konkrete Arbeit. Der letzte Teil beinhaltet Organisationshilfen in Form von Checklisten und Kopiervorlagen, ein Nachsch ;ewerk für Erste-Hilfe-Maßnahmen sowie einen Anhang mit Hinweisen, auf Literatur und Adressen für weiterführende Informationen und Beratung.

Die hier vorgestellten Checklisten und Kopiervorlagen findet ihr auch als Download im Internet unter *www.jugendhaus-duesseldorf.de* – Stichwort: Jugendreisen/Downloads. Die Vorlagen stammen alle aus der Freizeitpraxis und können nach eigenen Bedürfnissen abgewandelt werden.

Für die kommende Freizeit wünschen wir euch eine lebendige Gruppe, ein tolles Team und jede Menge Spaß!

Martina Drabner
BAG Katholische Jugendferienwerke

Aufs Team kommt's an!

Für eine Freizeit ist – neben vielen anderen Faktoren – auch die funktionierende Arbeit im Leitungsteam eine Basis für gutes Gelingen. Wenn sich ein Leitungsteam für eine Freizeit neu konstituiert, bringt jedes Mitglied eigene Vorerfahrungen und Fähigkeiten ein. Erst nach und nach und im Umgang miteinander werden Gemeinsamkeiten und Unterschiede festgestellt und bildet sich eine Gruppe mit unterschiedlichen Facetten und Rollen heraus. Eine gemeinsame Vorbereitungsphase ist deshalb eine wichtige Voraussetzung, um die Leitungsaufgaben einer Freizeitmaßnahme bewältigen zu können. Wichtige Punkte sind dabei das Kennenlernen der Teammitglieder, die gemeinsame Planung der Freizeit und die Vereinbarung konkreter Absprachen.

Teamstruktur und Aufgabenverteilung

In der Regel übernimmt der Träger/Initiator der Maßnahme die Aufgabe, ein Team zusammenzustellen. Die Teamgröße orientiert sich dabei an den gestellten Aufgaben und an der TeilnehmerInnenzahl. Als Mindeststandard sollte auf jeden Fall ein/e FreizeitleiterIn pro angefangene 10 TeilnehmerInnen eingesetzt werden. Bei größeren Teams – zum Beispiel bei Freizeiten mit mehr als 40 TeilnehmerInnen – ist ein Mitarbeiterraster mit klarem Rollenprofil sinnvoll.

Hier ein Beispiel für ein Zeltlager mit 80 TeilnehmerInnen:
◆ 1 LagerleiterIn – Gesamtleitung
◆ 8 ZeltbetreuerInnen – AnsprechpartnerIn, Aufsicht für je ein Zelt und verantwortlich für das Programm
◆ 1 FahrerIn – Transport, Einkauf
◆ 1 Büro – Verwaltung, Telefon
◆ 1 SpringerIn – Frau/Mann für „alle Fälle"
◆ 1 Sanitäter – Erstversorgung
◆ 1 Kiosk – Getränkeverkauf
◆ 3 Küche – Verpflegung

Neben der Größe sollten bei der Zusammensetzung eines Teams weitere Kriterien überprüft werden:
◆ Ist das numerische Verhältnis zwischen erfahrenen und unerfahrenen TeamerInnen ausgeglichen?
◆ Ist das Verhältnis des Anteils von Frauen und Männern im Team ausgeglichen?
◆ Braucht man ggf. TeamerInnen mit speziellen Fachkenntnissen?
◆ Besteht ein ausreichender Altersabstand zwischen TeamerIn und TeilnehmerInnen?

Für eine Ferienfreizeit muss im Voraus eine Menge geplant und bedacht werden. Hilfreich kann die Erstellung einer Checkliste zur Freizeitenplanung sein. Jedes Teammitglied nimmt sich fünf Minuten Zeit und schreibt stichpunktartig seine Ideen und Überlegungen auf. Dann werden die einzelnen Punkte vorgelesen und unter Oberbegriffen sortiert.

Hier eine Checkliste zur Freizeitenplanung:

◆ Welche TeilnehmerInnen werden dabei sein?
◆ Wie soll der Leitungsstil sein?
◆ Wie soll die Teamarbeit sein?
◆ Welche Absprachen treffen wir (Tagesablauf, Alkohol, Rauchen, Aufsichtspflicht, Nachtruhe, ...)?
◆ Wie sieht die Organisation aus (Ausschreibung, Anreise, Taschengeldverwaltung, ...)?
◆ Wie gestalten wir das Programm?
◆ Welche Kompetenzen und Vorlieben haben wir im Leitungsteam? (Eine nützliche Checkliste zur Abfrage der Teamerkompetenzen findet sich im auf Seite 179f.

Eine umfangreiche und differenzierte Liste bietet einen Überblick darüber, was während der Vorbereitung geplant und berücksichtigt werden muss. Eine klare Aufgabenverteilung erleichtert die Teamarbeit. Jedes Teammitglied sollte Aufgabenbereiche übernehmen, die seinen Fähigkeiten entsprechen. Unbeliebte Aufgaben werden gleichmäßig verteilt bzw. abwechselnd übernommen.

Voraussetzungen für eine gelungene Teamarbeit

◆ Je besser sich die Teammitglieder untereinander kennen (Vorerfahrungen, Interessen, Motivation, Erwartungen, Befürchtungen), um so eher entwickelt sich ein guter Teamgeist.
◆ Zwischen den TeamerInnen braucht es ein Mindestmaß an Sympathie und Vertrauen.
◆ Jedes Teammitglied sollte gleichberechtigt und gleich verantwortlich sein, sofern nicht in besonderen Konstellationen andere Absprachen getroffen werden.
◆ Ein gesundes Selbstwertgefühl, Durchsetzungsvermögen, aber auch Kompromissbereitschaft sind ebenso wichtige Säulen der Teamarbeit.
◆ Jedes Teammitglied muss bereit sein, die anderen TeamerInnen zu akzeptieren und sich ehrlich mit ihnen auseinander zu setzen.
◆ Das Team sollte sich in wichtigen Grundsätzen einig sein. Jedes Teammitglied sollte Teambeschlüsse akzeptieren und nach außen vertreten können.

Überlastung und Überforderung von MitarbeiterInnen

Nicht immer sind alle MitarbeiterInnen in der Lage, die ihnen übertragenen Aufgaben zur Zufriedenheit aller im Team zu erledigen. Dies kann unterschiedliche Ursachen haben:
◆ FreizeitleiterInnen, die zum ersten Mal mitarbeiten, sind unsicher, weil sie Strukturen und Abläufe noch nicht kennen.
◆ Schwierige TeilnehmerInnen verunsichern die Freizeitleitung und erschweren klares und entschlossenes Auftreten.
◆ FreizeitleiterInnen sind durch die Anstrengungen der Freizeit und wenig Schlaf ausgepowert.

Ein Team ist dann gut, wenn Überlastung und Überforderung von MitarbeiterInnen nicht als unerwünschte Störung betrachtet werden. Wenn MitarbeiterInnen signalisieren „ich kann nicht mehr", dann helfen Druck und Vorwürfe nicht weiter. Gemeinsam muss das Team die Situation anschauen, unterstützen und entlasten. Die Leitung sollte ein Klima fördern, das es Einzelnen ermöglicht, eigene Schwächen und Defizite zu benennen. Denn keiner kann über einen längeren Zeitraum ununterbrochen powern und stark sein. In allen oben genannten Fällen braucht die Freizeitleitung Unterstützung und Rückhalt von seinem Team und der Leitung. Gemeinsam sollte nach Lösungen gesucht werden, wie der Energiehaushalt und Informationsdefizite ausgeglichen werden können. Manchmal reicht ein freier Tag, manchmal ist auch eine fachliche Unterstützung notwendig, zum Beispiel beim Umgang mit pädagogischen Problemen.

Teamsitzungen

Grundlage für verantwortliches gemeinsames Handeln während der Freizeit ist der Austausch von organisatorischen, pädagogischen und zwischenmenschlichen Fragen und Problemen. Tägliche Teamsitzungen können entscheidend zu einem guten Klima innerhalb des Teams und der Gruppe beitragen.

Von einer Teamsitzung kann nur die Rede sein, wenn alle TeamerInnen anwesend sind. Bei großen Teams kann die Untergliederung in ein Organisations- und Betreuerteam sinnvoll sein. Wichtig ist dann allerdings gegenseitige Transparenz und Vernetzung. Sollte jemand verhindert sein (Krankheit, akute Situation in der Gruppe), ist darauf zu achten, dass kein Informationsrückstand entsteht. Genügend Zeit für eine Teamsitzung ist wichtig, ebenso ein klarer Anfang und ein Endpunkt. Eine bis maximal zwei Stunden sind für konstruktive Ergebnisse absolut ausreichend. Maßgeblich für den Erfolg einer Sitzung kann auch der Zeitpunkt im Tagesverlauf sein: Sitzungen nach Mitternacht sind oft wenig effektiv. Darüber hinaus sollten aufgetretene Schwierigkeiten nicht auf die lange Bank geschoben, sondern am besten am gleichen Tag besprochen werden, denn nicht angesprochene Probleme belasten den weiteren Freizeitverlauf. Zur Problemlösung müssen notwendige Entscheidungen getroffen werden, die das Team dann auch einheitlich gemeinsam gegenüber den TeilnehmerInnen vertritt.

Sitzungen strukturieren

Wechselt die Sitzungsleitung täglich, dann sollte die Zuständigkeit jeweils am Ende einer Teamsitzung für den nächsten Tag geklärt werden. Eine gelungene Teamsitzung bedarf einer Vorbereitung und Strukturierung durch die Sitzungsleitung. Dabei kann folgendes Raster hilfreich sein, wobei die einzelnen Punkte jeden Tag neu gewichtet werden können.

Bereiche	Fragestellungen
Rückschau	Welche Programmangebote sind gelungen? Was ist nicht gut angekommen? Welche organisatorischen Pannen gab es?
TeilnehmerInnen	Welche Interessen gibt es? Wie erlebt ihr das Sozialverhalten der TeilnehmerInnen untereinander und gegenüber dem Team? Gibt es Beobachtungen, die für alle TeamerInnen wichtig sind (z.B. Außenseiter, Grenzüberschreitungen)?

Team	Wie erlebt ihr die Zusammenarbeit im Team?
	Was klappt gut, wo hakt es?
	Gibt es Spannungen oder Unzufriedenheit?
	Wie kommt ihr mit der jeweiligen Rolle/Aufgabe zurecht?
Vorschau	Wie sieht das Programmangebot für morgen aus?
	Welche Aktionen/Angebote für die nächsten Tage müssen bereits heute angedacht werden?
	Wer übernimmt welche Aufgaben?

Sitzungsleitung
Wer die Leitung einer Teamsitzung übernimmt, hat verschiedene Aufgaben und verfolgt je nach Gesprächsverlauf unterschiedliche Ziele. Letztlich kommt es immer auf die Situation an, welche Strategie zu wählen ist. Die Auflistung dient der Orientierung und ist nicht zum „Abarbeiten" gedacht.

Tagesordnung
Zu besprechende Themen/Tagesordnungspunkte (Abkürzung: TOP) auf einem großen Plakat sammeln, das für alle sichtbar ist. Bearbeitete TOP markieren.

Moderation
Die Gesprächsleitung ruft die TOP nacheinander auf und moderiert das Gespräch.
Sie achtet darauf, dass die TeamerInnen beim Thema bleiben und leitet zum richtigen Zeitpunkt zum nächsten TOP über:
◆ „Danke für den Beitrag. Jetzt zurück zur Ausgangsfrage."
◆ „Ich glaube, wir reden jetzt nicht mehr über die eigentliche Frage."
◆ „Können wir jetzt den nächsten TOP ansprechen?"

Sie fragt bei unklaren Aussagen nach oder gibt das Gesagte mit eigenen Worten wieder.
◆ „Welches konkrete Beispiel gibt es dafür?"
◆ „Kannst du das noch etwas genauer beschreiben?"
◆ „Ist das dein wichtigstes Interesse oder ist dir etwas anders noch wichtiger?"

Sie greift ein, wenn undiszipliniert durcheinander geredet wird:
◆ „Markus, du bist ja wirklich sehr fix – aber Karin hat sich zuerst gemeldet."
◆ „Jetzt habe ich den Überblick verloren – bitte gebt noch mal ein Handzeichen für Wortmeldungen."

Sie fragt nach, wenn der Eindruck besteht, dass um den heißen Brei herumgeredet wird:

◆ „Ich habe den Eindruck, wir reden nicht über den eigentlichen Kern der Sache. Im Grunde geht es doch um folgende Frage: ...."

◆ „Auf mich wirkt das jetzt wie eine Wattebällchenschlacht. Geht es nicht eigentlich um folgende Frage: ...."

Sie beschreibt (nicht bewertend) eigene Wahrnehmungen im Verlauf der Teamsitzung.

◆ „Ich erlebe die Diskussion gerade als sehr zäh. Woran könnte das liegen?"

◆ „Es gibt gerade kaum Redebeiträge. Braucht es Zeit zum Austausch in Mauschelgruppen? Oder eine Pause?"

Sie achtet darauf, dass alle im Team zu Wort kommen und spricht gegebenenfalls ruhige oder unbeteiligte TeamerInnen direkt an:

◆ „Sind jetzt alle zu Wort gekommen?"

◆ „Ich bitte jetzt alle, die noch nichts gesagt haben um ihre Meinung."

Sie benennt Störungen konkret und klärt die Situation:

◆ „Ich habe im Moment ein Problem: Es gibt hier sehr viele Nebengespräche. Bitte bringt eure Meinung doch in das Gruppengespräch ein."

Sie zeigt Wertschätzung und Interesse gegenüber den TeamerInnen durch Zuhören und Blickkontakt:

◆ „Danke für diesen wichtigen Redebeitrag."

◆ „Das war eine wichtige Bemerkung, die uns weiterbringt."

Die Gesprächsleitung greift nicht zu sehr in die inhaltliche Auseinandersetzung ein. Wenn sie persönlich angefragt bzw. angegriffen wird, sollte sie die Leitung zur Klärung dieses TOP abgeben.

Orientierung

Nimmt die Bearbeitung eines TOP längere Zeit in Anspruch, dann ist eine Zusammenfassung des Diskussionsstands vor der Entscheidung hilfreich. So wird gewährleistet, dass alle TeamerInnen auf der selben Grundlage entscheiden. Bei komplexen Diskussionen kann es auch hilfreich sein, die einzelnen Teilaspekte kurz auf einem Plakat zu skizzieren.

Aufmerksamkeit

Lässt die Aufmerksamkeit während der Teamsitzung nach oder treten vermehrt Störungen auf, dann sollte die Gesprächsleitung unterbrechen. Eine kurze Pause stellt die Arbeitsfähigkeit rasch wieder her. Durch eine Mauschelrunde mit den beiden Nachbarn kann Informelles kurz besprochen werden oder auch Meinungsbildung zu einem TOP gefördert werden.

Entscheidungen
Die Gesprächsleitung achtet darauf, dass Arbeitsaufträge, Absprachen und Zuständigkeiten vereinbart werden.

Protokoll
Damit getroffene Entscheidungen auch noch einen Tag später präsent und nachvollziehbar sind, sollten sie schriftlich festgehalten werden. Dies geschieht entweder durch ein kurzes Ergebnisprotokoll (max. 1 Seite) oder besser durch ein Plakat, das im Teamraum für alle sichtbar platziert werden kann.

Zeitmanagement
Damit gegen Ende der Teamsitzung keine Hektik aufkommt, ist es wichtig, den zeitlichen Rahmen im Blick zu haben. Die Gesprächsleitung achtet auf die zügige Bearbeitung der TOP, mahnt gegebenenfalls zum Diskussionsschluss, ermöglicht aber dennoch auch mal eine kurze Anekdote zwischendurch. Dies erfordert Fingerspitzengefühl und kann nur durch Ausprobieren gelernt werden. Wenn sich abzeichnet, dass nicht alle TOP besprochen werden können, dann sollte die Gesprächsleitung zehn Minuten vor Schluss unterbrechen und gemeinsam mit dem Team vereinbaren, wie es mit den unbearbeiteten Punkten weitergeht. Diese Verortung von Themen ist wichtig, damit keine Unzufriedenheit oder Ärger zurückbleibt.

Atmosphäre
Die TeamerInnen sollen sich in den Teamsitzungen wohl fühlen. Hier ist der Ort, wo ihre Fragen und Schwierigkeiten Platz haben und wo sie von den anderen Unterstützung erfahren. Deshalb ist die richtige Atmosphäre von großer Bedeutung. Ein Impuls zu Beginn (z.B. ein kleiner Text oder eine witzige Anekdote) gibt ein deutliches Startsignal und erhöht die Aufmerksamkeit. Getränke und Süßigkeiten erhöhen das Wohlbefinden. Die Sitzordnung fördert oder hemmt die Kommunikation. Wichtig ist, dass alle TeamerInnen sich gegenseitig sehen können. Auch der Raum (Ordnung, Beleuchtung, Temperatur) spielt eine Rolle, die nicht unterschätzt werden sollte.

Tipps für Gespräche in Gruppen und Teams
Nicht allein die Gesprächsleitung ist verantwortlich für das Gelingen einer Teamsitzung. Das Interesse und die Bereitschaft zur Zusammenarbeit aller TeamerInnen sind Voraussetzung für Zufriedenheit und produktive Ergebnisse. Die eige-

ne Meinung zu formulieren und zu vertreten gehört dabei genauso dazu wie die Bereitschaft zu Kompromiss und Akzeptanz von Mehrheitsentscheidungen. Dazu gibt es ein paar Regeln:

◆ Benenne alle Punkte, die dir wichtig sind und warte nicht darauf, dass sie andere für dich formulieren. Entscheidend ist, was du für wichtig hältst und nicht, ob es den anderen im Team gefällt.
◆ Wenn du abwesend, gelangweilt oder ärgerlich bist und deshalb nicht zuhören kannst, dann unterbrich das Gespräch: Störungen haben Vorrang.
◆ Ist die Situation im Team nicht mehr klar, dann äußere deine Wahrnehmung zunächst selbst. Anschließend bittest du die anderen, ebenfalls ihre momentanen Gefühle und Eindrücke zu schildern.
◆ Es kann immer nur eine oder einer sprechen. Seitengespräche stören die Arbeit im Team und sollten unterlassen oder gleich in die Gesprächsrunde eingebracht werden.
◆ Beachte deine Körpersignale (z.B. Bauchkribbeln, unruhiges Hin- und Herrutschen). Sie geben oft mehr Aufschluss über die eigenen Gefühle und Bedürfnisse als der Kopf.
◆ Zeige dich als Person und sprich als „ich".
◆ Sprich Team-Mitglieder direkt an, wenn du etwas klären oder mitteilen willst. Zeige durch direkten Blickkontakt, wen du meinst.
◆ Gib Feedback, wenn es dir persönlich wichtig erscheint.
◆ Wenn du Feedback erhältst, höre zu und denke über das Gesagte nach.

Feedback geben ...
◆ erfolgt direkt und situationsbezogen,
◆ ist beschreibend (Bilder und Handlungen),
◆ ist ein freiwilliges Angebot an den anderen,
◆ erfolgt behutsam,
◆ erfolgt persönlich (Ich-Form).

Feedback nehmen ...
◆ ist eine Herausforderung,
◆ heißt Unterschiede zwischen Selbst- und Fremdbild wahrnehmen,
◆ erfolgt schweigend,
◆ erfolgt wertschätzend und darf vollständig oder in Teilen angenommen werden.

Methoden
Um eine Teamsitzung aufzulockern, zielgerichtet auf ein Ergebnis oder eine Entscheidung hinzuführen oder einfach um ein Feedback zur Stimmung zu erhalten, gibt es verschiedene Methoden.

Einsatz	Zwischenauswertung zur Teamkultur
Idee	nach Klaus Vopel
Dauer	1,5 bis 2 Stunden
Material	Bewertungsbogen, Moderationskärtchen, Stifte
Beschreibung	Vertrauen ist eine wichtige Voraussetzung für die Zusammenarbeit im Team. Mit dieser Methode kann eine Zwischenauswertung zur Halbzeit gestaltet werden, welche die Teamkultur in den Blick nimmt und deren Weiterentwicklung fördert.

Die Teilnehmenden bearbeiten in Einzelarbeit zehn Minuten den folgenden Auswahlbogen:

trifft nicht zu   stimmt total

Im Augenblick fühle ich mich in meinem
Team wohl.   O O O O O O O O O

Es ist bereichernd, zu diesem Team zu
gehören.   O O O O O O O O O

Ich vertraue den anderen
Teammitgliedern.   O O O O O O O O O

Die anderen Teammitglieder
vertrauen mir.   O O O O O O O O O

Die anderen achten mich, egal ob ich
einen Fehler mache oder erfolgreich bin.   O O O O O O O O O

Ich kann im Team auch ungewöhnliche
Ideen präsentieren.   O O O O O O O O O

Ich kann im Team meine Gefühle zeigen.   O O O O O O O O O

Wir einigen uns nicht auf den kleinsten
gemeinsamen Nenner, sondern ringen
um die beste Entscheidung.   O O O O O O O O O

Welche Ereignisse haben dein Vertrauen in die Gruppe geschwächt?

Welche gestärkt?

Besprich deine Einschätzungen mit einem/einer PartnerIn, mit dem/der du bisher eher wenig Kontakt hattest. Erarbeitet gemeinsam einen Vorschlag, wie die Vertrauenskultur im Team gefördert werden kann. Schreibt die Vorschläge auf Kärtchen und präsentiert sie im Plenum. Im Plenum legen alle TeamerInnen miteinander Prioritäten fest: Was wollen wir im Umgang miteinander lernen, um die Teamkultur weiterzuentwickeln.

Einsatz	Auswertung, Feedback
Name Dauer Material Beschreibung	Schreibwerkstatt 1 bis 2 Stunden (je nach Gruppengröße) große Plakate, Stifte, Klebeband oder Pinn-Nadeln Die Teilnehmenden fertigen auf einem Plakat ein kurzes Tätigkeitsprofil an. Dabei können folgende Impulse hilfreich sein: *Welche Rolle/Aufgaben hatte ich während der Freizeit?* *Was ist mir gelungen/misslungen?* *Was muss nächstes Mal anders werden?* Jetzt werden alle Plakate aufgehängt. Die Teilnehmenden gehen im Raum umher, lesen die Profilplakate und können eigene Beiträge mit namentlicher Kennzeichnung dazu schreiben. Bei diesem schriftlichen Feedback kann sowohl Kritik als auch Wertschätzung geäußert werden. Nach Abschluss der Schreib- und Lesephase ist Zeit zum Nachfragen im direkten Gespräch. Eine kurze Schlussrunde im Plenum rundet die Auswertung ab. *Wie ging es mir mit dieser Übung?* *Was ich noch sagen möchte ...*

Einsatz	Meinungsbildung, Momentaufnahme
Name Dauer Material Beschreibung	Blitzlicht 5 bis 10 Minuten Der/die ModeratorIn erläutert die Fragestellung. Er/sie begründet, warum er/sie dazu gern von jedem eine Stellungnahme hätte. Er/sie erklärt die drei Grundregeln des Blitzlichts: 1) maximal ein bis zwei Sätze, 2) ohne Diskussion, 3) der Reihe nach. Er lässt den Teilnehmenden eine genügend lange Pause zum Nachdenken. Durch Blickkontakt und Nachfragen wird festgestellt: Können wir starten? Der Moderator bittet einen Teilnehmenden anzufangen. Dann geht es zügig reihum. Mit dem Blitzlicht lässt sich fragen nach: ◆ Erwartungen ◆ positiven Erfahrungen zum Thema ◆ der persönlichen Meinung zu einem Thema ◆ dem zentralen Problem aus meiner Sicht ◆ Beispielen guter bzw. unbefriedigender Zusammenarbeit ◆ Wünschen oder Vorschlägen Ein heißer Blitzlicht-Tipp zum Schluss: Die Qualität der Beiträge steht und fällt mit der Pause zwischen Fragestellung und Start. Viele ModeratorInnen übersehen dabei das unterschiedliche Zeitempfinden in der Gruppe: Was für den Moderator ewig zu dauern scheint, sind für den Teilnehmenden ggf. nur wenige Sekunden.

Einsatz	Bewertung und Entscheidung
Name	Punktmethode
Dauer	10 Minuten
Material	1 großes Plakat, Stift, Klebepunkte
Beschreibung	*Beispiel: Ausflug zum Kulturufer nach Friedrichshafen*

lehne ich ab	eher skeptisch	warum nicht	ja. auf alle Fälle
● ●	●●	●●●●●●	●●

Frage und Wahlmöglichkeiten sind auf einem Plakat skizziert. Vor der Bewertung erfolgt eine inhaltliche Klärung und gibt es die Möglichkeit nachzufragen. Ziel und Konsequenzen des Punktens werden durch die Gesprächsleitung erläutert und das Verfahren erklärt: Wo soll geklebt werden? Wie viele Punkte erhält jeder? Die TeamerInnen kleben ihre Punkte selbst. Die Auswertung erfolgt direkt im Anschluss an das Punkten und für alle sichtbar. Aufgrund des Ergebnisses wird eine Entscheidung getroffen.

Einsatz	Entscheidung
Name	Mehrpunktabfrage
Idee	nach Edmüller/Wilhelm
Dauer	10 Minuten
Material	Plakat mit den aufgeführten Alternativen, Klebepunkte
Beschreibung	Die Mehrpunktabfrage ist eine Abstimmungs- bzw. Auswahlmethode. Sie kann immer dann eingesetzt werden, wenn aus einer Vielzahl von Alternativen zügig eine Auswahl getroffen und Prioritäten gesetzt werden sollen. Auch Entscheidungen können mit dieser Methode effizient herbeigeführt werden.

Ausflug zum Kulturufer nach Friedrichshafen	●
Besichtigung der Molkerei in Isny	●●●●●●●●●●
Ausschlaf- und Verwöhntag im Zeltlager	●●●●
Radtour zum Stausee	●

Die Teilnehmenden treffen durch Punktvergabe eine Auswahl aus einer Reihe von Alternativen. Die Alternativen werden auf einem großen Plakat visualisiert. Faustregel: Die Anzahl der Punkte für jeden Teilnehmenden entspricht der Anzahl der Alternativen geteilt durch zwei (ggf. abrunden). Jeder Teilnehmenden klebt nun seine Punkte auf das Plakat. Dabei darf er für ein Thema maximal zwei Punkte vergeben. Die Auswertung wird durch Zählen der Punkte vorgenommen. Vor Anwendung muss die Gesprächsleitung die Methode als Entscheidungsmechanismus vorstellen und die Zustimmung des Teams zu diesem Vorgehen einholen. Dadurch wird eher gewährleistet, dass „unterlegene" TeamerInnen das Ergebnis akzeptieren. Die Methode eignet sich sehr gut zur Gewinnung eines ersten Meinungsbildes, das dann als Ausgangsbasis für die weitere Diskussion dienen kann.

Ordnung muss sein: Organisationshilfen

Erfahrungen bei verschiedenen Veranstaltern von Jugendreisen zeigen, dass eine gute und strukturierte Arbeit aller vor Ort tätigen MitarbeiterInnen gerade Neulingen den Einstieg in die Betreuertätigkeit erleichtert. Dazu können im Vorfeld Organisationshilfen (Checklisten, Formulare, Vorlagen etc.) erstellt werden, die den FreizeitleiterInnen die Arbeit erleichtern.

Auch für die Auswertung und Nachbereitung einer Maßnahme oder zur rechtlichen Absicherung bei Haftungsfragen sind vorgefertigte Checklisten, Formulare etc. hilfreich. Unfälle, Krankheiten und Diebstähle werden vielfach von den Versicherungen erst nach Beendigung einer Freizeit nachgefragt. Dann ist es notwendig, über die wichtigsten Sachverhalte und betroffenen Personen unterrichtet zu sein. Wenn dem Veranstalter in solchen Momenten Unterlagen vorliegen, die den Vorgang ausreichend dokumentieren, erübrigen sich umständliche und meist sehr zeitaufwendige Nachfragen bei den BetreuerInnen. Nicht nur im Hinblick auf eine Schadensbearbeitung mit finanziellem Hintergrund (z.B. Krankenkasse soll Arztkosten erstatten), sondern besonders

auch mit Blick auf verantwortungsbewusstes Handeln der BetreuerInnen spielt die Dokumentation eine große Rolle. So lässt sich belegen und nachweisen, was und in welcher Art unternommen wurde, um dem Problem Herr zu werden.

Es gibt noch einen anderen guten Grund, warum bestimmte Sachverhalte dokumentiert werden sollten: Es gibt auch im Jugendtourismus ein zunehmendes Beschwerdeaufkommen. Das liegt zum einen sicherlich an der besseren Aufklärung über den Umgang mit Reisemängeln durch die Presse, andererseits auch an einem gestiegenen Qualitätsbewusstsein bei den TeilnehmerInnen und deren Eltern. Der oft nicht übereinstimmende Urlaubsanspruch von TeilnehmerInnen und ihren Eltern macht die Befriedigung beider Bedürfnisse dabei oft zusätzlich schwieriger. Da bis vier Wochen nach Beendigung der Reise Mängel geltend gemacht werden können, treffen die meisten Beschwerden nach der Freizeit beim Veranstalter ein. Dieser muss nun im Nachhinein eine sachliche Klärung der Dinge vollziehen, was ihm, wenn er selbst nicht vor Ort war, unmöglich ist. Hier greifen die angewandten Organisationshilfen als Gesamtheit. Stimmungen, Besonderheiten bei Verpflegung oder Unterkunft, die Auswertung von Fragebögen usw. schaffen hier Möglichkeiten, dem Problem auf die Spur zu kommen.

Der Einsatz der Organisationshilfen macht jedoch nur Sinn, wenn sie von allen Teamern verwendet werden. Sie geben ein Grundgerüst für bestimmte Aufgaben – und neben der Hilfe für FreizeitleiterInnen kann auch der Veranstalter mit solchen Vorgaben inhaltliche und organisatorische Schwerpunkte setzen, einheitliche Strukturen und Regeln einführen und damit unter anderem sein Profil verdeutlichen.

Organisationshilfen vor Beginn der Freizeit

Checkliste Teamerkompetenzen
Um im Vorfeld der Freizeit Vorlieben, Interessen und Kompetenzen im Team abzufragen und Programmideen zu sammeln, gibt es zum einen die Möglichkeit, auf einem Planungstreffen mittels Brainstorming Programmideen und Aufgabenbereiche zu sammeln und anschließend dann die jeweiligen Zuständigkeiten zuzuordnen. Eine andere Möglichkeit ist, insbesondere bei sehr großen Freizeiten mit sehr vielen BetreuerInnen, einen Fragebogen einzusetzen. Der Fragebogen gibt Bereiche vor, lässt aber auch Platz für neue Ideen. Daran lassen sich sehr schnell Schwerpunkte der BetreuerInnen ablesen und Zuständigkeiten zuordnen. (Kopiervorlage ab S. 177 und als PDF im Internet)

Checkliste Abreise
Um im üblichen Durcheinander der Abreise den Überblick zu behalten, ist es hilfreich, eine Checkliste zu haben, die die wichtigsten Aufgaben der BetreuerInnen beinhaltet. Besonders TeamerInnen, die zum ersten Mal fahren, sind bei dem Ansturm von reisefreudigen TeilnehmerInnen mit ihren Massen an Gepäck

und den fragenden Eltern dankbar für solche Leitfäden. Je nach Bedarf kann sich jeder Veranstalter (aber auch die BetreuerIn selbst) eine Checkliste zusammenstellen. (Kopiervorlage ab S. 179 und als PDF im Internet)

Organisationhilfen während der Freizeit

Kassenbuch

Ein Kassenbuch erfasst alle Ein- und Ausgaben während einer Freizeit. Es sollte einfach gehalten und verständlich sein, das erleichtert den Überblick und das Entdecken eventueller Fehler. Am besten werden Kassenbuch oder Anrechnungsformulare vom Veranstalter nach seinen Bedürfnissen in Art und Form vorgegeben. Die dazugehörigen Belege sind entsprechend durchzunummerieren. Kleinere Belege wie Kassenbons etc. sollten der besseren Handhabbarkeit halber am besten auf DIN-A4-Blättern aufgeklebt werden.
(Kopiervorlage S. 183 und als PDF im Internet)

Kautionsliste

Die Erfahrung zeigt, dass durch das Erheben einer Kaution pro Zelt/Zimmer deutlich weniger Schäden an Zelten oder Zimmereinrichtungen festzustellen sind. Außerdem dient sie natürlich im Schadensfall als Sicherheit für den Veranstalter. Dafür sollte eine vorgefertigte Kautionsliste vorliegen, in der alle nötigen Daten abgefragt und quittiert werden.
(Kopiervorlage S. 184 und als PDF im Internet)

Für Gegenstände, die von TeilnehmerInnen ausgeliehen werden können wie z.B. Spiele und Sportgeräte, empfiehlt es sich, neben einer Namensliste mit der Nennung des entsprechenden Gegenstandes auch ein Pfand einzubehalten, welches nach Rückgabe zurückgegeben wird. Bei wertvolleren Gegenständen ist ggf. auch eine Kaution zu erheben.

Ausflugsliste

Wenn Ausflüge nicht vor der Reise festgelegt wurden, sondern vor Ort angeboten werden, ist es wichtig, rechtzeitig den Überblick zu bekommen, wie hoch das Interesse daran ist, wie viele TeilnehmerInnen teilnehmen würden, wann der jeweilige Ausflug stattfinden soll (kann) und was er kostet (sofern er nicht im Preis bereits inbegriffen ist). Um später keine ungeliebten Überraschungen zu erleben, ist es ratsam, die Anmeldung für einen Ausflug verbindlich zu machen und rechtzeitig (z.B. am Vorabend nach dem Abendessen) ggf. den Teilnahmebeitrag einzusammeln. Das Festhalten der Zimmer- oder Zeltnummer bei der Anmeldung ist zu empfehlen, um am Morgen des Ausflugs diejenigen, die fehlen sollten, möglichst schnell und ohne große Unruhe für die Nicht-Ausflügler in ihrem Zimmer/Zelt aufsuchen zu können.
(Kopiervorlage S. 185 und als PDF im Internet)

Erste Hilfe-Maßnahmen

Es ist hilfreich, die wichtigsten Daten und Anweisungen für Erste-Hilfe-Maß-nahmen bereits im Vorfeld auf ein Faltblatt zu kopieren, die jede/r Freizeitleiter und -leiterin während der Freizeit mit sich führen kann. Die in der Kopievorlage ab S. 186 hier vorgestellten Unterlagen enthalten zudem einen Übersetzungs-zettel, den man im Falle mangelnder Sprachkenntnisse an Einheimische weiter-geben kann, um diesen die Notsituation verständlich zu machen. Auf der Rük-kseite kann man eine Karte des Gebietes, in dem man sich aufhält, kopieren und die Unfallstelle ankreuzen. (Kopiervorlage ab S. 186ff und als PDF im Internet)

Unfalldokumentation

Unfälle, Krankheiten und Diebstähle werden vielfach von den Versicherungen nach Beendigung einer Freizeit nachgefragt. Dann ist es notwendig, über die wichtigsten Sachverhalte und betroffenen Personen unterrichtet zu sein. Wenn dem Veranstalter in solchen Momenten Unterlagen vorliegen, die den Vorgang ausreichend dokumentieren, erübrigen sich umständliche und meist sehr zeit-aufwendige Nachfragen bei den BetreuerInnen (siehe auch Hinweis zu Beginn dieses Kapitels). Zum Beispiel kann ein/e BetreuerIn nachweisen, dass er/sie nach einem Unfall alle nötigen Schritte veranlasst hat, um Schaden von einem/r TeilnehmerIn fernzuhalten bzw. gering zu halten (Erstversorgung, Krankenwa-gen, Notarzt, Nachversorgungen im Krankenhaus, Arztkonsultationen, usw.). Besonders wichtig sind festgehaltene Zeugen, die notfalls für weitere Informa-tionen angeschrieben werden können.
(Kopiervorlage ab S. 186 und als PDF im Internet)

Organisationshilfen zur Kontrolle des Freizeitablaufs

Eine permanente Kontrolle der organisatorischen Bedingungen und des Ablaufs einer Freizeit ist notwendig, damit sich alle wohl fühlen, mögliche Konflikte und Ärgernisse frühzeitig erkannt und vermieden werden und eventuelle Haftungs-oder Regressfälle ausgeschlossen werden können. Dafür ist das Team auf das Feedback der Teilnehmenden und der Veranstalter auf die Berichte des Teams angewiesen. Verschiedene Hilfsmittel erleichtern dieses Feedback.

Sprechstunde

Die Einrichtung einer Sprechstunde für die TeilnehmerInnen ist in mehrfacher Hinsicht wertvoll. Es können so TeilnehmerInnen mit ihren individuellen Wün-schen oder Problemen auf die verantwortlichen BetreuerInnen zugehen, ohne sich vor der ganzen Gruppe artikulieren zu müssen. Es können frühzeitig Beschwerden entgegengenommen und ausgeräumt werden (auch wichtig im Hinblick auf Regressansprüche) und man erhält automatisch eine laufende Rückmeldung über Befindlichkeiten und Stimmungen in den Gruppen.

Freizeittagebuch

Ein Freizeittagebuch, das u.U. täglich zum Veranstalter gefaxt wird und die wichtigsten Punkte umfasst, ermöglicht es dem Veranstalter, sich auch aus der Ferne ein relativ realitätsnahes Gesamtbild der Freizeit zu verschaffen. Neben auffälligen Besonderheiten (Unfall, Alkoholmissbrauch, Unwetter o.Ä.) geht es besonders darum, Tendenzen im allgemeinen Stimmungsbild aufzunehmen, um frühzeitig bei Bedarf einschreiten zu können.

Wird beispielsweise das Essen über zwei bis drei Tage als nicht befriedigend geschildert, sollte von Veranstalterseite nachgehakt werden, woran diese negative Beurteilung liegt und dann dementsprechend gehandelt werden (Rücksprache mit Koch, Restaurant, Küchenbudget erhöhen, mehr Kühlschränke besorgen, usw.). Damit kommt man Missstimmungen und möglichen Beschwerden und Ansprüchen nach Ablauf der Freizeit zuvor. Ein anderes Beispiel ist eine schlechte Stimmung im Team. Hier können Gespräche mit allen BetreuerInnen nötig werden. Eventuell ist eine Aufgabenumverteilung notwendig, oder es ist angezeigt, BetreuerInnen aus dem Team herausnehmen, um die Gesamtfreizeit nicht zu gefährden. Auch in solchen Fällen muss der Veranstalter darüber Bescheid wissen, was vor Ort läuft.

(Kopiervorlage ab S. 193 und als PDF im Internet)

Fragebögen zum Ende der Freizeit

Um aus Erfahrungen lernen zu können, müssen diese festgehalten und analysiert werden. Viele Veranstalter bitten daher die TeamerInnen u.a. mittels eines Fragebogens um eine Rückmeldung, was bei einer Freizeit erfolgreich war und geklappt hat und wo es Schwierigkeiten gab. Ein Muster dafür ist der Fragebogen für FreizeitleiterInnen (Kopiervorlage S. 195 und 197 sowie als PDF im Internet). Damit die Bedürfnisse der Teilnehmenden beim nächsten Mal besser berücksichtigt werden können, sollten auch deren Meinungen anhand eines TeilnehmerInnen-Fragebogens eingeholt werden.

Alles was Recht ist

Die Durchführung und Betreuung einer Kinder- oder Jugendreise streift verschiedene Rechtsbereiche. Die Fülle von vorhandenen Gesetzen und rechtlichen Regelungen suggeriert, dass es einen ganz klaren Rahmen für Kinder und Jugendliche gibt, der auch auf Freizeiten Gültigkeit hat. Dieser Schein trügt jedoch. Zahlreiche gesetzliche Ausnahmeregelungen, aber vor allem die Rechtsprechung zeigen einen breiten Handlungsspielraum gerade auch für Jugendfreizeiten auf. So unterschiedlich die Jugendlichen in Bezug auf Alter, Entwicklungsstand und Erfahrungsschatz sind, so unterschiedlich sind auch alle anderen äußeren Faktoren wie Reiseziel, Jahreszeit, Gruppengröße, Unterbringung, Programm usw. Je mehr man von diesen Faktoren im Vorfeld kennt, um so besser kann man sich auf die bevorstehende Betreuungstätigkeit vorbereiten.

Die beste Vorbereitung ist, wenn man sich mit seinem BetreuerInnenteam vor der Freizeit zusammensetzt und an typischen Beispielsituationen einer Freizeit ein eigenes Handlungsschema unter Berücksichtigung der gesetzlichen Regelungen entwickelt. Wer sich vorher mit bestimmten Problemen zumindest theoretisch befasst hat, der wird für den Fall, dass dieses Problem auf seiner

Freizeit entsteht, nicht überrascht werden, sondern hat Lösungen und auch Alternativen parat. Dieses Wissen um einen ausreichenden Schatz an Handlungsmöglichkeiten gibt jeder/m BetreuerIn ein sicheres Gefühl, stärkt sein/ihr Auftreten und verschafft bei der Freizeit ein hinreichendes Maß an Autorität.

Als Mittler zwischen den oft gegensätzlichen Interessen von Eltern, TeilnehmerInnen und Veranstalter ist es nahezu unmöglich, allen Ansprüchen gerecht zu werden. Die Kenntnis der Rechtslage und das Wissen über den Spielraum geben bei dosierter und den jeweiligen Verhältnissen angepasster Anwendung allerdings die Möglichkeit, alle Beteiligten in hohem Maße zufrieden zu stellen.

Im Folgenden wird versucht, einen groben Abriss der betroffenen Rechtsbereiche zu geben. Dabei werden im ersten Teil die in erster Linie für den Veranstalter relevanten Bestimmungen beschrieben und im zweiten Teil die in erster Linie für die FreizeitleiterInnen maßgeblichen Bereiche benannt.

Das Reiserecht

Das deutsche Reiserecht (§§ 651 a ff. BGB) gilt für alle Anbieter von Reisen. Der Gesetzgeber versteht unter Reise dabei eine Gesamtheit von Reiseleistungen. Dabei reicht es aus, dass mindestens zwei Hauptleistungen (z.B. Fahrt und Unterkunft) zu einem Gesamtpreis angeboten werden. Eine Jugendfreizeit dürfte demnach wohl immer eine Reise in diesem Sinne des Gesetzgebers sein, da zusätzlich Programm, Betreuung, Verpflegung und andere nennenswerte Leistungen zu einem Gesamtpreis angeboten werden. Lediglich im Fall, dass die Reise unentgeltlich angeboten wird, kommt das Reiserecht nicht zur Anwendung.

Das Reiserecht regelt vor allem die Rechte und Pflichten des Veranstalters und des Kunden vor, während und nach der Reise. Die Neuregelung des Reiserechts in 1994 brachte zwei entscheidende Veränderungen für den Reiseanbieter – die Insolvenzversicherung und die Informationspflicht. Obwohl hier Verantwortlichkeiten des Veranstalters im Zentrum stehen, sollten auch FreizeitleiterInnen die gesetzlichen Bestimmungen kennen, da sie bei einer Reise im rechtlichen Sinn so genannte Erfüllungsgehilfen des Veranstalters sind. Das heißt sie tragen dafür Sorge, dass die vereinbarten Leistungen auch erbracht werden.

Daher müssen FreizeitleiterInnen bei Nichterfüllen von Leistungen versuchen, entsprechend Abhilfe zu schaffen. Sollte dies nicht möglich sein, ist der Veranstalter zu informieren. Bei Mängelrügen durch Teilnehmende muss reagiert werden und man sollte sofort den Veranstalter kontaktieren. Aber bitte beachten: FreizeitleiterInnen sind nicht befugt, Anerkenntniserklärungen von Mängeln gegenüber den TeilnehmerInnen abzugeben.

Tipp: Am besten richtet man eine tägliche Sprechstunde für TeilnehmerInnen ein (siehe auch Kapitel „Ordnung muss sein"). Hier können diese etwaige Beanstandungen loswerden. Denn nur wer von Beanstandungen weiß, kann auch darauf reagieren. Und im Nachhinein kann man einen Vorwurf der Untätigkeit schneller entkräften.

Rechte und Pflichten

Veranstalter und Kunden unterliegen per Gesetz bestimmten Rechten und Pflichten in Bezug auf den Reisevertrag, die Bezahlung des Reisepreises, die Erbringung der Reiseleistungen, die Behandlung von Mängeln, die Kündigung des Reisevertrages usw. Hier empfiehlt es sich, mit dem Reiseangebot gleichzeitig auch die eigenen Allgemeinen Geschäftsbedingungen (oder Reisebedingungen) an den Kunden auszuhändigen. Diese sollten vorher durch einen versierten Anwalt geprüft werden.

Insolvenzversicherung

Die Insolvenzversicherung soll den Kunden vor den Folgen eines Veranstalter-Konkurses während seiner Reise schützen. Diese so genannte Insolvenzversicherung müssen alle Reiseveranstalter nachweisen bis auf folgende Ausnahmen, bei:
◆ Reisen, die nur gelegentlich (bis zwei Reisen im Jahr) und nicht aus kommerziellen Gründen unternommen werden;
◆ Reisen, die nicht länger als 24 Stunden dauern, keine Übernachtung einschließen und nicht mehr als 75,– Euro kosten;
◆ Reisen, die von juristischen Personen öffentlichen Rechts (Stadt, Gemeinde, Kreis, Land) durchgeführt werden.

Informationspflicht

Ebenfalls zum Schutz der Reisenden trat im November 1994 die Informationsverordnung (InfVO) für Reiseveranstalter in Kraft. Diese gilt nicht wenn ein Veranstalter Pauschalreisen nur gelegentlich und außerhalb seiner gewerblichen Tätigkeit anbietet. In der InfVO regelt der Gesetzgeber, welche Informationen zu welchem Zeitpunkt dem Kunden vom Reiseveranstalter gegeben werden müssen. Von der genauen Beschreibung der Reise (§1 Prospektangaben, §3 Reisebestätigung, Allgemeine Reisebedingungen), über Pass- und Visum- sowie gesundheitliche Formalitäten (§ 2 Unterrichtung vor Vertragsschluss) bis hin zur rechtzeitigen Information vor Reisebeginn über Abfahrts- und Ankunftszeiten, örtliche Vertretungen und Reiseversicherungen (§4 Unterrichtung vor Beginn der Reise) sind viele Einzelheiten einer Reise betroffen, sodass es angeraten ist, sich für die Planung und Ausschreibung einer Jugendfreizeit die InfVO zu besorgen und als Checkliste zur Hand zu nehmen

Aufsichtspflicht

Das erste, an das man als BetreuerIn bei einer Jugendfreizeit denkt, ist die Aufsichtspflicht. Das Bürgerliche Gesetzbuch (BGB) unterscheidet in § 832 zwei

Varianten: die Aufsichtspflicht kraft Gesetz und die Aufsichtspflicht durch Vertrag. Letztere ist im Allgemeinen diejenige, die bei einer Freizeit zum Tragen kommt. Die Eltern übertragen die Aufsichtspflicht dem Veranstalter (z.B. durch die Anmeldung zu einer Jugendfreizeit). Dieser überträgt dann die Aufsichtspflicht weiter auf die BetreuerInnen, die die Jugendfreizeit betreuen. Es empfiehlt sich, einen Vertrag zwischen Veranstalter und BetreuerIn aufzusetzen, in dem die gegenseitigen Rechte und Pflichten festgehalten sind. Die BetreuerInnen sollten volljährig sein – minderjährige aufsichtsführende BetreuerInnen bedürfen einer Genehmigung ihres gesetzlichen Vertreters. Ziel der Aufsichtspflicht ist es, Schaden an dem beaufsichtigten Minderjährigen zu vermeiden und zu verhindern, dass dieser Dritten einen Schaden zufügt.

Liegt eine Verletzung der Aufsichtspflicht vor, und ist deshalb dem Beaufsichtigten oder durch ihn einem Dritten etwas passiert, so wird zwischen der zivilrechtlichen und der strafrechtlichen Haftung unterschieden.

Die zivilrechtliche (privatrechtliche) Haftung bedeutet die Pflicht zum Ersatz des entstandenen materiellen Schadens, wenn die aufsichtführende Person nicht beweisen kann, dass sie ihrer Aufsichtspflicht genügt hat, d.h. der Aufsichtspflichtige muss den gesamten Schaden ersetzen, den der zu beaufsichtigende Minderjährige angerichtet hat. Dies gilt auch für den Fall, in dem eine Mithaftung durch den Minderjährigen besteht. In diesem Fall haften Aufsichtführende und Minderjährige als Gesamtschuldner, d.h. es bleibt dem Geschädigten überlassen, gegen wen er seine Forderungen geltend macht. Zivilrechtlich haftet der/die Reiseleiter/in auch für Schäden, die der zu beaufsichtigende Minderjährige selbst erleidet, wenn der Schaden auf einer Verletzung der Aufsichtspflicht beruht. (§ 823 Abs. 1 BGB). Sollte ein/e BetreuerIn grob fahrlässig oder sogar vorsätzlich seine Aufsichtspflicht verletzt haben, dann kann er im Innenverhältnis den Veranstalter nicht zum Ausgleich des gesamten Schadens heranziehen.

Veranstalter und BetreuerInnen sollten darauf achten, dass für die BetreuerInnen auf den geplanten Freizeiten eine Haftpflichtversicherung abgeschlossen wird. Eine Haftpflichtversicherung übernimmt die Schadenersatzpflicht, wenn der Schaden durch unbeabsichtigtes Verschulden, durch Versehen oder aus Unachtsamkeit entstanden ist. Sie reguliert demzufolge für ihre Versicherten die berechtigten finanziellen Ersatzansprüche des Geschädigten.

Eine strafrechtliche Verfolgung betrifft den Rechtsbereich von Privatpersonen zum Staat. Wenn zu beaufsichtigende Minderjährige sich verletzen bzw. zu Tode kommen oder eine Straftat begehen, dies aber bei ordnungsgemäßer Aufsicht nicht passiert wäre, dann kann unter Umständen auch der Betreuer strafrechtlich belangt werden, z.B. wegen fahrlässiger Köperverletzung oder Tötung (§§ 222, 229 StGB), aber auch etwa wegen fahrlässiger Brandstiftung (§ 306d StGB).

Schutz vor den finanziellen Folgen eines Strafverfahrens bietet die Rechtsschutzversicherung. Sie übernimmt bei einem Strafverfahren bei freier Anwaltswahl die Kosten für Rechtsanwälte, Zeugen, Gerichte, Sachverständige, Gutachten usw. Auch diese sollte für die BetreuerInnen auf Freizeiten abgeschlossen werden. Die Rechtsschutzversicherung übernimmt aber nicht die Kosten einer Geldstrafe.

Vor diesem Hintergrund ist ein Veranstalter verpflichtet, BetreuerInnen einzusetzen, die über persönliche Reife und fachliches Wissen für die Übernahme der Aufsichtspflicht verfügen. Zum anderen werden BetreuerInnen darauf achten, durch geeignete Maßnahmen sicherzustellen, dass die betreuten Jugendlichen keinen Schaden nehmen oder zufügen, um nicht später selbst mit dem Vorwurf der (grob) fahrlässigen oder gar vorsätzlichen Aufsichtspflichtverletzung konfrontiert zu werden.

Folgendes 5-Punkte-Programm sollte man sich als BetreuerIn zur Verwirklichung der Aufsichtspflicht vor Augen halten:

1. Informieren

Zunächst sollte sich jede/r BetreuerIn vor Ort über die lokalen Gegebenheiten und mögliche Gefahren informieren. Das heißt: Neben dem Erkunden des Geländes (Campingplatz, Hotel, Herberge) gilt es, sich die wichtigsten Informationen (Notruf, Krankenwagen, Polizei, Feuerwehr, Lage des nächsten Krankenhauses, Apotheke, ärztlicher Bereitschaftsdienst usw.) zu besorgen und Gefahrenquellen (ungesichertes Gelände, untiefe Gewässer, Felsen im Badebereich, Stromanschlüsse, Straßen, usw.) zu erkennen. Dazu gehört auch sich ausreichend über den Teilnehmerkreis zu informieren, z.B. über Allergien, Schwimmkenntnisse, Krankheiten etc.

2. Belehrung, Hinweise

Danach werden die TeilnehmerInnen auf die möglichen Gefahren hingewiesen, Vorsichtsmaßnahmen erklärt, Verbote und Regeln mitgeteilt und auf Konsequenzen bei Verstoß hingewiesen.

3. Kontrolle

Die BetreuerInnen müssen die Einhaltung der aufgestellten Regeln überwachen und kontrollieren. So sind zum Beispiel nach einem Urteil des OLG Hamm (Az: 6U 78/95) Aufsichtspersonen bei einer Reise mit Übernachtung von 15-jährigen verpflichtet, nachts Kontrollgänge zu machen, wenn festgestellt wurde, dass die Jugendlichen Alkohol getrunken haben. Die Betreuer sind im weiteren Verlauf der Veranstaltung zu erhöhter Aufmerksamkeit verpflichtet. Unterbleiben solche Kontrollen und stürzt einer der TeilnehmerInnen vom Balkon, haftet der Verein dafür zu einem gewissen Teil.

4. Verwarnung, Verbot

Sollte festgestellt werden, dass Anordnungen nicht eingehalten und Verbote missachtet werden, müssen die betroffenen TeilnehmerInnen verwarnt werden. Es sollte hier deutlich herausgestellt werden, dass man das Verhalten nicht akzeptiert und weiterer Missbrauch Konsequenzen haben wird.

5. Maßnahmen ergreifen, Strafen

Wenn auch Verbote und Verwarnungen nicht fruchten, müssen eindeutige und nachdrückliche Maßnahmen ergriffen werden, um „schadensgeneigte Handlungen", also Handlungen, die zu einem Schaden führen könnten, abzustellen. Man sollte sich hier schon vorher überlegen, welche Sanktionen in Frage kommen können. An eine vorzeitige Heimschickung ist dabei jedoch als Allerletztes zu denken und immer vorher mit dem Veranstalter abzuklären. Die Rücksprache mit dem Veranstalter ist notwendig, da auch die Erziehungsberechtigten einbezogen werden müssen (sie haben das Aufenthaltbestimmungsrecht) und die Aufsichtspflicht i.A. bis zur Übergabe an die Eltern bestehen bleibt.

Um das oben Gesagte zu berücksichtigen, ist weiterhin zu beachten:

◆ TeilnehmerInnen müssen rechtzeitig, dass heißt vor einer Aktion (z.B. Ausflug) informiert werden. Die Sprache muss einfach, verständlich und sachlich sein. Lautes und deutliches Reden erleichtert das Verständnis.

◆ Man muss sichergehen, dass alle Gruppenmitglieder angesprochen werden. Gebote und Verbote müssen eindeutig benannt, auf vorhersehbare Gefährdungen und Besonderheiten hingewiesen werden. Stichproben an verschiedenen Orten und zu verschiedenen Zeiten geben eine gute Rückmeldung über die Einhaltung der aufgestellten Regeln. Sollten Maßnahmen ergriffen werden müssen, sind diese angemessen zu wählen (Wurde z.B. mutwillig gehandelt oder nur leichtsinnig? Wie schwer ist der Verstoß?).

◆ Wie TeilnehmerInnen mit einer konkreten Situation umgehen und in welchem Umfang eine Aufsicht wahrgenommen werden muss, hängt von der persönlichen Einschätzung der BetreuerIn ab. Mehrere Faktoren spielen dabei eine Rolle: zum Beispiel persönliche Gegebenheiten wie Alter, Entwicklungsstand und Erfahrungsschatz des Teilnehmers. In einem Urteil des OLG Koblenz (Az: 1U 1278/90) wird ausgeführt, dass das Maß der gebotenen Aufsicht sich nach Alter, Einsichtsfähigkeit und Verantwortungsbewusstsein des Kindes/Jugendlichen richtet, wobei zu beachten ist, dass für die Erziehung zur Eigenverantwortlichkeit übermäßiges Fernhalten von Gefahren ebenso schädlich ist wie übermäßige Überwachung.

Wichtig sind auch gruppenbezogene Faktoren wie Gruppengröße und deren Zusammensetzung, Zeit des Bestehens der Gruppe, Gruppendynamik, Art der Beschäftigung, zum Beispiel Art der Spiele, Gefährlichkeit der verwendeten Geräte (Kontrolle des Materials - Verkehrssicherungspflicht), Ausflüge,

Wettkämpfe, aber auch die örtliche Umgebung wie Gelände, Spielplatz, Straßenverkehr, Gewässer (See, Teich, Meer), Größe des Ortes (Stadt, Dorf) oder die Nähe zu sonstigen Gefahrenquellen. Ausschlaggebend ist auch die eigene Einschätzung als BetreuerIn bezüglich der Kenntnisse, Fertigkeiten, Erfahrungen, der Anerkennung als Autorität, dem Verhältnis zur Gruppe und zu anderen BetreuerInnen.

Die Aufsichtspflicht ist nur ein Teil der Personensorge der Eltern über ihr minderjähriges Kind. Die Personensorge umfasst auch das Recht und die Pflicht zu pflegen, zu erziehen und den Aufenthalt zu bestimmen. Das bedeutet für Freizeiten: FreizeitleiterInnen haben zum Beispiel kein allgemeines Erziehungsrecht (nur zu einem geringen, aber wichtigen Teil im Rahmen ihrer Aufsichtsführung – siehe Jugendschutz und Sexualstrafrecht) und kein Aufenthaltbestimmungsrecht.

Um eine ordnungsgemäße Aufsichtspflicht erfüllen zu können, bedarf es neben den o.g. Punkten auch der Kenntnis über rechtliche Regelungen in Bezug auf Jugendliche. Als wichtigste Gesetze sind im Folgenden das Jugendschutzgesetz und das Sexualstrafrecht ausführlicher genannt. Neben diesen wird natürlich eine Fülle weiterer Gesetze berührt. Es ist daher unerlässlich, dass man sich als BetreuerIn so umfangreich wie möglich vor einer Freizeit über die geplante Reise informiert und sich so schon im Vorfeld über bestimmte Rechtsbereiche und mögliche Gefahren Gedanken macht.

Jugendschutz

Das „Gesetz zum Schutz der Jugend in der Öffentlichkeit" (Jugendschutzgesetz/ JÖSchG) soll Kindern und Jugendlichen helfen, ihre geistige, seelische und gesellschaftliche Tüchtigkeit zu entwickeln, sowie gleichzeitig dafür sorgen, unmittelbare Gefahren für das geistige, seelische und körperliche Wohl dieser Personen abzuwenden. Das Gesetz gilt nur in der Öffentlichkeit und unterscheidet dabei Kinder und Jugendliche. Kind ist, wer noch nicht 14, Jugendlicher, wer 14, aber noch nicht 18 Jahre ist.

Hier zusammengefasst die wichtigsten Punkte des Jugendschutzgesetzes: *(wir weisen darauf hin, dass es zurzeit der Drucklegung dieses Handbuches Bestrebungen gab, das Gesetz in einigen Punkten zu reformieren und zu lockern. Daher ist es notwendig, sich über die aktuellen Änderungen zu informieren!)*

◆ Der Aufenthalt in Gaststätten ist Kindern und Jugendlichen unter 16 Jahren nur gestattet, wenn sie ein Erziehungsberechtigter begleitet. Dies gilt nicht, wenn
   ○ sie an einer Veranstaltung eines anerkannten Trägers der Jugendhilfe teilnehmen,
   ○ sie sich auf Reisen befinden,
   ○ sie eine Mahlzeit oder ein Getränk einnehmen.

◆ Jugendliche ab 16 Jahren dürfen sich ohne Erziehungsberechtigten bis 24 Uhr in Gaststätten aufhalten.

◆ Der Aufenthalt in Nachtclubs, Nachtbars oder vergleichbaren Vergnügungsstätten ist für Kinder und Jugendliche verboten.

◆ Kindern und Jugendlichen ist der Verzehr von Branntwein, branntweinhaltigen Getränken und Lebensmitteln verboten, ebenso der Verkauf dieser Getränke an diese Personengruppe.

Für andere alkoholische Getränke wie Bier, Wein und Sekt gilt das Genuss-, Abgabe- und Verkaufsverbot für Kinder und Jugendliche unter 16 Jahren. Dabei gilt zu beachten, dass Jugendliche unter 16 Jahren grundsätzlich nur in Anwesenheit der Eltern Bier, etc. trinken dürfen.

Für Jugendgruppenleiterinnen und Jugendgruppenleiter gilt, dass sie Jugendlichen unter 16 Jahren den Genuss von Alkohol nicht erlauben dürfen. Das Zulassen von Alkoholkonsum bei Jugendlichen über 16 Jahren kann ein Verstoß gegen die Aufsichtspflicht darstellen. Als Jugendgruppenleiterin und Jugendgruppenleiter kann man deshalb Sachen verbieten, die grundsätzlich durch das Gesetz zum Schutze der Jugend in der Öffentlichkeit (JÖSchG) erlaubt werden.

Hier hat die Regelung im BGB zur Aufsichtspflicht Vorrang. Es reicht nicht, bei einem 16-jährigen, der zuviel Bier konsumiert hat, wegen Erstickungsgefahr ständig dabei zu sein, man muss schon den übermäßigen Konsum im Vorfeld verhindert haben. Denn nicht erst das Ersticken wäre der Schaden. Schon z.B. die Übelkeit könnte eine Körperverletzung darstellen. Ebenso gilt aus pädagogischer Sicht, dass übermäßiger Alkoholkonsum gesundheitliche Risiken nach sich ziehen.

◆ Die Anwesenheit bei öffentlichen Tanzveranstaltungen (Disco) ohne Begleitung eines Erziehungsberechtigten darf Kindern und Jugendlichen unter 16 Jahren nicht und Jugendlichen ab 16 Jahren bis 24 Uhr gestattet werden. Ausnahmeregelungen gelten für Kinder bis 22 Uhr und Jugendliche unter 16 bis 24 Uhr bei Veranstaltungen von anerkannten Trägern der Jugendhilfe oder der Brauchtumspflege.

◆ Kinobesuch ist Kindern und Jugendlichen nur bei entsprechender Altersfreigabe gestattet (ohne Altersbeschränkung, ab 6, ab 12, ab 16) und nur wenn die Vorführung bis 20 Uhr (für Kinder), bis 22 Uhr (für Jugendliche unter 16),

Das Gesetz zum Schutz der Jugend in der Öffentlichkeit (Auszug) im Überblick

	unter 14 Jahre	unter 16 Jahre	unter 18 Jahre
Aufenthalt an jugendgefährdenden Orten	verboten	verboten	verboten
Aufenthalt in Gaststätten	verboten X	verboten X	bis 24 Uhr X
Aufenthalt in Nachtclubs, Nachtbars oder vergleichbaren Vergnügungsbetrieben	verboten	verboten	verboten
Abgabe/Verzehr von Branntwein, branntweinhaltigen Getränken und Lebensmitteln	verboten	verboten	verboten
Abgabe/Verzehr anderer alkoholische Getränke (wie Bier, Wein, Sekt u.Ä.)	verboten	verboten	erlaubt
Anwesenheit bei öffentlichen Tanzveranstaltungen (z.B. Disco)	verboten X	verboten X	bis 24 Uhr X
Anwesenheit in öffentlichen Spielhallen, Teilnahme an Spielen mit Gewinnmöglichkeit	verboten	verboten	verboten
Rauchen in der Öffentlichkeit	verboten	verboten	erlaubt

X Mit diesem Zeichen gekennzeichnete Verbote und zeitliche Begrenzungen werden durch die Begleitung eines Erziehungsberechtigten aufgehoben.

Stand 2001

bis 24 Uhr (für Jugendliche ab 16) beendet ist. Diese Regelung gilt für den Film und auch für Werbevorspanne und Beiprogramme. Zeitliche Begrenzungen werden durch die Begleitung eines Erziehungsberechtigten aufgehoben.

◆ Die Anwesenheit in öffentlichen Spielhallen und die Teilnahme an Spielen mit Gewinnmöglichkeit ist Kindern und Jugendlichen nicht gestattet. Die Teilnahme an Spielen mit Gewinnmöglichkeit ist Kindern und Jugendlichen auf Volksfesten und Jahrmärkten o.ä. Veranstaltungen gestattet, wenn der Gewinn in Waren von geringem Wert besteht (§8 Abs. JÖSchG).

◆ Das Rauchen darf Kindern und Jugendlichen unter 16 Jahren nicht gestattet werden. Hieran ändert sich auch nichts, wenn TeilnehmerInnen unter 16 Jahre eine Erlaubnis ihrer Eltern vorlegen.

Jugendschutz im Ausland

Bisher haben wir die Rechtslage in Deutschland betrachtet. Die meisten Jugendfreizeiten gehen allerdings in das europäische Ausland. Die Frage ist, inwieweit das deutsche Gesetz auch im Ausland gilt und inwieweit es im Ausland rechtliche Bestimmungen zum Jugendschutz gibt. Bei Reisen ins Ausland gilt das dortige Recht aber die Vorstellungen des deutschen Jugendschutzgesetzes, sofern nicht ein ausländisches Recht in einem Bereich einen strengeren Rahmen vorgibt, gelten dennoch. Die Informationen zum Jugendschutz im Ausland sind allgemein recht spärlich, da oft kein eigenes Jugendschutzgesetz existiert, sondern Jugendliche betreffende Rechtsregelungen über die gesamte Gesetzgebung verteilt sind.

Unter dem Titel „Jugendschutzbestimmungen in Ferienländern" ist von der Bundesarbeitsgemeinschaft Kinder- und Jugendschutz eine Übersicht über die wichtigsten Regelungen im europäischen Raum herausgegeben worden. Wer sich allerdings intensiver mit den Rechtsregelungen im Ausland befassen will, dem sei „Jugendrecht im Ausland" (und andere Auslandsgesetze), herausgegeben von dem Verein Grenzenlos e.V., empfohlen (beide Titel im Literaturhinweis).

Daneben sind gegebenenfalls andere Rechtsbestimmungen zu erfragen. So sind für das Leiten von Kursen (z.B. Windsurfkurse) nicht immer die gültigen deutschen Übungsleiterpapiere ausreichend, sondern es sind im Vorfeld Genehmigungen zu beantragen, was beispielsweise in Frankreich der Fall ist.

Sexualstrafrecht

Straftaten gegen die sexuelle Selbstbestimmung werden in den §§ 174-184c StGB zusammengefasst. Ziel des Gesetzes ist, das Recht jedes Einzelnen auf eine freie geschlechtliche Selbstbestimmung zu schützen und eine ungestörte sexuelle Entwicklung von Kindern und Jugendlichen zu ermöglichen. Der Gesetzgeber versteht unter sexuellen Handlungen z.B. Zungenkuss, Petting und Geschlechtsverkehr. Zärtliche Berührungen, Umarmungen oder Gute-Nacht-Küsse sind damit nicht gemeint.

Nach § 176 StGB – sexueller Missbrauch von Kindern – ist jede sexuelle Handlungen mit Personen unter 14 Jahren strafbar.

Nach § 174 StGB – sexueller Missbrauch von Schutzbefohlenen – sind Sexualkontakte mit Personen unter 16 Jahren strafbar, wenn das Opfer dem Täter anvertraut ist. Dies ist etwa im Rahmen der Aufsichtspflicht der Fall. Wird die durch das Anvertrautsein bestehende Abhängigkeit ausgenutzt, schützt diese Regelung alle Minderjährigen.

Die Paragraphen 174 und 176 StGB kann der Betreuer zum einen natürlich selbst „handgreiflich" erfüllen. Er kann sich aber auch als „Gehilfe" strafbar machen. Dies kann zum einen dadurch geschehen, daß er sexuelle Kontakte etwa zwischen einem 15jährigen Teilnehmer und einer 13jährigen Teilnehmerin aktiv begleitet, indem er ihnen z.B. ein Zelt überlässt. Da man als Aufsichtsführender aber zudem eine sogenannte Garantenstellung hat, kann man sich zum anderen aber auch durch bloßes Nichts-Tun, das sogenannte Unterlassen, strafbar machen (§ 13 StGB). Wer also o.g. Sexualkontakte mitbekommt und nichts dagegen unternimmt, kann wegen Beihilfe zum sexuellen Missbrauch von Kindern verurteilt werden.

Nach Ansicht des Gesetzgebers sind demnach lediglich sexuelle Beziehungen von Personen unter 14 Jahren (und nicht unter 16 Jahren) generell abzulehnen. Aber: Bis zum 16. Lebensjahr sollen solche Kontakte nicht von außen beeinflußt werden. Deshalb gibt es den § 180 StGB, nach dem Dritte sexuelle Handlungen von Personen unter 16 Jahren nicht fördern dürfen (die „Opfer" selbst machen sich eventuell noch nicht einmal strafbar, wenn sie z.B. beide 14, 15 Jahre alte Teilnehmer sind). Dieses „Vorschubleisten" meint alles, was zu konkreten günstigen Gelegenheiten führt. Dazu reicht das bloße Anbieten von Ferienfteizeiten nicht aus, aber dort etwa gemischt-geschlechtliche Schlafräume.

Anmerkung: Ein fehlender strafrechtlicher Tatbestand schließt nicht eine zivilrechtliche Haftung für den/die BetreuerIn aus, die sich zum Beispiel aus der Verletzung der Aufsichtspflicht ergibt. Unter Umständen kann ein/e BetreuerIn zivilrechtlich haftbar gemacht werden (Schadensersatz), wenn ein Beischlaf zwischen noch nicht 18-Jährigen Folgen hat (z.B. Schwangerschaft, psychische Schäden) und die Einwilligung der Eltern nicht vorlag.

Das Thema Sexualität ist sicherlich einer der sensibelsten Bereiche, gerade auch bei Jugendfreizeiten. Nicht nur Jugendliche unterschiedlichen physischen und psychischen Entwicklungsstandes, Alters, Geschlechtes, Bildungsgrades usw., sondern oft auch Ansichten und Moralvorstellungen unterschiedlicher Kulturen und Religionen treffen hier aufeinander. Ein BetreuerInnenteam sollte sich daher schon im Vorfeld gemeinsam über seine Einstellungen zu diesem Thema klar werden und im Rahmen der gesetzlichen Möglichkeiten über seine

Handlungsweisen einigen (mehr zu diesem Themenbereich im Kapitel „Sexualität in Ferienfreizeiten").

Dabei ist auch zu beachten, dass die Sexualaufklärung Teil des Rechts auf Erziehung ist. Ohne besondere Einwilligung der Eltern hat ein/e BetreuerIn keine Befugnis dazu. Das bedeutet: Ein/e BetreuerIn darf von sich aus nicht Aufklärung betreiben oder wissentlich Fragen diesbezüglich provozieren. Stellt ein Jugendlicher jedoch eine Frage aus dem Sexualbereich, so ist die mutmaßliche Einwilligung der Eltern anzunehmen, dass der/die BetreuerIn sachlich und dem Entwicklungsstand des Jugendlichen angemessen antwortet.

Ausgewählte Paragraphen des Bürgerlichen Gesetzbuches (BGB)

(Die Texte in Klammern sind nicht Teil des amtlichen Textes, sondern dienen der Erläuterung.)

§ 823 BGB

Wer vorsätzlich oder fahrlässig das Leben, den Körper (äußerliche Wunde, Knochenbruch), die Gesundheit (Organe, Wohlbefinden, Krankheit), die Freiheit (v.a. Fortbewegung), das Eigentum (alle vermögenswerten Rechte) oder ein sonstiges Recht eines anderen verletzt, ist dem anderen zum Ersatze des daraus entstehenden Schadens verpflichtet.

§ 828 BGB

Wer nicht das siebente Lebensjahr vollendet hat, ist für einen Schaden, den er einem anderen zufügt, nicht verantwortlich (Deliktsunfähigkeit). Wer das siebente, aber nicht das achtzehnte Lebensjahr vollendet hat, ist für einen Schaden dann verantwortlich, wenn er bei Begehung der Handlung die zur Erkenntnis der Verantwortlichkeit (Gefährlichkeit des Tuns) erforderliche Einsicht hat (Bedingte Deliktsfähigkeit).

§ 832 BGB

Wer Kraft Gesetzes (z.B. Eltern, Pfleger/in, Lehrer/in) oder Vertrag (z.B. Erzieher/in, Jugendleiter/in) zur Aufsicht über eine Person verpflichtet ist, ist zum Ersatze des Schadens verpflichtet, den diese Person einem Dritten widerrechtlich (nicht bei Notwehr, Notstand oder Einwilligung) zufügt. Die Ersatzpflicht tritt nicht ein, wenn er seiner Aufsichtspflicht genügt oder wenn der Schaden auch bei gehöriger Aufsichtsführung entstanden wäre.

Ausgewählte Paragraphen des Strafgesetzbuches (StGB)

§ 174 StGB

◆ stellt u. a. den sexuellen Missbrauch von Schutzbefohlenen unter 18 Jahren unter Strafe, wenn dieser Missbrauch unter Ausnutzung eines besonderen Abhängigkeitsverhältnisses geschieht oder der Täter die Handlungen an seinem noch nicht 18 Jahre alten leiblichen oder angenommenen Kind vornimmt oder an sich von dem Schutzbefohlenen vornehmen lässt; unter den gleichen Voraussetzungen wird bestraft, wer zum Zwecke der sexuellen Erregung vor Schutzbefohlenen sexuelle Handlungen vornimmt bzw. diese zur Vornahme sexueller Handlungen bestimmt.

◆ schützt u. a. Personen unter 18 Jahren, die in einem besonderen Ausbildungs- oder ähnlichem Anvertrauensverhältnis stehen, gegen die Bestimmung zu sexuellen Handlungen insbesondere an oder vor Dritten, soweit dies unter Missbrauch der mit dem Anvertrauensverhältnis verbundenen Abhängigkeit geschieht. Gleichfalls wird bestraft, wer Personen unter 18 Jahren zu sexuellen Handlungen gegen Entgelt an, vor oder mit Dritten bestimmt bzw. solcher Handlungen durch Vermittlung Vorschub leistet.

§ 176 bis 176b StGB
◆ sexueller Missbrauch von Kindern

§ 180 StGB
◆ Förderung sexueller Handlungen Minderjähriger

§ 182 StGB
◆ sexueller Missbrauch von Jugendlichen

§ 184 StGB
Nach § 184 macht sich strafbar, wer Personen unter 18 Jahren pornographische Schriften in irgendeiner Weise zugänglich macht.

§ 223 StGB
stellt u. a. das Quälen oder rohe Misshandeln von Personen unter 18 Jahren unter Strafe.

Ab-, Zu- und Versicherungen

Gegen Haftungsverpflichtungen und Rechtstreitigkeiten kann und sollte man sich versichern. Veranstalter sollten für die FreizeitleiterInnen eine Haftpflicht- und Rechtsschutzversicherung für die Dauer der Freizeit abschließen. Freizeitleiter-Innen sollten den Veranstalter unbedingt danach fragen. Sie sollten sich vor Antritt der Reise anhand des ihnen von den Reiseveranstaltern zur Verfügung gestellten Merkblattes über Umfang und Leistungen der abgeschlossenen Versicherungen unterrichten. Sie sollten außerdem folgende Haftungs- und Versicherungs-Fragen klären:

◆ Sind die Mitglieder/TeilnehmerInnen meiner Gruppe versichert?
◆ Sind die Ausweise/Mitgliedskarten beitragszahlender Mitglieder in Ordnung (Unterschriften); ist der Mitgliedsbeitrag bezahlt und abgeführt?
◆ Ist für die anderen nicht beitragszahlenden TeilnehmerInnen eine Versicherung abgeschlossen worden?
◆ In welchem Umfang besteht für die Mitglieder und für die anderen TeilnehmerInnen Schutz durch eine Unfall-, Haftpflicht- und Rechtsschutz-Versicherung sowie ggf. Krankenversicherung?
◆ Handelt es sich bei der geplanten Maßnahme um eine Sonderveranstaltung und ist diese im Rahmen der bestehenden Versicherungsbedingungen gedeckt oder muss sie gesondert versichert werden?

Vor und bei Reisebeginn

Um Haftungsprobleme auszuschließen, sollte vor der Miete von Omnibussen geklärt werden:

◆ Vor Beginn der Reise ist mit dem/der OmnibushalterIn oder mit dem/der FahrerIn das Fahrzeug zu besichtigen und jeder äußerlich wahrnehmbare Schaden (großer Schmutz, Brandflecke oder Defekte an Sitzen usw.) schriftlich festzuhalten (ein Zettel mit gegenseitigen Unterschriften genügt). Das Gleiche gilt auch bei Beendigung der Reise, wenn alle TeilnehmerInnen den Bus verlassen haben.

◆ Schon bei Vertragsabschluss sollte man vereinbaren, dass nachträglich angemeldete Schäden nicht mehr anerkannt werden können. Ähnliches gilt für die Belegung von Herbergen, Ferienhäusern, Hotels, aber auch bei Zeltlagern usw.:

◆ Noch vor der Übernahme bzw. vor der Zuweisung der Zimmer sollten mit dem Eigentümer oder mit einer hierfür berechtigten und beauftragten Person (Herbergsvater, Verwalter) die Räume besichtigt und jeder jetzt schon äußerlich wahrnehmbare Schaden gemeinsam schriftlich festgehalten werden.

◆ Die endgültige Aufnahme sollte für den nächsten Tag bestimmt werden, da ja erst am nächsten Tag die jeweiligen „Zimmerbenutzer/innen" befragt werden können, ob Schäden oder Mängel an den Möbeln (Tische, Schränke, Betten, Stühle usw.), an der Installation (Wasch-, Dusch-, Toilettenanlagen), an den elektrischen Anlagen (Schalter, Lampen, Leitung, Steckdosen) festgestellt wurden. Die Abnahme für den nächsten Tag soll möglichst auch für gemeinschaftlich genutzte Räume gelten.

◆ Es ist darauf zu achten, dass die gemieteten und zur Benutzung freigegebenen Sachen, Gegenstände, Räumlichkeiten und Anlagen der Beanspruchung eines Hotels-, Pensions- oder Beherbergungsbetriebes entsprechen müssen, sodass bei normaler Benutzung und bei ordnungsgemäßer Behandlung keine Schäden auftreten können. Geht doch bei normaler Beanspruchung oder Benutzung etwas entzwei oder wird etwas reparaturbedürftig, kann der Vermieter, der Hotelier oder der Pensionsbesitzer keine Schadenersatzansprüche stellen.

◆ Sind Kinder oder Jugendliche zu betreuen, dann ist es selbstverständlich, dass nicht wertvolle und empfindliche Sachen wie Vitrinen, alte Uhren, kostbare Vasen in Räumen und Gängen herumstehen, die von Kindern und Jugendlichen benutzt werden. Die ReiseleiterInnen sollten veranlassen, dass solche Sachen in Räumen untergebracht werden, die den Kindern und Jugendlichen nicht zugänglich sind. Kommt man dieser Bitte nicht nach, muss man den Besitzer schriftlich darauf aufmerksam machen, dass bei Verlust oder Beschädigung dieser Sachen keine Schadenersatzpflicht übernommen wird.

Für die Zeit eines vorübergehenden Aufenthaltes in Herbergen, Pensionen, Hotels werden den Gruppen, den TeilnehmerInnen, den Reisenden usw. fremde Sachen und Gegenstände – Geschirr, Stühle, Tische, Betten, Zimmer, Toiletten- und Waschanlagen, Aufenthaltsräume u.v.a. – zur vorübergehenden Benutzung überlassen. Für die Zeit der vorübergehenden Benutzung werden also fremde Sachen in Besitz genommen. Versicherungsrechtlich sind nun die Gruppen, die TeilnehmerInnen, die Reisenden usw. vorübergehende BesitzerIn (nicht EigentümerIn) dieser fremden Sachen und zwar durch Leihe, Miete, Pacht, Vertrag, Gebühr, usw. Dies gilt natürlich auch für alle anderen geliehenen oder gemieteten Sachen, z.B. Fahrräder, Zelte und Zubehör, Aufnahme- und Wiedergabegeräte, Musikinstrumente, Filmvorführgeräte usw. Es ist selbstverständlich, dass diese in Besitz genommenen fremden Sachen der gleichen Sorgfaltspflicht unterliegen wie die eigenen.

Treten nun z.B. bei gemieteten, fremden Sachen während der vorübergehenden Benutzung Schäden auf, die durch die Gruppe, die einzelnen TeilnehmerInnen oder die Reisenden schuldhaft verursacht worden sind, dann kann der Eigentümer für den angerichteten Schaden einen Schadenersatz verlangen. Es ist eine weitverbreitete irrige Ansicht, dass die Haftpflichtversicherung solche Schadenersatzansprüche ersetzt. Richtig ist vielmehr, dass die allgemein gültigen „Bestimmungen für alle Haftpflichtversicherungen" Schadenersatzansprüche ausschließen, die bei der Miete, Pacht, Leihe oder Benutzung fremder Sachen entstanden sind. Die Haftpflichtversicherung ist ihrem Sinne nach keine Reparatur-Versicherung, die unbedenklich für Schäden in Pensionen, Hotels, Unterkünften, Herbergen usw. aber auch für Schäden in öffentlichen und privaten Verkehrsmitteln in Anspruch genommen werden kann, die während der Miet-, Pacht- oder Benutzungsdauer entstanden sind oder durch TeilnehmerInnen herbeigeführt wurden.

Krankheitsfälle bei Ferienfreizeiten

Um bei Krankheitsfällen von zu betreuenden Kindern und Jugendlichen vorbereitet und im Hinblick auf Haftungs- und Versicherungsfragen abgesichert zu sein, sollte Folgendes beachtet werden.

◆ Zu Beginn des Aufenthaltes ist es ratsam, mit einem Arzt vor Ort in Kontakt zu treten und ihn darüber zu informieren, dass eine Gruppe von Kindern/Jugendlichen zurzeit eine Freizeitmaßnahme durchführt. Die telefonische Erreichbarkeit des Arztes ist abzusprechen. Außerdem sollten die örtlichen Notfallnummern für alle bereitliegen.

◆ Bei lebensbedrohlichen Erkrankungen muss sofort der Rettungsdienst verständigt werden. Bei allen anderen Krankheitsfällen muss der Arzt informiert und seinen Anweisungen gefolgt werden.

◆ Bei Versicherungsschutz über die Ferienversicherung/Auslandsversicherung oder einer anderen Versicherung mit Krankenversicherungsschutz muss nach Abschluss der Behandlung der Arzt oder das Krankenhaus eine Honorarnote mit den einzelnen ärztlichen Leistungen und der Diagnose ausstellen. Das Honorar sollte sofort bezahlt werden. Das Geld bekommt man von der Versicherung nach Vorlage der Originalrechnung zurück.

◆ Dasselbe gilt für Medikamente auf ärztliche Verordnung. Hier muss das Rezept (Kopie) vorgelegt werden, der Kassenbon der Apotheke allein, ohne Angaben der erhaltenen Medikamente, genügt nicht.

◆ Bei Einlieferung ins Krankenhaus sollte sich der/die ReiseleiterIn entweder von der elterlichen Krankenversicherung einen Kostenübernahmeschein schicken lassen oder nach Abschluss der stationären Krankenbehandlung die Rechnung begleichen. Dabei ist immer darauf zu achten, dass die Behandlung in der üblichen Behandlungsklasse durchgeführt wird. Nur wenn die Eltern ausdrücklich - und zwar schriftlich - bestätigen, dass sie die Behandlung in einer höheren Klasse wünschen und für die zusätzlichen Kosten aufkommen, kann die Verlegung in die gewünschte höhere Klasse durchgeführt werden. Bitte beachten: Porto, Telefon- oder Telegrammgebühren werden u. a. von den Krankenversicherungen nicht erstattet.

◆ Wird durch eine schwere Krankheit oder durch einen Unfall die vorgesehene Reise auf ärztliche Anordnung hin vorzeitig abgebrochen oder verlängert, muss der Arzt die Rückreise in den Heimatort und die medizinische Notwendigkeit der angeordneten Transportart schriftlich bescheinigen. Es ist immer die preisgünstigste Transportart zu wählen. Für die Erstattung der Rückführungskosten gelten die gleichen Bestimmungen wie sie für Arzt- oder Krankenhauskosten gültig sind.

◆ Muss eine versicherte Person aus medizinischen Gründen vom Ausland in ein heimatnahes Krankenhaus verlegt werden, so ist eine Kontaktaufnahme mit dem Malteser-Hilfsdienst, Rückholdienst, Telefon: 0049 (0)2 21/98 22-5 66, Fax: 0049 (0)2 21/98 22-339 (24 Stunden einsatzbereit) und der Versicherung notwendig. Folgende Angaben müssen gemacht werden: Name der erkrankten Person, Versicherungs-Nummer, Reisedauer, Veranstalter, Reiseleiter/in.

Unfälle (Körperverletzung)

Bei akuten Notfällen ist jeder verpflichtet erste Hilfe zu leisten. Insbesondere die Gruppenleiter/innen einer Ferienmaßnahme, die in besonderer Weise Sorge für das Wohl der ihnen anvertrauten Kinder/Jugendlichen zu tragen haben, sollten daher in erster Hilfe ausgebildet sein. Daneben ist Folgendes zu beachten:

◆ Nach der Durchführung der lebensrettenden Sofortmaßnahmen ist der Rettungsdienst zu verständigen, der für den fachgerechten Transport in ein Krankenhaus sorgt.

◆ Bei schweren Unfällen sind nach Befragung durch den Arzt die Eltern bzw. Angehörigen sofort zu verständigen.

Für die Erstattung von Kosten der Heilbehandlung, Rückführung usw. gelten die gleichen Bestimmungen wie bei Krankheitsfällen (s. entsprechender Absatz).

◆ Ist der/die Verletzte Brillenträger/in und wurde die Brille durch den Unfall zerstört oder beschädigt, dann besteht nur dann Anspruch auf Versicherungsleistung, wenn nachweislich wegen der erlittenen Unfallverletzung ärztliche Behandlung erforderlich war.

Haftungsfälle (allgemein)

Die Haftpflichtversicherung übernimmt berechtigte Ansprüche, die von dritten (fremden) Personen an die TeilnehmerInnen, die aufsichtsführenden Personen oder an den Veranstalter im Rahmen der gesetzlichen Haftpflichtbestimmungen privatrechtlichen Inhalts gestellt werden.

◆ Zunächst müssen alle Maßnahmen treffen, die eine Ausweitung des Schadens verhindern (z.B. bei Verkehrsunfällen Unfallstelle absichern, bei Brand-

Andere Richtung, Jungs!

schäden sofort zur Brandbekämpfung übergehen, Polizei und Feuerwehr benachrichtigen, Glasreste beseitigen usw.).

◆ Es müssen immer Name und Anschrift der Beteiligten festgestellt und evtl. die Geschädigten benachrichtigt werden.

◆ Der eingetretenen Schadensumfang ist schriftlich, wenn notwendig mit einer Skizze oder Fotos, zu dokumentieren.

◆ Es müssen die Erziehungsberechtigten verständigt und angefragt werden, ob eine private Haftpflichtversicherung besteht, da private Haftpflichtversicherungen gegenüber den Gruppenhaftpflichtversicherungen vorleistungspflichtig sind, d.h. nur subsidiär einzutreten haben. Das gilt z.B. für Schäden, die sich versicherte Mitglieder oder TeilnehmerInnen untereinander zufügen. (Bei Schäden durch chronisch erkrankte TeilnehmerInnen, z.B. Bettnässer, sind die Eltern ersatzpflichtig.)

◆ Bei Schäden in Unterkünften, Herbergen, Pensionen, Hotels, Ferienhäusern, aber auch in Omnibussen usw. sollte mit dem Eigentümer oder mit einer eigens hierfür ermächtigten oder beauftragten Person gemeinsam der Schaden besichtigt und wenn notwendig schriftlich festgehalten werden. Der oder die Schadensverursacher müssen ermittelt werden, da nur in besonderen Fällen begründete Haftpflichtansprüche durch die Gruppen- oder Privathaftpflicht gedeckt sind.

Haftung gegenüber Aufsichtspersonen

Anspruchsberechtigte in Haftungsfällen sind dritte Personen, darunter fallen nicht die Aufsichtspersonen selbst. Aus diesem Grund gibt es – wie bei Schadensersatzansprüchen der Eltern (Erziehungsberechtigten) gegen ihre Kinder - gleichermaßen auch keine Schadensersatzansprüche der BetreuerInnen und ReiseleiterInnen gegen den Minderjährigen, über die sie ja selbst die Aufsicht zu führen haben. Sie sind also nicht über die Haftpflichtversicherung einer Gruppenhaftpflichtversicherung versichert. Das ist vor allem auch dann der Fall, wenn der oder die Aufsichtsführende mittel- oder unmittelbar an dem zum Schaden führenden Ereignis beteiligt ist. Wird also einem Aufsichtsführenden bei der aktiven Teilnahme an Spiel, Unterhaltung, Sport oder sonstigen Ereignissen mit Minderjährigen etwas zerstört oder beschädigt – zum Beispiel Kleidung, Brille, Fotoapparat, Musikinstrument u.Ä. – kann die Aufsichtsperson den mitbeteiligten Minderjährigen für den erlittenen Schaden nicht ersatzpflichtig machen. Das Gleiche gilt auch für Schäden in Fällen, in denen Aufsichtsführende den zu beaufsichtigenden Minderjährigen Sachen oder Gegenstände zur Verwendung, Verwahrung, Benutzung u.Ä. überlassen und diese, während sie sich in Obhut der Minderjährigen befinden, verloren gehen, zerstört oder beschädigt werden. In solchen Fällen kann es vorkommen, dass die Aufsichtspersonen für den erlittenen Eigenschaden selbst aufkommen müssen. In allen Fällen gilt aber:

◆ Damit die Versicherungs-Gesellschaft begründete Schadensersatzansprüche und unberechtigte Forderungen prüfen kann, ist es unbedingt erforderlich, dass über den Schadenshergang eine schriftliche Notiz angefertigt wird. Die Gesellschaft muss sich später ein genaues Bild machen können, wie es zu dem Schaden gekommen ist.

◆ Unbedingt darauf zu achten ist auch, dass der Anspruchsteller nicht willkürlich einfach einen Betrag in Rechnung stellt, sondern dass die Höhe des eingetretenen wirklichen Schadens nachzuweisen ist. Bei durchzuführenden Reparaturen, z.B. Installationen bei Tür- oder Fensterverglasung usw., muss der Geschädigte den eingetretenen Schaden durch die Rechnung der Reparaturfirma belegen.

◆ Sind beschädigte Sachen und Gegenstände nicht mehr zu reparieren, dann kann nur ein Schadensersatz in Höhe des wirklichen Zeitwertes erfolgen. Der Geschädigte muss den Zeitpunkt der Anschaffung und die Höhe des damaligen Kaufpreises glaubhaft nachweisen.

Achtung! ReiseleiterInnen sollten sich auf keinen Fall einen Schaden aufschwatzen lassen, von dem sie nichts wissen. Vielleicht ist es letzten Endes ihr eigenes Geld, das sie für diesen Schaden bezahlen müssen. Nur für einen schuldhaft verursachten Schaden jedoch können sie ersatzpflichtig gemacht werden. In keinem Fall sollte man ein schriftliches Schuldeingeständnis abgeben.

Rechtsschutzfälle

Soll die Leistung einer Rechtsschutzversicherung in Anspruch genommen werden, ist Folgendes zu beachten:

◆ Bei privatrechtlicher oder strafrechtlicher gerichtlicher Auseinandersetzung muss umgehend eine Schadensmeldung an die Versicherung gerichtet werden, weil nur von dieser über eine Kostenübernahmeerklärung entschieden werden kann und auch nur von dort die Bestätigung und die Benennung des Rechtsanwaltes erfolgt.

◆ Bei Auseinandersetzungen im Ausland (z.B. Festnahme) sollte man sofort das nächste zuständige Konsulat benachrichtigen und sich von dort einen Anwalt (wichtig ist, dass der Anwalt der Heimat- und der Landessprache mächtig ist) benennen lassen.

Schäden an Gepäck und Material

Bei Schäden an Reisegepäck, Zelt-, Lagermaterial oder Ähnlichem gilt für:

Transportschäden

◆ Sofort bei Empfang des aufgegebenen Reisegepäcks muss das Transportunternehmen, also die Luft-, Bahn-, Omnibusgesellschaft informiert werden.

Von dieser sollte man sich den Schaden schriftlich bescheinigen lassen.

◆ Sind Beschädigungen des Gepäcks bei dessen Empfang äußerlich nicht erkennbar, so ist deren nachträgliche Feststellung innerhalb der vertraglich festgesetzten Frist (bei Transportunternehmen in der Regel innerhalb von 24 Stunden nach Empfang) zu veranlassen.

Schäden durch Diebstahl, Beraubung, Feuer

◆ Diese Schäden sind immer der nächsten zuständigen Polizeistelle zu melden.

◆ Bei Schäden im Beherbergungsbetrieb (Jugendherberge, Pension, Hotel) müssen diese zusätzlich auch dort angezeigt werden. Auch hier sollte man sich die Anzeige bestätigen lassen. (Nur in begründeten Ausnahmefällen kann auf eine schriftliche Meldung der Reiseleitung und der Zeugenaussagen zurückgegriffen werden.)

Schäden an Zelten, Zubehör, Sportgeräten, Taucherausrüstungen

◆ Es gelten gleiche Bestimmungen wie oben, wobei bei Schäden auf Campingplätzen die Aufsicht und bei Skibruch die Skischule, der Betreiber des Lifts, die Bergwacht o.Ä. den eingetretenen Schaden bestätigen sollte.

Achtung: Die Vorlage solcher Meldebescheinigungen (Nachweis über den eingetretenen Schaden) ist bei der Versicherung für die Anerkennung eines Ersatzanspruches unbedingt notwendig.

Schadenshöhe

Damit die Schadenshöhe ausreichend dokumentiert wird, ist Folgendes wichtig:

◆ Für den Gegenstand, für den man Schadensersatz beantragt, sollte ein Kaufnachweis (Quittung, Kassenbon etc.) beigebracht werden. Falls nicht mehr vorhanden, müssen die Angaben (wann? wo? wie teuer?) so gemacht werden, dass die Versicherungsgesellschaft sie nachprüfen kann.

◆ Beschädigte Gegenstände, die nicht mehr zu reparieren sind, müssen einem Fachgeschäft zur Begutachtung vorgelegt werden. Das Fachgeschäft muss den Zustand und die Reparaturfähigkeit bescheinigen.

Gruppen sind dynamisch!

Gruppenreisen unterliegen spezifischen Besonderheiten. Vor allem ist dabei die Gruppendynamik von besonderer Bedeutung. Dynamik heißt zunächst einmal nichts anderes, als dass jede Gruppe Auswirkungen auf ihre Mitglieder hat. Über diese Wirkungen gibt es gesicherte Erkenntnisse. Für die Leitung einer Freizeit sind diese Befunde von großer Bedeutung, denn gerade für eine Ferienmaßnahme leben über einen kurzen Zeitraum Menschen sehr nahe zusammen. Wer über die Dynamik von Gruppen informiert ist, kann bewusster das Geschehen beobachten, sich besser auf bevorstehende Situationen einstellen, sein Leitungsverhalten darauf abstimmen und bei auftretenden Konflikten entsprechend eingreifen und gegensteuern.

Gruppendynamik verläuft über verschiedene Phasen. Der Ablauf der Phasen kann in jeder Gruppe unterschiedlich sein. Auch sind nicht alle Phasen so klar und deutlich voneinander zu trennen. Wichtig ist jedoch, die Dynamik ständig im Blick zu halten. Es gibt keine Patentrezepte, was in den jeweiligen Situatio-

nen zu tun ist. Jede Gruppe ist unterschiedlich. In vielen Fällen ist es jedoch nützlich, die aktuelle Lage der Gruppe richtig einschätzen und deuten und entsprechend reagieren zu können. Die angeführten Handlungsideen sollen Anregungen geben, was in der jeweiligen Situation weiterhelfen könnte.

Anfangsphase

Wenn die TeilnehmerInnen einer Freizeit zusammenfinden, kennen sie sich in der Regel noch nicht; allenfalls einzelne TeilnehmerInnen haben sich als Freunde gemeinsam angemeldet. Geprägt ist diese Phase daher von Fremdheitsgefühlen, Unsicherheit und Distanz und dem Bedürfnis nach Orientierung: Wer sind die anderen? Werde ich akzeptiert? Was schafft Anerkennung in der Gruppe? Was behindert diese? usw. Da am Anfang noch keine Verhaltensregeln bekannt sind, muss es für jeden Einzelnen die Gelegenheit geben, auf Distanz die Situation zu erforschen. Viele sind froh, wenn sie dann nicht zu sehr im Mittelpunkt stehen müssen. Gleichzeitig besteht jedoch der Wunsch nach Kontakt und Gemeinschaft und zu der Gruppe dazu zu gehören. In dieser Phase besteht die Aufgabe der GruppenleiterInnen darin, Orientierung und Sicherheit zu geben. Sowohl Kontaktaufnahme als auch Distanz müssen möglich sein.

Tipps für die Anfangsphase

◆ Ganz wichtig ist zu Beginn die Gestaltung der Gesamtatmosphäre. Gerade am Anfang ist das Leitungsverhalten Modell und Maßstab und stellt Weichen für die weitere Entwicklung der Situation. Wer als Leitungsperson eine positive, akzeptierende Stimmung verbreitet, legt einen wichtigen Grundstein dafür, dass sich jedes Gruppenmitglied angenommen und wohl fühlen kann. Hilfreich ist es, Ruhe und Freundlichkeit auszustrahlen und trotzdem klar und bestimmt aufzutreten. Daneben gibt es natürlich zahlreiche Möglichkeiten, wie man eine Gruppe mit netten Kleinigkeiten und Gestaltungselementen am Urlaubsort empfangen kann, um von vornherein die Atmosphäre angenehm zu machen: z.B. ein Empfangsschild für die ankommende Gruppe aufstellen, kleine Süßigkeit auf jedem Bett platzieren, ein Begrüßungsgetränk reichen etc. Dazu ist es natürlich notwendig, dass mindestens ein/e FreizeitleiterIn bereits vor Ankunft der Gruppe am Zielort ist.

◆ Frühzeitig nach der Ankunft sind klare Informationen zu geben über den weiteren Organisationsablauf, über Ort und Räumlichkeiten und über Regelungen des alltäglichen Zusammenlebens. Dabei muss gesagt werden, was erlaubt ist und was aus welchem Grund verboten werden muss (variable Gruppenregelungen können mit den TeilnehmerInnen gemeinsam erarbeitet werden). Das gibt den TeilnehmerInnen die notwendige erste Orientierung. Dabei sollten auch Ausblicke auf die Möglichkeiten eröffnet werden, die die Freizeit im Verlauf bietet, um Neugierde und Spannung zu wecken.

◆ Der erste Abend muss unbedingt schon im Vorfeld im Team geplant worden sein, um den Einstieg für alle, sowohl TeilnehmerInnen als auch Team, zu erleichtern. Hier bieten sich an:

1. Spiele zum Kennenlernen (siehe Kapitel Sicheres Gepäck - Spiele-Fundus),
2. Bewegungsspiele (siehe Kapitel Sicheres Gepäck - Spiele-Fundus), jedoch nur solche, die noch keine körperliche Nähe erfordern!
3. Spiele in wechselnden Gruppen, d.h. die Großgruppe wird in Kleingruppen nach bestimmten Merkmalen aufgeteilt (alle, die grüne Augen haben, alle, die im gleichen Monat Geburtstag haben etc.) und müssen bei jeder neuen Zusammensetzung eine neue Aufgabe erfüllen,
4. Erkundungsspiele, um das Haus bzw. das Zeltcamp und die nähere Umgebung „in Besitz zu nehmen". Wichtig ist hierbei, dass es viele Aktionsfelder gibt.

   ◆ Besonders für jüngere Kinder ist eine Abendrunde (der man vielleicht einen für die Kinder interessanten Namen geben kann) sinnvoll. Im Gespräch kann man herausbekommen, welche Vorstellungen die Kinder von der Freizeit haben, mit welchen Ängsten, Erwartungen aber auch Vorfreuden sie angereist sind. So können auch schon im Vorfeld Wünsche bei der Programmplanung berücksichtigt werden. Die Kinder lernen einander kennen, aber auch die Betreuer erhalten erste Hinweise auf mögliche Problemfelder. Entscheidend ist bei einer solchen Runde die Gruppengröße: Bei großen Gruppen empfiehlt es sich, die Runde in der jeweiligen Zimmer- oder Zeltgruppe durchzuführen.

Eine ähnliche Gesprächsrunde kann auch mit Jugendlichen durchgeführt werden. Hierzu gibt es neben klassischen Gesprächsformen auch spielerische Methoden, um Erwartungen und Regeln abzuklären (siehe auch Kapitel „Beteiligungsmöglichkeiten für Kids"). So erfahren die TeilnehmerInnen gleich zu Beginn, dass ihre Erwartungen und Vorstellungen ernst genommen werden. Dabei ist eines jedoch auch klar: Bestimmte, vor allem gesetzlich festgeschriebene, Regeln müssen deutlich und begründet seitens der FreizeitleiterInnen gesetzt und vermittelt werden. Geschieht dies nicht, besteht die Gefahr, dass das Ruder aus der Hand läuft. Wer kennt nicht die (hier vielleicht absichtlich etwas überzogenen) Äußerungen von manchen Jugendlichen: „Ich bin nur mitgefahren, um braun zu werden, mit 'nem Bier am Strand zu liegen und abends Party zu machen – ansonsten habe ich kein Interesse!" Es geht in einer solchen Runde um Dialogbereitschaft und Einbeziehung der TeilnehmerInneninteressen und nicht darum, die Gruppe quasi sich selbst zu überlassen.

FreizeitleiterInnen sollten authentisch sein. Auch wenn sie Leitungspersonen sind, können sie sehr wohl auch eigene Befürchtungen ehrlich benennen. Somit wird auch den Teilnehmenden vermittelt, dass nicht nur sie allein mit Anfangs-schwierigkeiten und Unsicherheiten zu kämpfen haben. Abgesehen davon merken Kinder und Jugendliche recht schnell, wer etwas vorspielen will!

Auch FreizeitleiterInnen sind am Anfang immer in einer neuen Situation – besonders dann, wenn sie zum ersten Mal bei dem Veranstalter und an diesem Ort zum Einsatz kommen. Ebenso wie die Teilnehmenden haben sie unter Umständen mit Unsicherheiten zu kämpfen. Besonders schwierig kann es werden, wenn einige TeilnehmerInnen der Gruppe, die schon mehrmals mit der Organisation unterwegs waren, mehr über die Gegebenheiten vor Ort und den Veranstalter wissen als die LeiterInnen. Es ist möglich, dass diese TeilnehmerInnen ihren Wissensvorsprung ausnutzen und versuchen, die Leitungskompetenz zu untergraben. Wichtig ist dann, gelassen zu bleiben. Man sollte sich jedoch kein „Pferd aufbinden" lassen, sondern so schnell wie möglich die nötigen Informationen besorgen die man braucht. Aber auch hier ist angebracht, authentisch zu sein. Warum nicht zugeben, dass man nicht alles weiß? Am besten dreht man den Spieß um und zieht solche TeilnehmerInnen mit in die Verantwortung. Wer so viel Wissensvorsprung hat, kann zum Beispiel andere einführen, die nächste Rallye planen usw.

Besonderes Problem: Heimweh

Heimweh ist das besondere Problem in der Anfangsphase. Gerade für jüngere Kinder, die zum ersten Mal ohne Familie verreisen, ist die Zeit des Wegseins emotional unsicher. Die fremde Umgebung und mangelnde Geborgenheit machen traurig und ängstlich. Wichtig ist, das Heimweh ernst zu nehmen und das Gefühl als etwas Normales zu akzeptieren. Nicht alle Kinder äußern sofort ihre Stimmung, daher sollten GruppenleiterInnen gerade an den ersten Tagen auf Anzeichen von Heimweh achten und sich nicht scheuen, das Thema anzusprechen zum Beispiel durch einfühlsame Fragen wie: „An wen denkst du denn am meisten? Was macht die Person wohl gerade? Wen kennst du denn hier schon?" So kann auch das Kind das Heimweh als etwas Normales einordnen. Wichtig ist als GruppenleiterIn, einerseits das Heimweh zu akzeptieren, aber andererseits auch positive Ausblicke zu eröffnen. Als BetreuerIn sollte man das richtig Maß halten: das Problem nicht zu viel beachten und nicht zu wenig. Weitere Möglichkeiten, mit Heimweh umzugehen, sind:

◆ „Verträge" schließen: An zu Hause denken ist für einen festgelegten Zeitraum erlaubt, danach wird etwas anderes gemacht und anschließend geprüft, wie sich das angefühlt hat und wie es war.

◆ Genügend Beschäftigungsmöglichkeiten anbieten. In der Regel gibt sich dann das Gefühl.

◆ Sollte ein Kind trotz aller Versuche dennoch nicht bleiben wollen, ist es auch in Ordnung, wenn es dann nach Hause fahren kann. Allerdings ist darauf zu achten, dass dem Kind dabei ein positives und nicht ein Versagergefühl vermittelt wird. Nicht: „Du schaffst es nicht!" sondern: „Beim nächsten Mal klappt es sicher besser!". (Achtung: Bevor minderjährige Teilnehmende vorzeitig abreisen, ist die Aufsichtspflicht bis zur Ankunft zu Hause zu klären. Näheres siehe im Kapitel „… alles was Recht ist")

Machtkampfphase

Nachdem die TeilnehmerInnen sich kennen gelernt haben, versuchen sie nun herauszufinden, wer welche Position einnimmt. Gekennzeichnet ist diese Phase von dem Kampf um Platz und Rolle in der Gruppe. Angestrebt wird von jeder/jedem ein möglichst anerkannter Platz, der dem natürlichen Bedürfnis nach Wertschätzung, Sicherheit und Einfluss entspringt. Dabei wird auch die Gruppenleitung zu Machtproben herausgefordert und getestet, wie weit man als Teilnehmende gehen kann. Hier gilt es, seine Standpunkte als FreizeitleiterIn konsequent darzulegen, sich aber auf keinen Fall auf Machtspiele einzulassen. Zu beachten ist auch, dass TeilnehmerInnen, die sich wenig behaupten können, nicht einfach so ein Platz und eine Rolle zugeschoben wird. FreizeitleiterInnen müssen die verschiedenen Rollenkämpfe so ausloten, dass alle ihren akzeptierten Platz finden können. Sie müssen aktiv Werte und Normen setzen, damit es nicht zu Einstellungen kommt wie etwa: „Nur der Stärkere gewinnt." Darüber hinaus ist die ganze Gruppe natürlich von dem Verhalten Einzelner betroffen und beeinflusst ihrerseits wiederum das Verhalten Anderer. Die Tabelle auf der nächsten Seite macht dies deutlich.

Programmsteuerung in der Machtkampfphase

Es müssen in dieser Phase Möglichkeiten angeboten werden, in denen jedes Gruppenmitglied mit seinen unterschiedlichen Fähigkeiten zum Zuge kommen kann, d.h. das Programm muss vielseitig und die Auswahl der Spiele auf unterschiedliche Fähigkeiten hin ausgerichtet sein. Geeignet sind vor allem Kooperationsspiele, in denen nur mithilfe aller gemeinsam eine Aufgabe gemeistert werden kann. Auch thematische Feste und Aktionen eignen sich gut, da hier ebenfalls für die Vorbereitung und Durchführung verschiedene Kompetenzen nötig sind wie basteln, organisieren, moderieren, Musik auswählen etc.

Besonderes Problem: Außenseiter

Es kommt immer wieder vor, dass sich im Verlaufe einer Gruppenentwicklung Teilnehmende als AußenseiterInnen entpuppen, die von der übrigen Gruppe abgelehnt werden. Hier ist zu klären, inwieweit man als FreizeitleiterIn zur Integration beitragen kann. Manchmal hilft es schon, wenn man Stärken dieser Person herausstellt, die Auseinandersetzung der Gruppenmitglieder untereinander sowie Respekt und Toleranz fördert. Es kann jedoch auch passieren, dass es trotz

Modell: Rollen in Gruppen

nach Kelber, M.; Gesprächsführung 1977

TYP	Mögliches Verhalten des/der Freizeitleiters/in	Mögliches Verhalten des/der Freizeitleiters/in im Hinblick auf die restliche Gruppe
Streiter	Sachlich und ruhig bleiben	Gruppe veranlassen, sich mit Behauptungen auseinander zu setzen
Positive	Zusammenfassen lassen	Bewusst in Diskussionen der Gesamtgruppe einbeziehen
Alleswisser	Gelassen bleiben	Gruppe veranlassen, zu seinen Behauptungen Stellung zu nehmen
Redselige	Taktvoll unterbrechen	Redezeit in der Gruppe festlegen
Schüchterne	Leichte, direkte Fragen stellen	Selbstbewusstsein stärken, einbeziehen
Ablehnende	Kenntnisse und Erfahrungen anerkennen	
Uninteressierte	Nach Meinung fragen	Beispiele aus seinem Interessensgebiet geben
Stars	einbeziehen	Stellung in der Gruppe zur Vermittlung nutzen
Ausfrager		Fragen an die Gruppe weitergeben

aller Bemühungen nicht gelingt, dass sich die Einzelperson zum akzeptierten Gruppenmitglied entwickelt. Hier muss im FreizeitleiterInnenteam genau geprüft werden, ob und wann evtl. ein Gruppen- bzw. Zelt- oder Zimmerwechsel hilfreich ist, oder ob dieser nur die Problematik verschärft. Manchmal kommt es auch vor, dass Außenseiter verstärkt den Kontakt zur Gruppenleitung suchen. Auch hier ist genau aufzupassen, inwieweit man darauf eingeht bzw. den Kontakt auf ein normales Maß begrenzt.

Vertrautheitsphase

In der Vertrautheitsphase entsteht ein Gefühl der Zusammengehörigkeit. Stärken und Schwächen der Einzelnen treten in den Hintergrund. Obwohl Untergruppen bestehen, bildet sich ein „Wir-Gefühl". Möglicherweise neu Hinzukommende werden eher als störend empfunden. Aus der positiven vertrauten Stimmung beginnt die Gruppe, eigenständige Aktivitäten zu planen. Für GruppenleiterInnen bedeutet dies, Freiräume zu ermöglichen – ein guter Zeitpunkt, die Eigenverantwortung der Gruppe an der Programmgestaltung zu fördern. Darüber hinaus eignen sich Wettkampfspiele gegen andere Gruppen, da der Ehrgeiz für die ganze Gruppe eingesetzt wird.

Gefahr besteht in dieser Phase darin, dass Gruppenrivalitäten zu stark werden und eine einzelne Gruppe eine andere dominiert. Auch kann es passieren, dass innerhalb der eigenen Gruppe der Konformitätsdruck so hoch ist, dass Abweichungen von Einzelnen von der Gruppennorm mit Ablehnung bestraft wird. Auch hier muss die Gruppenleitung gut beobachten und zwischen dem Wir-Gefühl von Untergruppen gegenüber der Gesamtgruppe und der Förderung der Individualität des einzelnen Gruppenmitglieds eine Balance herstellen. Möglichkeiten in dieser Phase sind beispielsweise:

◆ die Bildung von Interessens-/Wahlgruppen zu bestimmten Angeboten,
◆ das Austragen von Meinungsverschiedenheiten fördern,
◆ Anregungen zu Unternehmungen, die die TeilnehmerInnen miteinander in Beziehung bringen (z.B. Erarbeitung eines Gruppenbeitrags für den großen Abschlussabend),
◆ Gespräche führen und begleiten,
◆ sich überall da, wo es möglich ist, entbehrlich machen und Verantwortungsbereiche abgeben, trotzdem aber die Gruppe nicht aus den Augen verlieren.

Differenzierungsphase

Wenn die Vertrautheitsphase positiv verläuft, gelangt die Gruppe in eine Phase, in der jedes Gruppenmitglied in seiner Eigenart wahrgenommen wird und Selbstbestimmung trotz Rücksichtnahme auf andere möglich ist. Konflikte können und dürfen offen ausgetragen und im Idealfall durch gemeinsame Anstrengung gelöst werden. Jede Person wird als eigenständige akzeptiert und darf auch die Rolle wechseln und sich verändern. Erst ein solcher Zustand gibt den Gruppenmitgliedern wirkliche Anerkennung und Sicherheit. Das heißt nicht unbedingt, dass sich alle mögen müssen, aber dass Respekt und Achtung voreinander herrscht und die Fähigkeit, miteinander umzugehen und Konflikte vernünftig auszutragen. Dies ist in unserem Verständnis ein Ziel, das es bei jeder Gruppenreise anzustreben gilt. Sicher wird hier ein Idealzustand beschrieben, der häufig auch nicht eintritt. Das Ziel jedoch vor Augen zu haben ist ein wesentlicher Schritt dahin.

Diese Phase stellt sich eher in der Mitte der Freizeit ein. Vorausgesetzt, die Phase wird so ideal erreicht, läuft dann alles wie von selbst. Es ist eine Zeit der Ausgeglichenheit in der Gruppe. Hier kann es sinnvoll sein, Höhepunkte zu setzen wie ein gemeinsam gestaltetes Fest (vielen als „Bergfest" bekannt), das von den TeilnehmerInnen eigenständig geplant wird.

Trennungsphase

Nach einer so intensiven Zeit, wie es eine Gruppenreise zweifelsohne ist, erzeugt die bevorstehende Trennung Trauer und Angst vor dem Alleinsein und davor, wie es ohne Gruppe zu Hause sein wird. Auch die Angst, nicht mehr dazuzugehören spielt eine wesentliche Rolle.

Vor dem Ende (und auch schon während der Freizeit) sollte daher das Zuhause hin und wieder in Gesprächen thematisiert werden. So können Verknüpfungen mit den Erlebnissen in der Freizeit und zu Hause hergestellt werden. Vor dem Ende der Freizeit sollten die TeilnehmerInnen auf die Situation des nach Hause Kommens vorbereitet und Perspektiven für das Wiedersehen ermöglicht werden (z.B. Ankündigung von Nachtreffen, Fotoschau etc.). Wichtig ist, genau wie bei dem Gefühl von Heimweh zu Beginn der Freizeit, dass Trauer und Abschied ausgelebt werden können. Das ist zum Beispiel möglich bei einem gemeinsam gestalteten Abschlussabend, der Gelegenheit gibt, sich innerlich zu verabschieden.

Weitere Möglichkeiten im Rahmen einer Abschiedseinheit sind:

◆ Die Teilnehmenden schreiben Briefe an sich selbst über das, was man im Urlaub erlebt hat, was man denkt, was man glaubt, wie es weitergeht etc. Diese Briefe werden dann auch an die TeilnehmerInnen nach Hause geschickt. Dies bietet die Möglichkeit, Heimat und Urlaub in Beziehung zu setzen.

◆ Die TeilnehmerInnen schreiben füreinander Wünsche in gemalte Koffer auf Papier. Dazu erhält jede/r TeilnehmerIn und ggf. auch die FreizeitleiterInnen einen auf einem großen Blatt gemalten Papierkoffer mit seinem Namen, der auf dem Boden verteilt wird.

◆ Auch eine Reflexion der Freizeit ist zum Abschluss möglich – z.B. mit Wasser: Die TeilnehmerInnen sitzen im Kreis. In der Mitte stehen drei Eimer nebeneinander, davon ist der mittlere mit Wasser gefüllt. Der leere Eimer auf der linken Seite steht für Dinge, die einen auf der Freizeit genervt haben und die man dort lässt, der rechte Eimer für die positiven Dinge und Erlebnisse, die man gerne mit nach Hause nimmt. Jede/r TeilnehmerIn nimmt sich nacheinander einen Becher voll aus dem mittlere Eimer und gießt so viel Wasser in die jeweiligen Behälter, wie es den Anmerkungen entspricht. (Achtung: nur geeignet für kleinere Gruppen bis ca. 20, weil es sonst zu langatmig wird)

Abschließend

Abschließend sei hier nochmals darauf verwiesen, dass bestimmte Verhaltensweisen bei jeder Gruppenbegleitung und in jeder Phase von Bedeutung sind, nämlich:

◆ die bereits zuvor erwähnte Authentizität,
◆ das „richtige" Verhältnis von Nähe und Distanz zwischen Gruppenleitung und Teilnehmenden,
◆ Dialogbereitschaft,
◆ Klarheit im Auftreten,
◆ Beobachtung des Rollenverhaltens der TeilnehmerInnen und entsprechendes eigenes Verhalten.

Einen Streit wert: Konflikte und Spannungen

Wenn Menschen zusammenkommen, treffen verschiedene Persönlichkeiten, Meinungen, Bedürfnisse, Interessen und Befindlichkeiten aufeinander: in der Familie, in der Schulklasse, im Betrieb, der Clique oder in der Partnerschaft, in Arbeitsgruppen ebenso wie bei Freizeiten. Dies führt manchmal zu konfliktträchtigen Situationen, ohne dass eine Person der anderen gleich etwas Böses will. Trotz dieser ganz normalen Konsequenz werden Konflikte häufig negativ bewertet. Es entsteht die Angst, ein Konflikt könnte das Gruppengefühl zerstören oder einen negativen Eindruck nach innen und nach außen fördern und erzeugen. Auch die Angst vor den eigenen Gefühlen des Ärgers oder der Unzufriedenheit spielt eine Rolle. Spannungen werden in der Folge häufig zugedeckt, verhindert, beiseite geschoben, unterdrückt, totgeschwiegen, ignoriert und manchmal nur scheinbar gelöst. Scheinlösungen verhindern aber genauso wie Verdrängen, Harmonisieren oder autoritäres Verhalten (über Machteinflüsse oder morali-

schen Druck) einen ehrlichen und konstruktiven Umgang mit Spannungen und Konflikten. Stattdessen sollte man sich klar machen, dass Konflikte und Auseinandersetzungen die natürliche Folge einer intensiven Gruppenentwicklung sind. Sie sind Aufgabe und Lernchance für das Team und für die Gruppe. Sie führen bei einem offenen Umgang nicht zur Vernebelung, sondern zur Klärung der Gruppensituation.

Ursachen für Konflikte

Konflikte können entstehen durch:
◆ unterschiedliche Werte, Interessen und Bedürfnisse,
◆ unterschiedliche Rollenerwartungen,
◆ unterschiedliche Gefühlslagen (z.B. Angst, Schuld, Ärger, Aggression, Neid, Schadenfreude, Antipathie, Enttäuschung etc.),
◆ unterschiedliche Quantität und Qualität von Informationen,
◆ Einengung und wenig Raum bzw. Zeit für eine Entscheidung,
◆ die Notwendigkeit, eine Entscheidung zwischen zwei gleich stark positiven oder gleich stark negativen Situationen zu treffen,
◆ fehlende persönliche Anerkennung, Lob, Selbstbestätigung von Einzelnen oder Kleingruppen,
◆ unterschiedliche soziale und kulturelle Herkunft,
◆ Nichtbeachtung der Gruppen(Phasen)Entwicklung (z.B. Ignorieren der wichtigen Machtkampfphase, Verdrängen der Abschiedsphase, vgl. dazu das Kapitel „Gruppen sind dynamisch!"),
◆ z.T. nicht beeinflussbare Faktoren (Wetter, Reifenpanne bei der Radtour, Verlust von persönlichen Dingen, abgeschiedener Freizeitort etc.).

Erkennen von Konflikten

Konflikte, vor allem diffuse Spannungen, sind nicht immer gleich zu erkennen und zu analysieren. Aber es gibt Anzeichen, auf die man achten sollte:
◆ Team- oder Gruppenmitglieder sind ungeduldig miteinander
◆ Ideen werden angegriffen, noch bevor sie ganz ausgesprochen sind
◆ Gruppenmitglieder können sich nicht über Pläne und Vorschläge einigen
◆ Argumente werden mit großer Heftigkeit vorgetragen
◆ Gruppenmitglieder greifen sich gegenseitig persönlich an und verdrehen die Beiträge von anderen
◆ im Gespräch werden sachliche und persönliche Ebene ständig vermischt
◆ Gruppenmitglieder widersprechen den Vorschlägen der Gruppenleitung
◆ Gruppenmitglieder „rächen" sich für erlittenes Unrecht an Unbeteiligten bzw. an Dingen
◆ Gruppenmitglieder ziehen sich zurück oder resignieren

Umgang mit Konflikten

Mit Spannungen und Konflikten kann man ganz verschieden umgehen. Dabei ist zu unterscheiden zwischen „echten", also authentischen und nachhaltigen Lösungen und „unechten" Scheinlösungen, die das Problem nur verschieben, aber nicht aus der Welt schaffen.

Unechte Konfliktlösungen:
◆ Einseitige Interpretation („Im Grunde sind wir uns doch einig")
◆ Totschweigen – das Thema wird nicht mehr angesprochen
◆ Nicht ernst nehmen, abqualifizieren („Du bist eben noch jung und unerfahren")
◆ Zerreden durch endlose Diskussionen oder Monologe von Einzelnen
◆ Ausschließen, indem ein Gruppenmitglied überhaupt nicht mehr beachtet wird (Die betroffene Person weiß zum Teil nicht, warum niemand mit ihr spricht und niemand auf sie eingeht. Sie hält diesen Zustand nicht aus und geht evtl. von selbst)
◆ Harmonisieren („Es ist ja alles nicht so schlimm ..."- „Wir mögen uns doch ...") – übrigens eine der gängigsten Weisen, mit Konflikten umzugehen

◆ Intrigieren, das heißt hinterhältiges Reden und Handeln und den Weg nicht direkt, sondern „hintenrum" gehen (Es wird nicht mit dem Betroffenen selbst gesprochen, sondern über ihn)
◆ Moralischen Druck ausüben (äußert sich häufig in Man-Sätzen: „Das tut man nicht …" oder in Aussagen wie „Das hätte ich nicht von dir erwartet …" bzw. „Wenn du das tust, ist es mit unserer Freundschaft aus")
◆ Machtausübung/Unterdrückung, zum Beispiel durch seine Stellung oder sein Können.
◆ Nur nach dem Schuldigen, anstatt nach Lösungen suchen

Mit diesen Verhaltensweisen werden Konflikte zwar manchmal beendet, aber sicher nicht gelöst!

Konflikte können gelöst werden, wenn …
◆ den Beteiligten klar wird, dass es nicht um SiegerInnen und Besiegte und Schuldige und Unschuldige geht: entweder gewinnen alle oder niemand;
◆ alle sich in der Gruppe angenommen fühlen;
◆ die Rollenverteilung in der Gruppe so ist, dass jedes Mitglied seinen Beitrag für die Gruppe leisten und somit teilweise Verantwortung übernehmen kann;
◆ die Gruppe es versteht, einigermaßen eine Balance zwischen den Bedürfnissen der einzelnen Gruppenmitglieder, dem Wohl der gesamten Gruppe, den Anforderungen des Themas und den Bedingungen der Umwelt herzustellen;
◆ der Konflikt zur Sprache gebracht wird (Gelingt es nicht, ihn sofort zu lösen, so ist schon die Einsicht in sein Vorhandensein von großer Bedeutung);
◆ die Gruppenmitglieder die eigenen Bedürfnisse kennen, akzeptieren und die eigene Meinung sagen dürfen;
◆ Spannungen ausgehalten werden;
◆ jedes Gruppenmitglied sich selbst darstellen und Aussagen über sein Verhalten bekommen kann (Feedback);
◆ Kontakt zwischen den Konfliktparteien gesucht wird;
◆ zwei Spannungsebenen bzw. -ursachen getrennt werden, die zum Teil vermischt werden, die Sach-/Inhaltsebene bzw. persönliche Ebene/Beziehungsebene. Wichtig ist hier zu wissen: Hat ein Konflikt beide Komponenten, dann muss in der Regel zuerst der emotionale Konflikt bereinigt werden, bevor eine sachliche Lösung möglich wird. Oder mit anderen Worten: ist die gegenseitige Beziehung gestört, helfen sachliche Argumente nicht weiter. Zuerst muss eine befriedigende gegenseitige Anerkennung erreicht werden.

Konflikte können gelöst werden durch …
◆ Einsicht/Zustimmung: Die Mehrheit dominiert zwar, aber die Minderheit leidet nicht unter dem Gefühl der Unterlegenheit und gibt ihre Zustimmung.

Diese Lösung führt nur dann zu Problemen, wenn immer die gleiche „Minderheit" unterliegt und sich dadurch irgendwann zurückgesetzt fühlt, was sie objektiv ja auch ist.

◆ Kompromiss: Wenn die streitenden Parteien etwa gleich stark sind (was nicht identisch ist mit gleich groß), werden Konflikte häufig auf dem Weg des Kompromisses gelöst. Jede Partei macht der anderen Zugeständnisse, sodass der Bestand der Gruppe nicht gefährdet ist. Die Notwendigkeit, derartige Zugeständnisse zu machen, wird von den Beteiligten zwar eingesehen, löst aber keine volle Befriedigung aus.

◆ Allianz: Die Parteien geben nichts von ihrem Standpunkt oder Besitz auf, schließen aber aus Klugheit ein Bündnis, um ein bestimmtes, gemeinsames Ziel zu erreichen. Der Konflikt bleibt voll bewusst – er wird jedoch sozusagen „auf Eis gelegt", bis das beabsichtigte Ziel erreicht ist. Erweist er sich dann noch als unverändert aktuell, muss das Thema von neuem aufgenommen werden.

◆ Integration: Diese Form der Konfliktlösung ist die reifste, aber auch die seltenste. Hierbei werden die widersprechenden Meinungen diskutiert, gegeneinander abgewogen und neu formuliert. Die Gruppe erarbeitet als Ganzes eine Lösung, die alle befriedigt und die oft besser ist als jeder der vorangegangenen Teilvorschläge.

◆ Trennung: Trennung ist auf keinen Fall gleichzusetzen mit Flucht. Es ist der letzte, bewusste Schritt am Ende eines Auseinandersetzungsprozesses.

Die beste Entscheidung bzw. Lösung ist nicht die, die am schnellsten gefunden wird, sondern die, hinter der die meisten Mitglieder stehen. Diese ist am ehesten tragfähig. Hilfreich zur Führung eines Konfliktgespräches können die im Kapitel „Aufs Team kommt's an!" vorgestellten Diskussionsmethoden sein.

Konkrete Schritte der Konfliktlösung

Am Beispiel des Konfliktgespräches sollen kurz konkrete Schritte der Konfliktlösung aufgezeigt werden:

◆ Ansprechen der Störung: Die betroffenen Gruppenmitglieder bzw. Parteien äußern ihre Störung, indem sie ihre Gefühle direkt und ohne Vorwürfe ausdrücken. Alle sind damit einverstanden, über die Störung bzw. über das Problem zu sprechen, und es soll deutlich gemacht werden, dass es Offenheit für neue Lösungsmöglichkeiten gibt.

◆ Bewusst machen der Bedürfnisse: Beide Partner versuchen, ihre Bedürfnisse zu erforschen, zu klären und dabei zu akzeptieren, dass sie verschiedene Interessen haben.

◆ Umformulierung der Störungen in Wünsche: Beide Konfliktparteien formulieren ihre Störungen oder ihren Ärger in konkrete Wünsche um.

◆ Ideensammlung für eine mögliche Lösung: Beide Parteien sammeln (z.B. durch ein „Brainstorming", vgl. Kapitel Aufs Team kommt's an!).

◆ Vorschläge für mögliche Lösungen: Diese Vorschläge sollen nicht diskutiert, sondern zunächst nur gesammelt werden. Dabei können auch scheinbar unsinnige oder sehr fantasievolle Vorschläge eingebracht werden. Beide Parteien vermitteln in dieser Phase der anderen Partei, dass sie sich um eine Lösung bemühen. Außerdem wird die Atmosphäre durch Heiterkeit und Spaß entkrampft.

◆ Einigung auf die beste Lösung: Die Konfliktparteien einigen sich auf die Lösung, die sie jeweils akzeptieren können und die den vorhandenen Interessen entspricht. Sie prüfen mögliche Einwände gegen die Lösung und suchen so lange, bis sie die Lösung gefunden haben, zu der alle Beteiligten unumschränkt ja sagen können.

Konflikte sind ein Zeichen dafür, dass jeder Mensch ein Recht auf seine eigene, persönliche Entwicklung hat. Konflikte, die bearbeitet werden, wirken anregend auf die weitere Zusammenarbeit. Wichtig ist es jedoch, sich einzugestehen, dass es Konflikte geben kann, die in einer gewissen Zeit und mit einem bestimmten Aufwand nicht zu lösen sind. Das Team und jede Freizeitgruppe wird mit Konflikten leben müssen. Ohne eine gewisse Konflikttoleranz wird man nicht auskommen.

Sexualität in Ferienfreizeiten

Sexuelles Verhalten von Jugendlichen ist – wie viele andere Dinge auch – von Generation zu Generation einem ständigen Wandel unterlegen. Dies betrifft sowohl die körperliche Reife, die im Laufe der Generationen zunehmend früher beginnt, wie auch Werte und Einstellungen bezüglich Sexualität.

Per Gesetz (siehe Kapitel „... alles was Recht ist") ist festgelegt, was im Bezug auf sexuelle Handlungen in welchem Alter erlaubt ist und was nicht. Aber schon hier stellen sich für viele Freizeitleiterinnen und Freizeitleiter bereits die ersten Fragen, inwiefern die gesetzlichen Regelungen noch der bereits Alltag gewordenen Praxis entsprechen.

Sexualität ist vielfältig und ist nicht nur dann im Spiel, wenn es um körperliche Nähe und Zärtlichkeit geht. Auf Ferienfreizeiten hat auch der alltägliche Umgang von Jungen und Mädchen miteinander einiges mit Geschlechtlichkeit bzw. Geschlechtsrollenverhalten zu tun. Wer ist für wen attraktiv? Wer hat in der Gruppe das Sagen? Wie wird mit sexualisierter Sprache umgegangen? Wie sind die Aufgaben unter den Mädchen und Jungen verteilt? Wer schläft mit wem in einem Zelt? usw.

Beim Thema Sexualität kommen viele Fragen auf – mit Sicherheit bei den Teilnehmerinnen und Teilnehmern, aber bestimmt auch bei den Frauen und

Männern im Team. Für die Freizeitleitung ist es daher sehr hilfreich, sich im Vorfeld mit möglicherweise eintretenden Situationen auseinander zu setzen und anhand dieser konkreten Situationen über Handlungsmöglichkeiten zu sprechen.

Einige Beispiele sind im Folgenden aufgeführt, allerdings ohne den Anspruch der Vollständigkeit. Über die konkreten Situationen hinaus gibt es auch übergeordnete Aspekte, die es beim Umgang mit dem Thema Sexualität zu bedenken gilt. Auf diese soll hier kurz eingegangen werden.

Es gibt sie nicht, die eine richtige Handlungsweise!

Jede Situation, die mit Sexualität zu tun hat und auf die das Team auf der Freizeit eingehen muss, ist einzigartig – allein schon deshalb, weil immer wieder andere Personen beteiligt sind, die jeweils eine eigene Geschichte haben, die Rahmenbedingungen immer wieder neue sind und auch das Team aus ganz unterschiedlichen Frauen und Männern besteht. Alle Teammitglieder haben individuelle Erfahrungen und daraus resultierend auch verschiedene Einstellungen zum Thema Sexualität. Kurz gesagt: Es gibt keine Standardsituation mit einer „richtigen" Standardlösung, die wie ein Rezept auf alle anderen Situationen übertragen und wieder angewendet werden kann. Wer eine Ferienfreizeit leitet, nimmt immer seine persönliche Entwicklung und seine Einstellungen mit, d.h. unter anderem auch, dass die Freizeit als Frau bzw. als Mann geleitet wird. Um die TeilnehmerInnen bei der Auseinandersetzung mit ihrer Sexualität unterstützen zu können, ist es wichtig, dass sich die FreizeitleiterInnen als einzelne Personen, aber auch als Team, damit bereits im Vorfeld auseinander gesetzt haben und dazu auch weiterhin bereit sind. Diese Auseinandersetzung kann nie endgültig abgeschlossen werden. Konkret: Es ist notwendig, die eigenen Erfahrungen im Umgang mit Sexualität zu reflektieren und klar zu bekommen, wo die persönlichen Toleranzgrenzen liegen, welche Werte dahinter stecken und/oder von welchen Erfahrungen sie geprägt sind. Nur dann können FreizeitleiterInnen sinnvoll als Frau oder Mann Ansprechpartner für TeilnehmerInnen sein, ohne ihnen die eigenen Einstellungen als einzig wahre aufzuzwängen.

Der Umgang des Leitungsteams mit dem Thema Sexualität spiegelt sich wider in den Regeln und Verboten, die vom Team aufgestellt werden.

Je weniger sich das Leitungsteam einer inhaltlichen Auseinandersetzung mit den TeilnehmerInnen über ihre Bedürfnisse nach Nähe, Zärtlichkeit und Sexualität gewachsen fühlt, desto eher wird vermutlich der Umgang mit Sexualität über Gebote und Verbote geregelt. Damit ist aber meist wenig erreicht. Wo es nur Gebote und Verbote gibt, fühlen sich TeilnehmerInnen mit ihren Fragen und Unsicherheiten und mit ihrem Bedürfnis, Grenzen auszutesten, nicht ernst genommen. Sie müssen selbst ihre Identität noch entwickeln und brauchen dabei nicht die Unterstützung von einem aufgesetzten Regelsystem, sondern von Frauen und Männern, die gesprächsbereit sind und sowohl Verständnis und Bestätigung als auch Konfrontation ermöglichen.

Zu Verboten ist zu sagen, dass sie überhaupt nur dann einen Sinn machen, wenn sie auch überprüft werden können. Wenn sich durch Verbote lediglich Handlungen von TeilnehmerInnen hinter dem Rücken des Leitungsteams abspielen, ist damit niemandem geholfen. Dadurch verliert das Team eine Menge an Einflussmöglichkeiten und gefährdet so u.U. erst recht die Erfüllung der Aufsichtspflicht. Außerdem reizt es bekanntlich sehr, Verbotenes doch zu tun. Durch radikale Verbote erfahren die TeilnehmerInnen wenig Unterstützung, für sich selbst herauszufinden, wie sie ihre Gefühle und Bedürfnisse im Rahmen einer Ferienfreizeit stimmig leben können. Die gesetzlichen Regelungen dürfen selbstverständlich nicht ignoriert werden, sie sind aber nur ein Teil dessen, wie ein Team mit dem Thema Sexualität auf Freizeiten umgehen sollte.

Über Sexualität zu sprechen, muss gelernt werden

Jedes Mädchen, jeder Junge, jede Frau und jeder Mann verwendet eine eigene Sprache für alles, was mit Sexualität zu tun hat. Wenn die Ausdrucksweisen allzu verschieden sind, dann ist es manchmal sehr schwer, sich gegenseitig zu verstehen. Das Empfinden, welche Wörter am besten ausdrücken, was der oder die Betreffende sagen will, ist individuell. Manchmal rufen bestimmte Ausdrücke schöne oder schmerzhafte Erinnerungen wach und erleichtern oder erschweren dadurch die Verständigung. Es ist wichtig, dass sich die FreizeitleiterInnen auf die Sprache der TeilnehmerInnen einlassen und sie mit ihren Ausdrucksmöglichkeiten ernst nehmen. Das heißt nicht, dass man sie gut finden und/oder übernehmen muss.

Als Frauen und Männer stellt das Team Modellpersonen für TeilnehmerInnen dar. Mit dem, was man macht, aber auch mit dem, was man unterlässt, hat man viel Einfluss. Jede einzelne Person des Teams prägt den Umgang untereinander und mit den TeilnehmerInnen. Das Team hat Anteil daran, ob eine Atmosphäre entsteht, in der neben Fun und Action auch persönliche Themen einen Platz haben. Das bedeutet viel Verantwortung für das eigene Verhalten, aber auch jede Menge Chancen, den Mädchen und Jungen Impulse zum Nachdenken zu geben, ihnen den Druck zu nehmen, immer alles schon wissen zu müssen, den TeilnehmerInnen Spaß am Leben, an der eigenen Sexualität und am Frau- bzw. Mannsein zu vermitteln. Es geht darum, dass Freizeitleiterinnen und Freizeitleiter als Personen mit eigenen Erfahrungen, Werten und Vorstellungen für die TeilnehmerInnen erlebbar werden, und dass sie dabei auch die eigenen Grenzen wahr- und ernst nehmen.

Für FreizeitleiterInnen besteht kein Erziehungsauftrag und damit kein Recht zur Aufklärung. Dies bedeutet aber nicht, dass auf Fragen nicht geantwortet, zu Vorfällen keine Stellung bezogen und Sexualität überhaupt nicht thematisiert werden kann. Wichtig ist hierbei, unterschiedliche Moralvorstellungen seitens der TeilnehmerInnen zu respektieren und zu akzeptieren.

Im Folgenden werden konkrete Situationen benannt und mit Fragen verknüpft, die im Team zur Diskussion anregen und dabei einen roten Faden bieten sollen. Denn wie gesagt: Es gibt keine Rezepte!

Situationen

Die Freizeit beginnt und die Zimmerverteilung steht an. Gibt es gemischte Zimmer oder schlafen Mädchen und Jungen getrennt?
Stichwort Intimität:
◆ Sollen die Schlafräume Orte sein, wo Mädchen und Jungen jeweils unter sich sein können?
◆ Wie viel Verantwortung für sich selbst und Mitbestimmungsmöglichkeiten gesteht das Team den TeilnehmerInnen in dieser Frage zu?
◆ Welche Probleme kommen bei den verschiedenen Aufteilungsmöglichkeiten auf das Team zu?

Im Zeltlager ist die Aufgabenverteilung klar. Für das Einkaufen und Kochen sind die Mädchen zuständig. Die Jungen sorgen für das Lagerfeuer.
Stichwort: Frauen- und Männerrollen
◆ Bekommen Mädchen und Jungen die Möglichkeit mal etwas auszuprobieren, was sie vielleicht nicht so gerne tun oder sich nicht zutrauen?
◆ Sind die Frauen und Männer im Team dabei Vorbild und Unterstützung?
◆ Gibt es Anteile im Programm, die in geschlechtshomogenen Gruppen durchgeführt werden sollten? Welche und warum?

Zeit zum Spielen. Zublinzeln, Donauwelle, Bingo, ... – alle möglichen Körperkontaktspiele werden angeleitet und miteinander gespielt.
Stichwort. Nähe und Distanz:
◆ Werden solche Spiele gezielt oder wahllos angeboten?
◆ Ist die Atmosphäre in der Gruppe so, dass Körperkontaktspiele stimmig sind?
◆ Wie wird mit Hemmungen und Schamgefühlen Einzelner umgegangen?
◆ Ändert sich durch solche Spiele der Umgang der TeilnehmerInnen untereinander und/oder mit dem Team?

Im Lauf der Zeit entwickelt sich so manche intime Beziehung. Eventuell kommt es zu Freizeitpärchen, sei es innerhalb des Teams, bei den TeilnehmerInnen oder zwischen TeamerInnen und TeilnehmerInnen.
Stichwort: Werte
◆ Darf es Freizeitpärchen geben?
◆ Gelten unterschiedliche Regeln für Team und TeilnehmerInnen? Warum?

- Wie wird damit umgegangen?
- Wird darüber nur im Team oder auch mit den entsprechenden Mädchen und Jungen selbst gesprochen?
- Wie weit dürfen und können Beziehungen auf Freizeiten sinnvollerweise gehen?
- Wo sollen/müssen Grenzen gesetzt werden und welche Werte, Ängste und Unsicherheiten stecken dahinter?

TeilnehmerInnen eurer Freizeit werden von Einheimischen, anderen Urlaubern oder Gruppenmitgliedern angemacht und/oder sexuell belästigt.
Stichwort: Grenzverletzung

- Wie reagiert das Team, wenn es die Szene miterlebt?
- Ab wann wird überhaupt etwas als Grenzverletzung gewertet?
- Wie geht das Team mit unterschiedlicher Wahrnehmung/Einschätzung der Situation um?
- Wie wird mit Grenzverletzung über sexualisierte Sprache umgegangen?
- Erzählen die TeilnehmerInnen von Vorfällen selbst oder erfährt das Team über andere davon?
- Ist die Gruppe darüber informiert und wie reagiert sie darauf?
- Sind die Frauen und Männer des Teams Vertrauenspersonen und AnsprechpartnerInnen für die TeilnehmerInnen?
- Reden die Freizeitleiterinnen mit den Mädchen und die Freizeitleiter mit den Jungen?

Eine Teilnehmerin weigert sich zum Schwimmen mitzugehen. Auf wiederholte Nachfrage stellt sich heraus, dass sie ihre Regelblutung hat.
Stichwort: Scham

- Wie geht das Team mit Themen um, die in der Gesellschaft häufig Tabuthemen sind?
- Wie gehen die Frauen im Team mit dem Thema Menstruation um?
- Wissen die TeilnehmerInnen, dass sie mit jemandem auch über peinliche Dinge sprechen können, wenn es ihnen nicht gut geht?
- Sind manche Angebote für die TeilnehmerInnen verpflichtend?
- Haben sie Möglichkeiten, sich davon auszuklinken? Welche?
- Wie wird Betreuung sichergestellt für diejenigen, die am Angebot nicht teilnehmen können/wollen?

Es entwickelt sich unter den TeilnehmerInnen ein Gespräch über Geschlechtsverkehr, Verhütung und Aids. FreizeitleiterInnen sind an diesem Gespräch beteiligt.

Stichwort: Rolle von Teamern und Teamerinnen

◆ Hören die BetreuerInnen nur zu oder erzählen sie auch, was sie dazu denken?

◆ Können die TeilnehmerInnen von FreizeitleiterInnen mehr über diese Themen erfahren?

◆ Welche Werte sind dem Team wichtig zu vermitteln?

◆ Vermittelt das Team den TeilnehmerInnen, dass es alles klar hat und alles weiß oder kann/soll auch von eigenen Unsicherheiten und ungeklärten Fragen erzählt werden?

◆ Gehen die FreizeitleiterInnen darauf ein, dass die TeilnehmerInnen ganz unterschiedlich weit in ihrer Entwicklung sind?

Methodische Anregungen

Mit dem sensiblen Thema Sexualität in der Entwicklung von Kindern und Jugendlichen muss auch in Ferienfreizeiten sensibel umgegangen werden. Bevor man pädagogische Angebote zu diesem Thema an die Gruppe macht, sollte man sich im Vorfeld näher mit entsprechenden Spielen, Methoden und Rahmenbedingungen befassen. Dazu sei hier auf die Literatursammlung im Anhang verwiesen.

An dieser Stelle wollen wir lediglich einige Beispiele geben, wie Jungen und Mädchen spielerisch über bestimmte Themenbereiche ins Gespräch gebracht werden können. Dabei ist jedoch immer zu beachten, dass bereits eine kommunikative Atmosphäre in der Gruppe vorherrscht und während der Aktionen selbst viel Raum für Fragen, Austausch und Gespräch gewährleistet ist.

◆ Was gefällt dir an Mädchen? Was gefällt dir an Jungen?
Mädchen/Frauen und Jungen/Männer tagen mit jeweils einem/einer gleichgeschlechtlichen BetreuerIn in getrennten Räumen. Nach einer Diskussion über obige Frage werden die Diskussionsergebnisse in einen Körperumriss hineingeschrieben und anschließend im Plenum präsentiert. Hier können dann die Gemeinsamkeiten und Unterschiede der jeweiligen Rollenverständnisse verdeutlicht und erörtert werden.

◆ Fragen an das andere Geschlecht
In geschlechtshomogenen Gruppen formulieren Jungen und Mädchen gemeinsam auf einem großen Papierbogen Fragen, die sie schon immer mal an das andere Geschlecht stellen wollten. Die Bögen werden ausgetauscht und die Fragen der Mädchen von der Jungengruppe gemeinsam beantwortet und umgekehrt. Anschließend kommen beide Gruppen wieder zusammen und lesen sich abwechselnd die Fragen mit den zugehörigen Antworten vor. Die Erfahrung zeigt, dass durch die gegebene Anonymität (sowohl Fra-

gen als auch Antworten werden als gesamte Gruppe geäußert) sehr ehrlich geantwortet wird – was beide Gruppen meistens sehr verwundert und neue Erkenntnisse bringt. Es kann sich darüber ein Gespräch anschließen, welchen Erwartungen das jeweilige Geschlecht ausgesetzt ist und ob/worin tatsächlich Unterschiede zwischen Jungen und Mädchen bestehen.

◆ Sexualität und Sprache
Es werden drei Plakate ausgelegt. Eines mit der Überschrift „Worte, die ich gut leiden kann und gerne benütze", ein zweites mit der Überschrift „ Worte, die ich nicht unbedingt genial finde, die mich aber auch nicht stören", auf das dritte Plakat kommen alle „Worte, die ich weder sagen noch hören möchte". Nun sollen alle TeilnehmerInnen wild durcheinander die Worte darauf schreiben, die ihnen dazu einfallen. Das Spiel erleichtert einen sensiblen Umgang miteinander. In der anschließenden Auswertung können Auffälligkeiten angesprochen werden und eventuell Verabredungen getroffen werden, mit welcher Sprache weiterhin über die Themen Liebe, Freundschaft und Sexualität geredet werden soll.

Programmplanung

In den nachfolgenden Kapiteln werden eine Fülle von Programmideen vorgestellt, die sich für die Umsetzung auf Freizeiten eignen. Es sind Vorschläge und Anregungen – was jedoch im Vorfeld passieren muss, sind grundsätzliche Überlegungen zur Programmplanung.

Für jede Planung sind innerhalb des begleitenden Teams folgende Fragestellungen vorab zu beantworten:

◆ Für wen wollen wir etwas anbieten? Wer ist meine Zielgruppe (Kinder, Jugendliche, Mädchen, Jungen, ...)? Welche Interessen haben die TeilnehmerInnen? Wie groß ist die Gruppe? Wie belastbar?

◆ Inwieweit wollen wir die TeilnehmerInnen in die Planung mit einbeziehen?

◆ Was wollen wir anbieten?

◆ Wann und wo soll/kann das Angebot stattfinden?

◆ Wer soll/kann es konkret durchführen? Wie viele Betreuer benötigen wir dazu?

◆ Welche Voraussetzungen benötigen wir für die Durchführung (zeitlich, räumlich, finanziell, Material, Kenntnisse, Fähigkeiten, ...)?

◆ Wie hoch ist der Aufwand für die Vorbereitung?

◆ Was wollen wir mit dem Angebot erreichen? Welche Ziele verfolgen wir (z.B. kennen lernen, Kreativität fördern, …)?

◆ Wie und wo muss das Angebot angekündigt werden?

◆ Wie lange soll es dauern?

◆ Was kann/soll im Nachhinein damit geschehen?

Klopft man seine Ideen für Programmpunkte auf diese Fragen hin ab, ergibt sich schnell eine realistische Sammlung. Besonders anzumerken ist hierbei jedoch auch, dass man bei der Bewertung von Vorschlägen und Ideen nicht zu voreilig sein sollte. Viele klassische Programmaktionen wie eine Tagesrallye oder eine „Lagerolympiade" oder ein Meditationsangebot am Abend, von denen man vielleicht meint, dass sie keinen Jugendlichen im Alter von 15 Jahren „hinter dem Ofen hervorholen", können unwahrscheinlich gut ankommen, wenn man sie anregend und neu inszeniert. Dabei reicht manchmal sogar schon ein anderer, pfiffiger Name (z.B. statt „Meditation" vielleicht „Chill out") in einem anderen Fall braucht es vielleicht etwas mehr, um Angebote attraktiv zu machen. Für Ferienfreizeiten lassen sich grundsätzlich verschiedene Programmformen beschreiben.

Einzelaktionen

Hiermit sind einmalige Angebote gemeint, die in sich abgeschlossen sind und in keinem besonderen Zusammenhang mit anderen Angeboten stehen. Dies können z.B. einzelne Spiele oder aber auch einzelne Aktionen wie eine Wanderung oder ein Kreativangebot sein. In der Regel umfasst das Angebot dann einen

19 zu null, 20 zu null und das wär das 21 zu null !!!

Vormittag, Nachmittag oder Abend – auf jeden Fall einen überschaubaren Rahmen und keinesfalls den ganzen Tag. Solche Art der Angebote eignet sich gut, um vielfältige Zugangsmöglichkeiten für TeilnehmerInnen zu bieten. Die Vorbereitung kostet im Vergleich zu Projektfreizeiten weniger Zeit, sodass auch kurzfristig ein Angebot geplant werden kann.

Ganztagesaktionen

Wie der Name schon sagt, handelt es sich hier um Aktionen, die den ganzen Tag über laufen wie z.B. ein Turniertag, Tagesrallye, Thementag etc. Bei der Planung ist darauf zu achten, wie und wann eine Pause eingeschoben werden kann und ob ein solches Spiel so fesselnd ist, dass es den TeilnehmerInnen ganztägig auch Spaß macht. Ebenfalls ist es wichtig, dass Tagesangebote ihren Highlight-Charakter behalten und nicht direkt hintereinander angeboten werden – denn sonst ist die Motivation schnell auf dem Nullpunkt.

Regelmäßige AG-Angebote

Um etwas Kontinuität in die Freizeit zu bringen, können zu verschiedenen Bereichen regelmäßige Angebote stattfinden. Da TeilnehmerInnen bekanntlich verschiedene Interessen haben, bietet es sich an, verschiedene AGs zu planen, die parallel laufen können (z.B. Redaktion einer Lagerzeitung, Sprachkurs, Modellbau etc.).

Thementage

Innerhalb der Freizeit wird ein ausgewähltes Thema an mehreren aufeinanderfolgenden Tagen in Angeboten umgesetzt. Das Thema ist Teil der Freizeit, bestimmt aber nicht die gesamte Reisedauer. Bei Thementagen wird gebastelt, gespielt, gemalt, gefeiert – dies alles findet unter dem gewählten Thema statt. Die Gestaltung solcher Thementage erfordert meist mehr Vorbereitung als Einzelaktionen. Dafür bieten sie aber die Möglichkeit, der ganzen Gruppe mit ihren unterschiedlichen Fähigkeiten und Interessen einen verbindenden Rahmen zu geben – ohne inhaltlich zu sehr auf ein Thema für die Gesamtfreizeit einzuschränken.

Projektfreizeit

Dabei wird die gesamte Freizeit unter ein Motto gestellt, mit dem sich die Teilnehmer identifizieren können. Das bedeutet dann auch, dass alle Angebotsebenen (z.B. Bastelaktionen, Ausflüge, Spiele, Feste usw.) unter eben diesem Thema als durchgängigen roten Faden angeboten werden. Idealerweise „leben" die TeilnehmerInnen richtig im Thema. Die Projektfreizeit muss unbedingt bereits in der Ausschreibung deutlich gemacht werden, damit es nicht später zu Enttäuschungen kommt. Beispiele für solche Projektfreizeiten sind solche Titel wie

„Leben wie die Indianer", „Piratenlager", usw. Projektfreizeiten eröffnen viele Möglichkeiten der Wissensvermittlung in intensiver Spielform und geben der Gruppe etwas sehr Verbindliches – bedürfen aber auch eine intensiven und meist aufwändigen Vorbereitung.

Folgende Punkte sind bei der Programmplanung grundsätzlich zu bedenken:

◆ das Programm sollte so gestaltet sein, dass gute Spannungsbögen zwischen bewegten und ruhigen Angeboten und zwischen Besonderheiten und Normalem entstehen

◆ niemand sollte zu einem Angebot gezwungen werden

◆ die Anleitung des Angebotes bzw. die Spielregeln sollten einfach, unkompliziert und zügig erklärt werden

◆ es sollten Ein- und Ausstiegsmöglichkeiten für unterschiedlich motivierte TeilnehmerInnen berücksichtigt werden

◆ benötigte Materialien und Hilfsmittel müssen direkt zur Verfügung stehen (nichts ist nerviger als ein Betreuer oder eine Betreuerin, der/die zwischendurch ständig wegläuft, um Materialien zu holen – damit Zeit verschwendet und die Gruppe sich selbst überlässt, bevor sie alle notwendigen Informationen und Arbeitsmittel erhalten hat)

◆ Über die Ankündigung von Angeboten sollte man sich im Vorfeld Gedanken machen: Gibt es eine für alle zugängliche Aktionstafel, auf der die aktuellen Angebote angeschlagen sind? Reicht ein Aushang aus oder soll auf witzige Weise dafür Werbung gemacht werden? Reicht eine Ankündigung am Morgen desselben Tages oder muss schon Tage vorher darauf hingewiesen werden?

◆ Es sollten nur die Dinge angeboten werden, die man bereits selber ausprobiert hat (oder aber wenigstens mit jemandem gemeinsam durchführen, der das Angebot kennt).

Fast unmöglich und nicht besonders erstrebenswert ist es, das komplette Programm schon vor der Abfahrt im Detail festzulegen. Vor Abfahrt ist es in erster Linie wichtig, Termine für Ausflüge abzuklären, die lange im Voraus gebucht werden müssen, eine Menge Programmideen und entsprechendes Material „im Gepäck" zu haben und die Zuständigkeiten im Team für Angebotsbereiche festgelegt zu haben. Auch die Planung des ersten Tages sollte bereits feststehen. Eine grobe Ablaufplanung ist hingegen immer hilfreich – umso notwendiger dann, wenn es eine Themenfreizeit werden soll. Jedoch sieht man erst vor Ort, welche Aktionen bei den TeilnehmerInnen ankommen und welche vorgefundenen Rahmenbedingungen wie z.B. die Wetterlage überhaupt welche Angebote zulassen. Dann sind Flexibilität und Fingerspitzengefühl notwendig, was sich mit zunehmender Erfahrung weiterentwickeln wird …

Auf eigene Verantwortung:
Beteiligungsmöglichkeiten für Kids

Mitbestimmung, Mitgestaltung, Beteiligung, Teilhabe, Mitverantwortung, Partizipation – dies alles sind Begriffe, die das Spannungsfeld zwischen Fremdbestimmung und Selbstbestimmung bezeichnen. § 8 des Kinder- und Jugendhilfegesetzes begründet das Recht von Kindern und Jugendlichen, sich an allen sie betreffenden Entscheidungen der öffentlichen Jugendhilfe zu beteiligen. In den letzten Jahren ist daraufhin durch die Diskussion um Beteiligung von Kindern und Jugendlichen am Gemeinwesen (Jugendgemeinderäte, Kinder- und Jugendforen) bzw. die Herabsetzung des Wahlalters viel über Sinn und Form von Partizipation nachgedacht worden. In der Jugendverbandsarbeit gehört Partizipation schon längst zu den Grundwerten.

Kinder- und Jugendfreizeiten sind eine ideale Möglichkeit, Mitbestimmung und Mitverantwortung zu trainieren. Das Reisen in einer Gruppe Gleichaltriger und die Freizeitmaßnahme bedeuten Ausnahmesituation, Abgrenzung von der Erwachsenenwelt und bieten Freiraum, der gestaltet werden muss. Freizeiten stellen ein ideales Lernfeld für demokratisches Verhalten dar. Gemeinsam müssen, je nach Gegebenheit, Programm, Verpflegung und vor allem die Regeln des Miteinander gestaltet werden.

Mitbestimmung heißt nicht laissez-faire, also „tun worauf man Lust hat" oder keine Regeln vorgeben, keine Sanktionen durchführen. Mitbestimmung ist

die Aufforderung nach weitest möglicher Mitgestaltung und Mitverantwortung, die dort ihre Grenzen hat, wo sie gegen Gesetze oder Regeln verstößt (Jugendschutz, Aufsichtspflicht, Hausordnung), das Wohlergehen anderer gefährdet (andere Gruppen, einzelne Personen), die Fähigkeiten des Leitungsteams oder die Fähigkeiten der Teilnehmenden überfordert (altersgemäße Methodik). Mitbestimmung setzt damit notwendig Information und Kenntnis der Rahmenbedingungen voraus. Die TeilnehmerInnen müssen wissen, worüber sie bestimmen sollen, sie müssen die Alternativen kennen und sollen dazu angehalten werden, ihre eigenen Wünsche und Bedürfnisse zu entdecken. Die FreizeitleiterInnen sollen durch die Festlegung von Rahmenbedingungen Sicherheit und Orientierung geben, innerhalb derer Mitbestimmung erst ermöglicht wird.

Zu Beginn einer Freizeit ist die Unsicherheit der einzelnen TeilnehmerInnen bezüglich der anderen TeilnehmerInnen, den FreizeitleiterInnen und der Freizeit sehr groß. Das Vertrauen in die eigenen Mitbestimmungsmöglichkeiten ist gering. Eine Gruppe, die sich noch völlig fremd ist oder keine Erfahrungen mit Mitbestimmung hat, jüngere Kinder oder Menschen, die eher an Konsum und Gehorsam gewohnt sind, sind damit überfordert, alle Dinge selbst zu regeln.

Hier ist es wichtig, dass die FreizeitleiterInnen entscheiden, wo und wie viel sie die Gruppe mitbestimmen lassen. Sie müssen der Gruppe Vorgaben machen und Kennenlernen ermöglichen, um den einzelnen TeilnehmerInnen Sicherheit und Orientierung zu bieten, ohne dabei die Mitbestimmungsbedürfnisse unnötig einzuschränken. Das Vereinbaren gemeinsamer Regeln, Abfragen von Wünschen und das Vertrautmachen mit den Möglichkeiten der Umgebung sind hierbei wichtige Bausteine. Mit dem Erleben der anderen und dem Einleben in die Freizeit nimmt das Vertrauen in sich und in die anderen zu, ebenso wie das Bedürfnis, mitzubestimmen, mitzugestalten und Verantwortung zu übernehmen, steigt.

Mitbestimmungsgelegenheiten und -anlässe

Je nach Art der Freizeit (Selbstversorgerfreizeit, Hausfreizeit, Badefreizeit ...) gibt es mehr oder weniger Gelegenheiten, die sich für Mitbestimmung und Mitgestaltung durch die TeilnehmerInnen eignen. Mitbestimmt werden kann demnach zum Beispiel bei:

◆ der Gestaltung der Freizeitvorbereitung,
◆ der Gestaltung des Tagesablaufs (Zeiten für Essen, Nachtruhe, Programm),
◆ bei der Verpflegung (Speiseplan, Einkaufen, Putzplan, Küchendienst, Kochen),
◆ bei der Aufstellung bestimmter Regeln (selbstverständlich unter Einhaltung der gesetzlichen Bestimmungen zur Aufsichtspflicht und zum Jugendschutz, siehe Kapitel Alles was Recht ist),
◆ Gruppeneinteilungen (Gruppenfindungen, Zimmerverteilung),
◆ bei der Entscheidung über und der Gestaltung des Programms (Wünsche, Zeitpunkt, Teilnahme),
◆ der Haus-, Platz- oder Raumgestaltung,
◆ dem Einbringen besonderer Fähigkeiten von TeilnehmerInnen.

Einige Methoden

Verschiedene Methoden können die Beteiligung von TeilnehmerInnen systematisieren und zielgerichtet zu Ergebnissen führen.

Vortreffen
Methode
> Das Vortreffen wird von den FreizeitleiterInnen organisiert. Es ist sinnvoll bei Kinderfreizeiten, Erlebnis- und Outdoorfreizeiten, Freizeiten mit besonderem Inhalt und bei Freizeiten, bei denen die TeilnehmerInnen zum großen Teil aus der gleichen Region kommen. Vortreffen können von eher informativ bis zu stark partizipativ variieren.

Ziel, Einsatzmöglichkeiten

Vortreffen ermöglichen eine sehr frühe Einbindung der TeilnehmerInnen in die Gestaltung der Freizeit. TeilnehmerInnen können in die Vorbereitung der Freizeit sowohl inhaltlich wie organisatorisch einbezogen werden, und in Kleingruppen gemeinsam mit dem Team Aufgaben übernehmen (Einkaufen, Gestaltung von Programmpunkten, Gestaltung der Anreise, Mitbringen von Material...).

Mögliche Inhalte, Themen, Varianten

◆ Kennenlernen von Freizeitleitung, TeilnehmerInnen, Institution/Träger und ggf. Eltern

◆ Informationen zur Freizeit (Land, Haus, Programm, Regeln, Fahrt/Flug, Mitnahme/Daheimlassen von Material) einholen und geben

◆ Informationen von den TeilnehmerInnen einholen

◆ evt. Absprachen treffen über Speiseplan, Programm

Einschätzung, zu beachten

◆ eine gute Vorbereitung ist wesentlich

◆ für Atmosphäre sorgen durch gemütlich gestalteten Raum, Getränke und kleine Häppchen

◆ evtl. schwierig, wenn TeilnehmerInnen weite Anfahrtswege haben (Alternative evtl. Chat im Internet)

◆ die Vorbereitung sollte relativ knapp vor der Freizeit (mindestens zwei Wochen vorher) stattfinden, um auch eventueller Nachzügler einzubeziehen

◆ die Einbindung/Beteiligung der Eltern klären

◆ mindestens 30 Minuten vor der Zeit da sein

◆ wichtig ist das Vorstellen der Freizeitleitung

◆ Zeit für Fragen lassen

Umfrage

Methode

Die Methode kann mündlich oder schriftlich eingesetzt werden. Sie lässt sich sowohl mit allen TeilnehmerInnen, als auch nur mit bestimmten TeilnehmerInnen durchführen. Sie lässt sich vor allem dann gut einsetzen, wenn entweder die Gruppe so groß ist, dass ein Parlament nicht mehr durchgeführt werden kann oder die TeilnehmerInnen nicht greifbar sind, zum Beispiel vor oder nach der Freizeit. Umfragen sind zu allen Themen möglich. Die Umfrage sollte sofort ausgewertet und die Ergebnisse den TeilnehmerInnen präsentiert werden.

Ziel, Einsatzmöglichkeiten

Feedback, Meinungsbildung

Mögliche Inhalte, Themen, Varianten

◆ abgefragt werden können alle Themen, die die Freizeit betreffen

◆ Personenfragebogen sollten vor der Freizeit eingesetzt werden
◆ Auswertungsbogen sollten am Ende oder nach der Freizeit eingesetzt werden

Einschätzung, zu beachten
◆ relativ aufwändige Vorbereitung und Auswertung
◆ Fragen müssen gut überlegt werden
◆ Materialaufwand (Papier, ggf. Kopierer) ist zu beachten
◆ aufwändig auch für Befragte, also nicht zu oft einsetzen (nutzt sich ab)

Parlament (Plenum, Vollversammlung, Konferenz)

Methode

Alle TeilnehmerInnen und LeiterInnen treffen sich zu einem festgelegten Zeitpunkt für eine bestimmte Dauer. Das Parlament wird von einer Gesprächsleitung geleitet. Es sollte mindestens zu Anfang, Mitte und Ende einer Freizeit, nach Möglichkeit einmal täglich und bei Bedarf durchgeführt werden.

Ziel, Einsatzmöglichkeiten

Die Methode ist sowohl geeignet, um Informationen an die Gruppe weiterzugeben, Aufgaben zu verteilen, gemeinsame Entscheidungen zu treffen, als auch für Reflexionen und um Stimmungsbilder, Kritik und Probleme zu erfassen.

Mögliche Inhalte, Themen, Varianten
◆ Kennenlernen der TeilnehmerInnen und Freizeitleitung
◆ Programmvorstellung oder Programmplanung
◆ Planung von Festen oder Ausflügen
◆ Motz- und Meckerrunde
◆ Regeln besprechen und verkünden
◆ Konflikte ansprechen

Einschätzung, zu beachten
◆ Gesprächsleitung muss gut vorbereitet sein
◆ ruhigere TeilnehmerInnen müssen aktiv beteiligt werden (trauen sich manchmal nicht etwas zu sagen)
◆ zeitlich lange Parlamente sollten mit anderen Methoden abwechslungsreich gestaltet werden

Forum (Lagerrat, Senat, Abgeordnetenversammlung)

Methode

Aus einzelnen Gruppen (z.B. Zimmern, Zelten) werden von den jeweiligen TeilnehmerInnen Delegierte bestimmt (oder gewählt). Die Delegierten treffen sich regelmäßig, mindestens zweimal wöchentlich im Forum, wo sie die Anliegen ihrer Gruppe vertreten. Das Forum wird von einer FreizeitleiterIn geleitet und bestimmt über Inhalte und Vorkommnisse, die die ganze Gruppe betreffen. Die Absprache und Rückbindung in den Untergruppen braucht die Unterstützung der FreizeitleiterInnen. Die Delegierten, die ins Forum gehen, müssen nicht zwangsläufig stets die gleichen Personen sein. Wechselnde Personen erhöhen die Beteiligung und das Verantwortungsgefühl aller.

Ziel, Einsatzmöglichkeiten

Der Vorteil des Forums liegt darin, dass sich nicht alle zur gleichen Zeit zusammensetzen müssen (Zeitersparnis) und dass die Gruppengröße im Forum relativ gering ist (Arbeitsfähigkeit). Sinnvoll ist der Einsatz bei sehr großen Gruppen.

Mögliche Inhalte, Themen, Varianten

◆ Programmplanung
◆ Kritik an Essen, Haus, Programm
◆ Verbesserungsvorschläge/Ärgernisse einbringen

Einschätzung, zu beachten

◆ Rückbindung der Delegierten an die Untergruppen wichtig
◆ Informationen, was im Forum besprochen und entschieden wurde, müssen allen (TeilnehmerInnen und LeiterInnen) zugänglich gemacht werden
◆ regelmäßige Durchführung muss gesichert sein

Materialbox (Ideensammlung, Karteikasten)

Methode

Die Materialbox ist ein offenes Angebot, das den TeilnehmerInnen ermöglicht, sich selbstbestimmt zu beschäftigen. Sie stellt zum Beispiel Informationen über Ausflüge oder sonstige Möglichkeiten vor Ort, Spiele oder Arbeitsmaterial bereit.

Ziel, Einsatzmöglichkeiten

◆ freies Spiel
◆ Gestaltung von (Mittags-) Pausen
◆ Motivation und Inspiration

Hand

Mögliche Inhalte, Themen, Varianten
◆ Informationsvergabe über Umgebung und vorhandene Möglichkeiten
Einschätzung, zu beachten
◆ viel Vorbereitungszeit nötig
◆ ständige Aktualisierung nötig

Tauschbörse

Methode

Die Tauschbörse sollte möglichst gleich nach der Bekanntgabe der Einteilung vorgenommen werden. Zum Beispiel kann eine lange Busfahrt genutzt werden. Wichtig ist, dass sich die TeilnehmerInnen schon ein wenig kennen gelernt haben. Wenn nötig, kann man sie am zweiten Tag wiederholen.

Ziel, Einsatzmöglichkeiten
◆ Unzufriedenheiten, z.B. mit der Zimmerverteilung, durch Tausch zu beseitigen
Mögliche Inhalte, Themen, Varianten
◆ Zimmerverteilung
◆ Gruppeneinteilung
◆ Sitzplatztausch im Bus
Einschätzung, zu beachten
◆ wenn die Rahmenbedingungen fest sind (z.B. Betten im Zimmer ...) geht Tausch nur mit TauschpartnerIn
◆ alle Betroffenen sollten einbezogen werden (ZimmerkollegInnen, Gruppenmitglieder, FreizeitleiterInnen)
◆ kann lange dauern
◆ nicht so oft anwenden, da dadurch Unsicherheit in der Gruppe entstehen kann
◆ aufpassen, dass man als FreizeitleiterIn nicht den Überblick verliert

Projekte

Methode

Zeitlich und thematisch begrenzte Projekte bieten die Möglichkeit, bestimmte Themen, Bedürfnisse oder Fähigkeiten der TeilnehmerInnen aufzugreifen. Es können einzelne Projekttage durchgeführt werden.

Projekte können auch für Teilnehmende, die keine Lust auf das Gruppenprogramm haben, parallel zum Gruppenprogramm laufende gruppenübergreifende Angebote bieten. Längerfristige Projekte (z.B. Einüben eines Theaterstücks, Bildung eines Chors) können mit einer festen Gruppe durchgeführt werden.

Ziel, Einsatzmöglichkeiten
◆ ermöglicht hohe Selbstverantwortung
◆ Thema kommt von den TeilnehmerInnen

◆ Alternative zum Gruppenprogramm

Mögliche Inhalte, Themen, Varianten

◆ Kulturangebote
◆ Gestaltung eines Themenabends
◆ Bauen, Basteln

Einschätzung, zu beachten

◆ Projektleitung notwendig
◆ je nach Thema sehr zeitintensiv
◆ wenn das Projekt läuft Entlastung für die Leitung
◆ begleitende Öffentlichkeitsarbeit zur Integration in die Gruppe notwendig

Schwarzes Brett (Infobörse, Zeitung)

Methode

An einem für alle zugänglichen, möglichst häufig frequentierten Ort wird eine Plakatwand geschaffen, auf der sowohl Informationen der Leitung (Tagesablauf, Regeln, Programm), als auch Ergebnisse anderer Mitbestimmungsmethoden (Vollversammlung, Forum, Votum) präsentiert werden können. Das schwarze Brett kann den TeilnehmerInnen aber auch als offene Möglichkeit für ihre eigenen Informationen (z.B. suche jemand zum Tischtennisspielen, möchte eine Geisterparty feiern …) angeboten werden.

Ziel, Einsatzmöglichkeiten

◆ Informationen aller Art von allen Personen jederzeit möglich

Mögliche Inhalte, Themen, Varianten

auch als Zeitung möglich, dann aber nicht jederzeit verfügbar

Einschätzung, zu beachten

◆ sollte regelmäßig aktualisiert werden
◆ Regeln für den Umgang mit dem schwarzen Brett müssen klar sein (kein Blödsinn draufschreiben, andere Zettel nicht abhängen etc.)

Black Box (Wunschbox, Kummerkasten, Lob- und Tadelkasten)

Methode

Die Black Box ist tatsächlich eine Box (ein Kasten, Kiste), in die Zettel mit Kommentaren unterschiedlicher Art eingeworfen werden können. Wichtig ist, dass der Ort und der Zeitraum der Aufstellung der Black Box allen bekannt ist. Wenn es sich um eine Entscheidung handelt, ist es wichtig, dass die Fragestellung eindeutig und klar ist. Ist die Black Box die ganze Freizeit aufgestellt, dann sollte sie regelmäßig geleert werden.

Ziel, Einsatzmöglichkeiten

Die Black Box ist eine Möglichkeit anonym und relativ zeitunabhängig die Meinung Einzelner zu erfragen und die Stimmung der Gruppe mitzubekommen, Einschätzungen zu Themen oder der Freizeit im Ganzen zu bekommen.

Dabei kann für bestimmte Themen von Vorteil sein, dass die Kommentare anonym geäußert werden.

Mögliche Inhalte, Themen, Varianten

◆ Themensammlung
◆ Bewertung von speziellen Fragen
◆ Lob und Kritik

Einschätzung, zu beachten

◆ häufiger Hinweis nötig, damit die Black Box nicht in Vergessenheit gerät
◆ an einem Ort aufstellen, der Anonymität ermöglicht
◆ das Ergebnis muss bekannt gegeben werden
◆ bei Kindern ist zu beachten, dass die Fähigkeit zu schreiben nötig ist, ggf. für Unterstützung sorgen

Votum (Abstimmung, Meinungsbild)

Methode

Ein Votum kann geheim (oder öffentlich durchgeführt werden. Es kann durch Handzeichen, soziometrisch (=durch Zuordnung zu Personen, Plakaten oder Orten) oder mit der Ampelmethode (grün = ja; rot = nein; evtl. gelb = Enthaltung) durchgeführt werden. Wichtig ist im Vorfeld zu klären, welche Verbindlichkeit das Votum hat. Ein Votum als Abstimmung sollte nicht zu früh durchgeführt werden, da dann der Meinungsbildungsprozess zu kurz kommt.

Ziel, Einsatzmöglichkeiten

Je nachdem, wie ein Votum eingesetzt wird, ermöglicht es ein Stimmungsbild oder eine schnelle Entscheidung. Das Votum ist eine Methode, die andere Mitbestimmungsmethoden ergänzt und eher punktuell eingesetzt wird. Es ist oft hilfreich, um in einer festgefahrenen Diskussion wieder voranzukommen.

Mögliche Inhalte, Themen, Varianten

◆ alle Themen, die einer Entscheidung bedürfen

Einschätzung, zu beachten

◆ gute Möglichkeit bei großen Gruppen
◆ Gruppendruck kann Entscheidungen Einzelner verändern
◆ Mehrheitsentscheidungen bestimmen auch über die Minderheit (klären, was mit deren Anliegen passiert, Verlierergefühl).

Punkten

Methode

Die TeilnehmerInnen müssen aus mehreren Vorschlägen, das auswählen, was sie selbst gern möchten und Punkte verteilen (durch Klebepunkte oder mit Stiften). Vorschläge/Thesen, die die meisten Punkte erhalten, gelten als ausgewählt.

Ziel, Einsatzmöglichkeiten

Entscheidungshilfe, um auszuwählen oder Prioritäten und Rangfolgen festzulegen, auch als Bewertungsmethode bei Konfliktlösungen oder Auswertungen einsetzbar.

Mögliche Inhalte, Themen, Varianten

◆ Verschiedene Themen

Einschätzung, zu beachten

◆ wenn die Möglichkeit besteht mehrere Punkte zu verteilen, Anzahl und Kumulierung vorher festlegen

◆ verschiedene Farben für verschiedene Gruppen, Personen, Anliegen verteilen, um hinterher besser auswerten zu können

◆ klären, was mit den nicht gewählten Alternativen passiert

Open Team (offene Teamsitzungen)

Methode

„Offen" werden diejenigen Teamsitzungen genannt, zu denen auch TeilnehmerInnen bzw. Personen außerhalb des Leitungsteams eingeladen werden. Es können die Delegierten des Forums eingeladen werden oder die Teamzeiten generell bekannt gegeben werden, sodass alle Interessierten teilnehmen können. Dabei ist es notwenig, im Team Einigkeit zu erzielen, zu welchen Themen bzw. an welchen Teilen der Teamsitzungen TeilnehmerInnen teilnehmen können. Open Team ist auch möglich als offene Zwiesprache zu Fragestellungen während einer Vollversammlung.

Ziel, Einsatzmöglichkeiten

Offene Teamsitzungen sind eine Möglichkeit Teamentscheidungen transparenter zu machen.

Mögliche Inhalte, Themen, Varianten

◆ Sie sind hilfreich zum Beispiel in Fragen der Programmplanung oder zur Erweiterung der Forumsmethode.

Einschätzung, zu beachten

◆ nur anwenden, wenn das ganze Team die Methode unterstützt

◆ macht nur Sinn, wenn die Anliegen der TeilnehmerInnen ernst genommen werden

Hyde Park

Methode

Angelehnt an das Speakers´ Corner im Londoner Hyde Park haben die TeilnehmerInnen innerhalb einer Gruppe, während einer Vollversammlung oder zu einem bestimmten Zeitpunkt die Möglichkeit ihre Ärgernisse, Anregungen oder Wünsche loszuwerden. „Hyde Park" ist eine relativ offene Methode, die stärker auf Transparenz als auf Entscheidungen zielt.

Hand

Ziel, Einsatzmöglichkeiten

Die Methode wird eingesetzt, um Dinge zu äußern, ohne zwingend eine Reaktion darauf zu bekommen. Sie stellt ggf. Transparenz zu Meinungen, Wüschen, Ärgernissen, Stimmungen etc. her.

Mögliche Inhalte, Themen, Varianten

◆ individuelle Bedürfnisse, Ärgernisse, Wichtigkeiten, Erlebnisse

Einschätzung, zu beachten

◆ nur für Gruppen mit Erfahrung mit Mitbestimmungsmethoden
◆ Gruppe muss sich kennen und Vertrauen zueinander haben
◆ für Kinder eher nicht geeignet
◆ vorher klären, ob auf Speaker eine Antwort erfolgt, diskutiert werden darf oder das Gesagte einfach stehen bleibt
◆ Gesagtes muss in Teamsitzung besprochen werden und ggf. zu Veränderungen führen

Rollentausch

Methode

Die FreizeitleiterInnen geben über einen vorher bestimmten Zeitraum die Leitung an eine TeilnehmerInnen oder eine Teilgruppe ab. Diese Methode setzt viel Vertrauen von beiden Seiten voraus und sollte daher erst dann stattfinden, wenn sich die Gruppe schon kennt. Sie zeigt den TeilnehmerInnen, dass sie vom Team ernstgenommen werden.

Ziel, Einsatzmöglichkeiten

Die Methode ist eine vertrauensbildende Maßnahme. Sie gibt die Möglichkeit zum Einfühlen in Machtkämpfe. TeilnehmerInnen wird klar, was Leitung bedeutet. Außerdem kann das Team seine Verhaltensweisen in der Leitung der TeilnehmerInnen gespiegelt sehen.

Mögliche Inhalte, Themen, Varianten

◆ Verschiedene Themen

Einschätzung, zu beachten

◆ einmaliger Charakter
◆ genau überlegen, wer die Leitungsrolle übernimmt
◆ nicht in die Rolle anwesender oder bekannter TeilnehmerInnen schlüpfen
◆ Rahmen, Sinn und Zweck vorher mit allen genau klären
◆ Reflexion der Maßnahme zwingend nötig

Gerichtsverhandlung

Methode

Die Gerichtsverhandlung ist ein Rollenspiel, an dem alle teilnehmen. Dabei übernehmen die TeilnehmerInnen tendenziell die tragenden Rollen (Angeklagte, KlägerIn, RichterIn, VerteidigerIn, ZeugInnen, GutachterIn). Die FreizeitleiterInnen unterstützen die Durchführung des Rollenspiel als GerichtsdienerIn, ProtokollantIn, Publikum oder GutachterIn. Die Urteile werden von den TeilnehmerInnen gesprochen.

Ziel

Die Gerichtsverhandlung bietet die Möglichkeit TeilnehmerInnen bei Sanktionen mitbestimmen zu lassen.

Mögliche Inhalte, Themen, Varianten

◆ Regelverstöße

Einschätzung, zu beachten

◆ Entscheidung ist für alle transparent

◆ teilweise werden kreative Sanktionsmittel erfunden

◆ genau überlegen, wer welche Rolle bekommt, um AussenseiterInnen oder Sündenböcke zu vermeiden

◆ keine zu große Show machen, damit Thema nicht zu sehr in Hintergrund rutscht

Männerrunden/Frauenrunden

Methode

Die Gruppe teilt sich geschlechtshomogen auf und trifft sich in den Männerrunden oder Frauenrunden. Dies kann zu bestimmten Themen gleichzeitig oder einfach zum Spaß und unabhängig voneinander sein. In den geschlechtshomogenen Gruppen können gemeinsame Interessen und Erfahrungen ausgetauscht werden, die als Grundlage für solidarisches Handeln, zum Beispiel bei Mitbestimmungsprozessen dienen. Die Runden bieten die Möglichkeit zu geschlechterdifferenzierter Arbeit, zum Beispiel, wenn die Gruppen vereinbaren, bestimmte Merkmale zu beobachten und sich anschließend darüber auszutauschen.

Ziel, Einsatzmöglichkeiten

Geschlechtsspezifische Runden dienen der Sensibilisierung für geschlechtsspezifische und geschlechterdifferenzierende Themen. Sie sind auch einsetzbar, wenn Entscheidungen zu stark von einem Geschlecht beeinflusst werden oder bei starker Mann-Frau-Thematik in der Gruppe. In den Runden kommen die Stärken von Männern und von Frauen zum tragen.

Mögliche Inhalte, Themen, Varianten

◆ Verschiedene Themen

Einschätzung, zu beachten

◆ Methode gut erklären und zum Ausprobieren ermutigen

◆ Zusammenführung der Männerrunde und Frauenrunde (Informationsaustausch) gut vorbereiten

◆ eher etwas für ältere Jugendliche und junge Erwachsene

Kultur trifft Kultur: Interkulturelle Erfahrungen

Interkulturelles Lernen spielt im Bereich Internationaler Begegnung die zentrale Rolle. Interkulturelles Lernen gehört aber auch in den „normalen" Jugendferienbereich, da es überall da wichtig wird, wo Menschen unterschiedlicher Kulturen zusammentreffen. Die scheinbare Komplexität des Begriffes soll nicht entmutigen, da sich dahinter ein sehr praxisnahes und praktisches Erlebnisfeld aufbaut. Interkulturelles Lernen eröffnet Möglichkeiten, Erfahrungen in und mit einer anderen Kultur zu machen. Dabei kann gelernt und der eigene Horizont erweitert werden.

Eine Geschichte

Carla, 15 Jahre, telefoniert aufgeregt mit ihrer Freundin Heike. Erst eine Stunde ist seit ihrer Rückkehr von einem zweiwöchigen Italienurlaub mit der Jugendgruppe der Gemeinde vergangen, aber es gibt so viele Neuigkeiten zu berichten. „Du Heike, das war ein starker Urlaub! Ich hab da ein supernettes Mädchen kennen gelernt", erzählt Carla aufgeregt. Heike grummelt etwas skeptisch durch das Telefon: „Wie habt ihr euch eigentlich kennen gelernt? Und wie habt ihr euch überhaupt unterhalten? Du sprichst doch kein Italienisch und sie bestimmt kein Deutsch!" „Man merkt, dass du überhaupt keinen Mumm hast, mal etwas auszuprobieren! Hättest ja mitfahren können!", entgegnet Carla. „Anfangs war ich ja auch etwas skeptisch. In den ersten Tagen waren wir jeden Abend in der Disco, super Musik, viele Deutsche und gute Stimmung. Die italienischen Jugendlichen waren nicht so mein Fall. Unsere Reiseleiter fingen

nach ein paar Tagen an, abends ein Alternativprogramm anzubieten. Denjenigen, die wollten, zeigten sie Orte und Plätze im Umfeld des Hotels, wo sich viele Italiener aufhielten. Es gingen immer dieselben Gruppenmitglieder mit. An einen Tag bin ich auch mitgelaufen. Ich hatte keine Lust auf jeden Tag Disco. An diesem Abend sind wir in einen Jugendtreff gegangen. Anfangs standen wir alle etwas dumm herum und ich bereute es schon, mitgegangen zu sein. Aber die Italiener machten einen netten Eindruck. Pier, unser Reiseleiter, und Isabella, eine italienische Kollegin aus dem Jugendtreff, riefen uns alle zusammen und stellten sich in gebrochenem Englisch gegenseitig vor. Ganz schön mutig, einfach anzufangen, englisch zu reden! Ganz anders als in der Schule! Danach sollten wir uns kurz vorstellen. Und es klappte ganz gut und es gab viel zu lachen.

So kam ich mit Lucia ins Gespräch. Sie erzählte einiges von sich und wir stellten fest, dass wir einige gemeinsame Interessen hatten.

„Und weiter?", fragte Heike, die das Ende gar nicht erwarten kann. „Als wir gehen mussten, fragte Lucia, ob wir am nächsten Tag zusammen baden gehen wollten? Ich schlug Pier und Isabella vor, ob wir uns nicht alle zum Schwimmen gehen verabreden sollten. Beide fanden die Idee gut und auch die anderen aus meiner Gruppe wollten mitkommen.

Das war der Anfang von tollen Ferien. Immer mehr aus der gesamten Gruppe schlossen sich uns an. Wir haben ganz tolle Ecken im Ort und der Umgebung kennen gelernt, waren zusammen fischen, haben gekocht und tolle Parties gefeiert!", schwärmt Carla durchs Telefon. „Und wie ging das mit dir und Lucia?", bohrt Heike weiter. „Ach, das war toll. Sie hat mich auch ihren Eltern vorgestellt und ich habe bei ihnen zu Abend gegessen. Der letzte Abend war ziemlich traurig. Aber Lucia will mich besuchen kommen. Wir haben auch am letzten Abend die Italiener nach Deutschland eingeladen. Mal schauen, ich freue mich auf den Herbst, wenn alle zu uns kommen! Bis dahin will ich ein bisschen Italienisch können und die beste Pasta kochen, die es gibt."

Was ist „Kultur"?

Interkulturelles Lernen als Inhalt einer Ferienfreizeit bietet den TeilnehmerInnen Gelegenheiten, konkrete Erfahrungen mit einer anderen Kultur zu machen und darauf basierend eigene Vorstellungen und Meinungen darüber zu bilden und eigene kulturelle Normen in Frage zu stellen. Mit dem Begriff „Kultur" sind alle Verhaltens-, Handlungsweisen und Lebensformen des Menschen gemeint. Unter dem Begriff Kultur fallen u.a. Sprache, moralische Normen und Verhaltensmuster, emotionale Ausdrucksweisen, soziale Organisationen, Rollen und Spielregeln, Einrichtungen des Rechts und der Politik, Arbeits- und Wirtschaftsformen sowie Künste, Wissenschaften, Religionsausübung etc. Diese Inhalte bilden den Rahmen für ein Menschenleben. Das gilt sowohl für den Menschen als

Individuum als auch für den Menschen als Mitglied der Gesellschaft, in der sich Kultur vollzieht.

Das Aneignen von Kulturtechniken vollzieht sich im Prozess des Lernens. Der Lernprozess als solcher ist nicht objektiv messbar. Messbar ist nur die erkennbare Veränderung und Weiterentwicklung des Menschen im Vergleich zu seinem bisherigen Verhalten. Diese Veränderungen können in vier Bereichen stattfinden: im Wissen, im Können, im Erkennen und im Werten (in Einstellungen). Im Kontext des Themas „Interkulturelles Lernen" geht es nicht nur um die Auseinandersetzung mit eigenen erlernten Kultur, sondern auch um das Kennenlernen einer anderen Kultur und der Auseinandersetzung mit Urteilen und Vorurteilen der eigenen gegenüber dieser fremden Kultur.

Praktische Umsetzung

Eine Ferienfreizeit kann einen wichtigen Beitrag zum Prozess des Interkulturellen Lernens leisten, da hier Kindern und Jugendlichen die Möglichkeit gegeben wird, Informationen und Wissen, das sie über das Gastland, dessen Menschen und deren Mentalität und Alltag in verschiedenen Situationen erworben haben, in der Praxis zu überprüfen. Diese Überprüfung kann zu neuem Wissen und Erkennen führen und bietet so für den Einzelnen die Chance, Vorurteile zu fundierten Urteilen werden lassen. In Ferienfreizeiten sind drei Bereiche für die Einbeziehung interkultureller Arbeit bedeutsam: die Vermittlung kultureller Inhalte, die Einübung fremder Kulturtechniken und die Kontakte mit Einheimischen.

Der direkte Kontakt zu Einheimischen ist entscheidendes Element bei interkulturellen Aktivitäten. Für die Umsetzung in einer Ferienfreizeit kann es aber auch besonders problematisch sein. Kontakte zu knüpfen, hat sehr viel mit der Persönlichkeit des Einzelnen zu tun. Kontaktfreudige Menschen haben als Hemmschwelle fast nur die Sprache zu überwinden. Einem eher schüchternen Menschen fällt auch die Kontaktaufnahme zu Menschen in der gewohnten heimatlichen Umgebung sehr schwer. Kontaktaufnahme zu Einheimischen des Gastlandes bedeutet dann die Überwindung von zwei Hemmschwellen: Auf den anderen zugehen und eine fremde Sprache benutzen.

Die Einheimischen des Gastlandes suchen meist nicht den Kontakt zu den Gästen. Je stärker der Tourismus in der Region entwickelt ist, umso mehr steht für die Einheimischen der wirtschaftliche, nicht der interkulturelle Aspekt im Vordergrund. Von daher muss die Kontaktaufnahme meist durch die Gäste erfolgen und deutlich gemacht werden, dass ein weitergehendes Interesse an den Menschen und dem Land besteht.

Im Folgenden werden einige Methoden und Mittel vorgestellt, mit denen Interkulturelles Lernen gefördert werden kann.

Wandzeitung mit Tagesinfos

Die Wandzeitung sollte an einem zentralen Ort im Haus für alle sichtbar installiert werden. Hier sollten alle Informationen zum Tagesprogramm und Prospekte vom Zielort hängen. Gleichzeitig sollten die TeilnehmerInnen auch Nachrichten für andere Gruppenmitglieder oder Gäste des Hauses hinterlassen können und weitergehende Informationen über neu entdeckte Orte oder Wünsche an das Programm, die Gruppe und die Reiseleiter formulieren und sichten können. Grundsätzlich sollten die wichtigen Punkte der Wandzeitung bei einer gemeinsamen Runde am Morgen besprochen werden. An der Wandzeitung kann man die Informationen nachlesen. Auch sollte an der Wandzeitung immer vermerkt sein, wo einer der Reiseleiter zu erreichen ist.

Informationen zum Ferienstart mitbringen

Im Vorfeld der Ferienfreizeit kann man im Rahmen eines TeilnehmerInnenbriefes auf interessante Internetseiten zum Gastland oder zu wichtigen Themen des Gastlandes hinweisen. Wenn die TeilnehmerInnen diese und weitere Seiten aus dem Internet oder Artikel aus Zeitungen zur Fahrt mitbringen, hat die Gruppe eine umfangreiche Startseite für die o.g. Wandzeitung. Auch könnte dieser TeilnehmerInnenbrief ein Kreuzworträtsel mit Fragen zum Gastland und zur Reise beinhalten, dessen Ergebnis auf der Fahrt zum Ferienziel gelüftet wird. Hier könnte die Reiseleitung einige Erklärungen und Zusatzinformationen geben. Als Preis winkt natürlich eine landesspezifische Köstlichkeit.

Gewinnspiele aus dem Fernsehen

In Ferienfreizeiten (besonders mit Jugendlichen) gibt es oftmals tote Zeiten am Tag. Dies sind Stunden, in denen nichts läuft bzw. Zeiten, die zwischen Abendessen und Ausgehzeit oder zwischen Sport und Abendessen liegen. In diese Zeiten können feste Spielstunden oder Shows mit kulturellen Themen angeboten werden, deren Vorbilder im Fernsehen gesendet werden (z.B. „Wer wird Millionär" könnte auch mit Spielgeld gespielt werden). In diese Shows können Einschätzungsfragen, Rollenspiele, Pantomime, Wissensfragen, Gestaltungsaufgaben rund ums Thema „Gastland und seine Menschen" integriert werden.

Was fällt euch ein zum Thema ...

Je nach Entwicklung der Reisegruppe können auch Themen wie „Jugend in …", „Leben in …", „Schule in …", „Kirche in …",… aufgegriffen werden. Hier können konkrete Vergleiche zwischen dem Heimatland und dem Gastland angestellt werden. Gut wären solche Angebote, wenn sich der Kontakt zu Einheimischen in der Form entwickelt hat, dass Jugendliche aus dem Gastland an solchen Runden teilnehmen.

Stadterkundungsspiele (Schnitzeljagd, Fragen- und Aufgabenspiel)

Stadterkundungsspiele können eine organisierte Stadtführung ersetzten oder im Anschluss ergänzend durchgeführt werden. Sie sollten sowohl Kommunikation mit Einheimischen wie auch Wissens- und Suchfragen beinhalten. Um einen möglichst lockeren Umgang mit diesen Spielen zu erreichen, sollten Themen und aufzusuchende Orte nach den Interessenslagen der TeilnehmerInnen gewählt werden. Auch kann die Benutzung von öffentlichen Verkehrsmitteln einbezogen werden. Ein Stadterkundungsspiel kann auch in Form einer Schatzsuche durchgeführt werden. Hier sollen sich die TeilnehmerInnen durch das Lösen von Aufgaben Schritt für Schritt dem Schatz nähern, der an einem gemeinsamen Treffpunkt versteckt ist. Diese Spiele können mit Kleingruppen zu 3-5 Personen durchgeführt werden und genug Zeit für Spontanes ermöglichen.

Im Anschluss an das Spiel sollte Freiraum zur weiteren individuellen Stadterkundung bleiben.

Thematische Führungen (Kunst, Was machen Jugendliche am Abend? ...)

Die bisher genannten Formen haben mehr spielerischen Charakter. Je nach Interessenlage und Angebot kann ggf. auch eine klassische thematische Führung im Rahmen eines Museums oder einer Ausstellung eingeplant werden.

Sprachspiele/Sprachkurs

Im Rahmen des TeilnehmerInnenbriefes erhält jede/r TeilnehmerIn zehn Begriffe, um deren Übersetzung in die Sprache des Gastlandes er/sie sich kümmern soll. Diese Begriffe werden dann nach und nach während der Busreise vorgestellt. So entwickelt sich ein Gefühl für die Sprache des Gastlandes und jede/r TeilnehmerIn hat die Übersetzung der wichtigsten Wörter. Als Programmpunkt kann auch ein Flirtkurs mit den wichtigsten Gesprächsfloskeln der Landessprache angeboten werden. Das Zugangsmotiv von Jugendlichen, nämlich zu flirten, kann hier genutzt werden, um mithilfe der Grundkenntnisse Kontakte mit Einheimischen zu fördern. Die Erfahrung zeigt, dass bei einem solchen Kurs das Flirten häufig nur noch eine untergeordnete Rolle spielt und die generelle Kontaktaufnahme auch bei anderen Situationen an Bedeutung gewinnt.

Spontankontakte

Benutzung öffentlicher Verkehrsmittel anstelle eines eigenen Reisebusses, Einkaufen, das Fragen nach dem Weg, das Suchen einer Sehenswürdigkeit sind Situationen, in denen man Einheimische gut um Hilfe bitten und Kontakt knüpfen kann. Wählen die FreizeitleiterInnen öfter diesen Weg und suchen die Kommunikation, kann dies auch eine Ermunterung für die Gruppenmitglieder sein.

Besondere Handwerkstechnik

Viele Regionen bieten verschiedene landestypische Dinge. Interessant ist es, diese nicht nur anzusehen oder ggf. zu kaufen, sondern deren Produktionsweise kennen zu lernen oder in einem Kursus diese Techniken zu erlernen. Dies kann für Kinder und Jugendliche interessant sein, wenn Angebote nicht zu schwierig sind. Wenn ein einheimischer Jugendlicher solch einen Kursus durchführt, hat dies einen besonderen Aufforderungscharakter.

Besondere Musikinstrumente

Was für die besondere Handwerkstechnik gilt, kann auch auf Musikinstrumente oder besondere Musikrichtungen zutreffen. Da über Musik die meisten Kontakte zwischen Menschen entstehen, wäre ein Angebot in diesem Bereich im hohen Maße kontaktfördernd.

Landesspezifische Speisen

Je nach Unterbringung muss die Gruppe selbst für das Essen sorgen. Wenn eine Gruppe sich zum Ziel setzt, landesspezifisch zu kochen, bietet dies eine Vielzahl von Anknüpfungsmöglichkeiten zur Kultur des Gastlandes. Schon im Vorfeld der Ferienfreizeit können die TeilnehmerInnen Rezepte von Speisen sammeln, die auf der Ferienfreizeit gekocht werden sollen. Der Einkauf vor Ort, zum Beispiel auf einem Markt, wird zum Abenteuer und zum Erlebnis. Das Kochen in der Gruppe kann sehr viel Spaß machen und positiv zum Gruppenklima beitragen. Wenn alle beteiligt werden und „Küche" nicht als lästig, sondern als spannendes und lustiges Feld erfahren wird, wird dieser Bereich auch von Kindern und Jugendlichen angenommen. Wenn die Gruppe oder einzelne Gruppenmitglieder Kontakte zu Einheimischen geknüpft haben, können auch Einladungen zum Essen ausgesprochen oder sogar eine gemeinsame Kochaktion vereinbart werden.

Gruppen, die in Vollverpflegerhäusern untergebracht sind, werden oftmals mit landestypischen Gerichten verpflegt. Der Bereich der eigenen Kocherfahrungen ist hier sicher schwieriger, da seitens der Herbergseltern die Küche zur Verfügung gestellt werden müsste. Dann kann man zumindest bei gemeinsamen Treffen mit Kindern und Jugendlichen aus dem Ort zusammen grillen und das Angebot der Herbergseltern um selbst gemachte Salate und Nachtische ergänzen. Vielleicht tragen die eingeladenen Kinder und Jugendlichen auch etwas zum gemeinsamen Essen bei.

Gemeinsames Spiel

Viele Kontakte lassen sich über gemeinsame Interessen der Jugendlichen beider Länder aufbauen. Die Einladung einer Gruppe aus dem Ferienort zu einem gemeinsamen Fußball- oder Volleyballspiel mit anschließender Party oder gemeinsamen Grillen eröffnet auf natürliche Weise Wege zu Kontakten. Es ist jedoch wichtig, dass sowohl ein sportliches Betätigungsfeld für Jungen als auch für Mädchen gefunden wird, damit die Kontaktentwicklung nicht auf einen Teil der Gruppe beschränkt bleibt.

Besuch von Kinder- und Jugendeinrichtungen des Ferienortes

Eine Möglichkeit, Informationen über den Zielort und die dort lebenden Menschen zu erhalten, kann die Kontaktaufnahme zu Jugendeinrichtungen im Ferienort oder im Umfeld sein. Adressen kann man oft über die jeweiligen Homepages der Ferienorte erhalten. Neben der grundsätzlichen Anfrage, ob Interesse an einem Besuch der Gruppe in der Einrichtung besteht, können hier auch schon einzelne Programmpunkte und gemeinsame Aktionen überlegt werden. Beispielsweise könnte eine Stadtführung durch einheimische Kinder und Jugendliche für die Gastgruppe vereinbart werden. So erhalten die BesucherInnen neben den bekannten touristischen Sehenswürdigkeiten auch einen Überblick über Plätze am Ferienort, die den einheimischen Kindern und Jugendlichen wichtig sind. Die Besuche müssen bereits von zu Hause gut vorbereitet sein, um die Interessen beider Seiten nicht zu verletzen.

Besuch einer Schule und Beteiligung am Unterricht

Auch wenn in der Regel die Fahrten in den Ferien stattfinden, muss im Gastland noch keine Ferienzeit sein. Vielleicht hat eine Gruppe Interesse, einmal eine Schule im Ferienland zu besuchen und vielleicht ist sogar eine gemeinsame Schulstunde möglich. Adressen der Schulen können auch über die Homepage der jeweiligen Stadt erfragt werden, der Kontakt sollte dann direkt mit der Schule gesucht werden. Unbedingt notwendig sind Absprachen im Vorfeld mit der Schulleitung und den jeweiligen LehrerInnen, damit der Besuch eingeplant und gemeinsame Interessen berücksichtigt werden können.

Feste/Konzerte im Ferienort

In der Regel verfügen Ferienorte über ein umfangreiches Ferienprogramm für ihre Gäste. Diese Angebote sollte die Reisegruppe recherchieren und gemeinsam überlegen, ob das Angebot für die Gruppe interessant ist. Zusätzlicher Anreiz könnte es sein, wenn das Fest als Treffpunkt mit einheimischen Gruppen dient oder einzelne Jugendliche aus dem Ort dort auftreten.

Installation eines Jugendcafes im eigenen Haus/Zeltlager

Nach der Phase der Kontaktaufnahme kann es zu vielfältigen Treffen der TeilnehmerInnen mit Einheimischen kommen. Neben den Plätzen, die im Ferienort Treffpunkte für Jugendliche sind, ist es eine große Chance, selbst ein Jugendcafe einzurichten, in das die Gruppenmitglieder Einheimische einladen können. Hierzu bedarf es zum einen der Absprache mit den Herbergseltern und der Planung mit der Gruppe bezüglich Gestaltung und Organisation dieses Cafes. Solch ein Jugendcafe lässt sich am besten in einem Selbstversorgerhaus einrichten, da die Gruppe hier den größten Gestaltungsfreiraum hat.

Die Auflistung hat nicht den Anspruch von Vollständigkeit. Es wird deutlich, dass viele Möglichkeiten miteinander verknüpft werden können oder die Palette erweitert werden kann.

Rolle der ReiseleiterInnen

Wenn im Rahmen einer Ferienfreizeit interkulturelle Aktivitäten eingebunden sein sollen, kommen auf die FreizeitleiterInnen besondere Anforderungen zu. Der/die LeiterIn muss Vorbild, BegleiterIn, AnimateurIn, BeobachterIn und RegulatorIn in einer Person sein. Es ist wichtig, dass es täglich eine Phase gibt, in der die Reisegruppe für sich ist und sich gegenseitig über Erfahrungen und

Eindrücke berichten kann. Dies ist auch für das Team wichtig, um Dinge in der Gruppe, Ideen, Wünsche und Probleme zeitnah aufgreifen zu können. In der Planung der Ferienfreizeit muss aber ebenso auch Raum für einheimische BesucherInnen sein. Sie sollten willkommen sein und in festgelegten Formen am Gruppenleben teilnehmen können.

Hilfreiche Rahmenbedingungen
Folgende Rahmenbedingungen sind hilfreich und förderlich:
◆ Gemeinsame Busanreise (erste Informationen und kleine Infospiele …)
◆ Gruppenunterbringung in einem Selbstversorgerhaus (Kontakte zu Einheimischen dann notwendig, Förderung der Gruppenentwicklung, Freiraum in der Programmplanung und Raumgestaltung, Umgang mit Gästen aus dem Ferienort kann selbst geregelt werden)
◆ Gruppengröße 30 Personen (guter Überblick, gute Kommunikation untereinander möglich)
◆ 3-4 ReiseleiterInnen, die über ausreichende Sprachkenntnisse des Landes verfügen

Über das Ende der Freizeit hinaus

Eine Ferienfreizeit ist für Kinder und Jugendliche eine Ausnahmesituation. In diesem Zeitraum rückt der eigene Alltag in den Hintergrund und lässt vielfältige neue Eindrücke und Erfahrungen zu. Am Ende einer Ferienfreizeit gibt es viele, die mit Wehmut in den Alltag zurückkehren. Einige der vielfältigen Erfahrungen und Ereignisse bleiben im Blickfeld der Jugendlichen, andere gehen verloren. Von daher ist es wünschenswert, dass es Kindern und Jugendlichen erleichtert wird, Erfahrungen aus dem Gastland in den eigenen Alltag mitzunehmen. Bei Gruppen, die auch in der Heimatstadt zusammen sind, kann durch Nachtreffen und thematische Weiterbearbeitung von angesprochenen Themen und Fragestellungen eine begleitende Nachbereitung stattfinden. Wenn konkrete Kontakte zu einer Gruppe im Ferienort aufgebaut wurden, können diese zu einem baldigen Gegenbesuch eingeladen oder eine gemeinsame Homepage mit Chatroom für die beide Gruppen eingerichtet werden. Womit wir wieder bei Carla und Lucia wären. Der Austausch über Briefe, E-Mails, Fotos oder Videos hält die Erinnerung lebendig und die Kontakte auch.

Glaubenssache: Religiöse Elemente bei Freizeiten

Als Freizeitanbieter im Rahmen der kirchlichen Jugendarbeit, als Pfarrgemeinde, die ihre nächste Kinderfreizeit plant, oder als christlich interessierte und engagierte GruppenleiterIn stellt man sich, wenn man sich mit der Programmplanung auseinander setzt, vielfach Fragen zur Einbindung religiöser Elmente. Sind religiöse Elemente noch zeitgemäß, haben sie noch etwas mit dem Alltagsleben unserer TeilnehmerInnen zu tun, wirken sie nicht doch nur aufgesetzt, können wir ein solches Angebot überhaupt durchführen? Daneben hat man es mit den verschiedensten Erwartungen von Eltern, ReiseleiterInnen, Pfarrern oder Pastoren, kirchlichen MitarbeiterInnen, dem Vorstand, manchmal sogar auch TeilnehmerInnen zu tun. Sie halten es oft für selbstverständlich und notwendig, dass bei den Freizeiten das Spezifische der Kirche, das Religiöse, vorkommt.

Wo, wenn nicht hier?

Wenn sich die Frage nach dem Religiösen stellt, kommt man zu der Frage, was kirchliche Jugendarbeit will. Kirchliche Jugendarbeit versucht Räume und Lernfelder zu schaffen, in denen junge Menschen, junge Christen, Leben erfahren, verstehen und gestalten lernen. Dazu gehört, das Leben in seinen Zusammenhängen zu begreifen und zu verändern und sich für Fragen der Sinngebung und Zielorientierung zu öffnen. Kirche bietet den Jugendlichen die Chance, sich selbst zu verwirklichen und hilft ihnen bei der Suche nach dem Sinn ihres Lebens. Religiöses im eigentlichen Sinn sind dann nicht oberflächliche Riten und Kultübungen, sondern setzt beim Menschen an.

Die religiöse Entwicklung, die Glaubensorientierung des Menschen vollzieht sich in Gemeinschaft, in gegenseitiger Abhängigkeit und wechselseitiger Beeinflussung. Entscheidend für das Angebot kirchlicher Jugendarbeit ist daher, dass sich Christen als eine Gemeinschaft anbieten. Freizeiten bieten dafür eine große Chance. Wo sonst findet man die Kinder und Jugendlichen, die aufgrund freier Motivation eine Gemeinschaft auf Zeit bilden. Freizeit bietet sich für die Gruppe, die sich darauf einlässt, als religiöses Experimentierfeld an, da es einen relativen Freiraum, sowohl im räumlichen Sinn wie auch unabhängig von bestimmten Formen und Traditionen, erlaubt. Das ist eine Chance, Religion anders zu erleben als zu Hause und für die FreizeitleiterInnen die Möglichkeit, WegbegleiterInnen der Kinder und Jugendlichen zu sein.

Was können nun Erfahrungen sein, die die FreizeitleiterInnen den TeilnehmerInnen unter christlichen Gesichtspunkten bieten können? Einige Punkte:

Liebe lernen und Vertrauen fassen

Die Aufforderung zur Liebe, d.h. zur Gottes-, Nächsten- und auch Selbstliebe ist Kern der Biblischen Botschaft. Die TeilnehmerInnen der Freizeiten sollen Erfahrungen machen mit Zuverlässigkeit und liebender Zuwendung. Sie sollen sich angenommen und als Menschen geliebt fühlen und lernen, sich selbst zu akzeptieren.

Freiheit erfahren und selbstständig werden

Zuwendung, Liebe und Geborgenheit sind aber nur die eine Seite. Ohne die wachsende Möglichkeit der Freiheit und Selbstständigkeit wirken sie auf Dauer erdrückend, sogar entmündigend. Im Gleichnis vom verlorenen Sohn wird deutlich, wie hoch Jesus die Freiheit des Einzelnen geschätzt hat. Den TeilnehmerInnen soll Verantwortung übertragen werden, sie sollen lernen, mit ihrer Freiheit selbstständig und eigenverantwortlich umzugehen.

Gewissen entwickeln/soziale Verantwortung

Die eigene Einsicht in das, was gut und was richtig ist, muss von dem Einzelnen im Laufe seines Lebens erworben werden. Wenn man nun das Christentum als Grundlage für die Gewissensbildung nimmt, so heißt das zunächst einmal: Jeder soll und darf lernen zu lieben. Den anderen lieben bedeutet aber, dass die eigene Freiheit dort aufhört, wo die Freiheit des Nächsten anfängt. Dabei orientiere ich mich am Wohlergehen des Einzelnen und der Gesellschaft. In Konfliktfällen müssen die Bedürfnisse der Beteiligten abgewogen werden und Kompromisse gefunden werden. Im Ernstfall bedeutet das, entweder Verzicht zu üben zum Wohle des Nächsten oder der Gemeinschaft, oder bei dem zu bleiben, was man selbst als richtig erkannt hat.

Nachdenken und staunen lernen

Heutzutage ist es nahezu unmöglich, still zu werden und sich in Ruhe auf etwas zu freuen oder über eine wichtige Frage nachzudenken. Unsere Zeit ist von lauten Einflüssen und von Schnelllebigkeit geprägt. Viele Kinder und Jugendliche haben verlernt auf Geschichten zu hören, Fragen zu stellen, ihre Sinne zu nutzen oder über die Natur zu staunen. In der Freizeit bieten sich viele Gelegenheiten, die TeilnehmerInnen wieder damit vertraut zu machen und ihnen auch den Sinn für Kleinigkeiten zu schenken. Interessant ist, dass gerade in unserer hochtechnisierten Welt Zeichen und Symbole eine neue Wichtigkeit erhalten. Es gibt eine tiefe Sensibilität für solche Dinge und für die Botschaft, die sie dann in sich tragen. Das können Blumen, Blätter, Steine, Bänder, Muscheln, etc. sein. Sie müssen nur jeweils mit einer bestimmten Deutung überreicht werden, die möglichst eng mit dem Thema zusammenhängen soll.

Mit Grenzen umgehen

Die Erfahrungen von Grenzen und Trauer wird wohl jeder in seinem Leben machen. Auch Kinder erfahren Grenzen. Da, wo den Kindern Grenzen gesetzt werden, um sie zu gemeinschafts- und liebesfähigen Menschen zu machen, ist es wichtig, die eigene Handlung zu begründen. Hier hilft oft auch die Verbindung zur Nächstenliebe: „Meine eigene Freiheit endet da, wo die der anderen anfängt." Den TeilnehmerInnen müssen nicht nur Grenzen gesetzt werden, sondern diese müssen auch einleuchtend begründet werden. Kinder sollten jedoch auch lernen, dass sie bei Grenz- oder Trauererfahrungen nicht allein bleiben, sondern ihnen jemand zur Seite steht.

Freiwillige Angebote

Auf unseren Freizeiten haben wir es mit Kindern und Jugendlichen zu tun, von denen viele gar nichts mehr mit Kirche zu tun haben. Einige engagieren sich intensiv in Kirche, andere stehen der Kirche ablehnend gegenüber. Die meisten der Kinder und Jugendlichen erfahren lebendigen Glauben heute nicht mehr. Oft ist es so, dass sie nur noch Erinnerungen aus ihrer Kindheit aufbewahren. Wir begegnen ebenso jungen Menschen, die nicht getauft oder einer anderen Konfession zugehörig sind, möglicherweise negative oder gar keine Erfahrungen mit Glauben mit sich bringen. Daher sollte man nicht zu viel voraussetzen, sondern einen Ansatz wählen, bei dem alle Neues entdecken können.

Es geht auch nicht darum, eine religiöse Maßnahme aufzuzwingen – nach dem Motto: „Es kann ja nichts schaden …" Genau das Gegenteil wird eintreten: Es richtet Schaden an, vor allem dann, wenn der einladende Charakter eines religiösen Elements durch Zwang zur Anwesenheit pervertiert wird. Damit ist niemandem gedient. Das Prinzip der Freiwilligkeit ist unverzichtbar für jegliche religiöse Angebote und es gibt vielfältige Möglichkeiten, Glaubenserfahrungen zu machen: Erfahrungen in der Stille (Nachtwanderung, Lagerfeuer, Bergtour), Erlebnisse mit der Natur (Wanderung, Basteln und Werken mit Naturmaterialien), Erfahrungen von Gemeinschaft (Gespräche, aufeinander angewiesen sein, Dienste füreinander), Erlebnis vom gemeinsamen Leben (Streiten, Versöhnen, Lachen, Essen, Feiern), Erfahrungen mit allen Sinnen (Tastspiele, Geschichten zum Nachdenken vorlesen), Gottesdienste und Andachten als Erlebnis.

Authentizität

Kirchliche Jugendarbeit definiert sich vor allem durch das „personale Angebot", d.h. Christen stellen sich mit ihrer Person zur Verfügung. Sie sollen in allem die Bereitschaft und Fähigkeit haben, andere am eigenen Glauben teilnehmen zu lassen. In erster Linie sollte dies ein Kommunikationsangebot sein, d.h. die ReisebegleiterInnen sollten zum Gespräch und zu echter Teilnahme an den Problemen junger Menschen bereit sein. Es kommt also entscheidend darauf an, dass die Botschaft Jesu den Jugendlichen in glaubwürdigen Menschen begegnet. Die TeilnehmerInnen merken, ob Dinge echt oder unecht sind, ob den FreizeitleiterInnen das, was sie vermitteln wollen, ernst ist, oder sie den TeilnehmerInnen nur etwas vorspielen.

Es ist unbedingt erforderlich, dass ein Freizeitteam das Thema Religiöses/ religiöse Angebote vor der Freizeit anspricht. Nur so wird deutlich, wer aktiv dieses Thema betreibt, und verhindert, dass einzelne Teammitglieder dieses sabotieren. Durch ein klärendes Gespräch wird der Stellenwert deutlich, den der religiöse Bereich für ein Team hat. Es wird den FreizeitleiterInnen nicht gelingen, etwas weiterzugeben, was sie selbst für unsinnig oder unwichtig halten. Es ist aber auch so, dass die FreizeitleiterInnen ihren Standpunkt klar machen können und ihre Zweifel äußern müssen, um ein kritisches Auseinandersetzen mit Glauben zu ermöglichen. Die FreizeitleiterInnen sollten den persönlichen Fragen und Glaubensfragen der TeilnehmerInnen nicht ausweichen. Das beinhaltet natürlich die Frage nach dem eigenen Glauben, dem Gottesbild, der religiösen Praxis, den positiven und negativen Erfahrungen mit kirchlichen Institutionen. Die Gruppenatmosphäre einer Freizeit entscheidet darüber, ob religiöses Tun aufgesetzt wirkt oder dazugehört. Das Bemühen um eine gute Atmosphäre auf einer Freizeit sollte daher für das Team an erster Stelle stehen.

Aus diesem Grund ist es nicht gleichgültig, wie FreizeitleiterInnen miteinander umgehen, wie das Arbeitsklima in der Küche ist, wie Konflikte ausgetragen werden, wie mit Problemen oder schwierigen Kindern umgegangen wird oder wie der Umgang mit Lebensmitteln, Rohstoffen, Natur ist.

Religiöse Elemente sollten in den Alltag einbezogen werden und nicht nur morgens und abends kurz fromm und dazwischen ausgiebig weltlich. Eine Freizeit kann jedoch Nichtvorhandenes im religiösen Bereich nicht einfach auffüllen und sie will auch nicht Missionsort sein. Vielmehr lädt eine Freizeit, je nach Ort und Zeit, mehr oder weniger dazu ein, über menschliche Werte und den tieferen Sinn nachzudenken, darüber zu sprechen, es auszuprobieren. Sie kann daher allenfalls eine Sensibilisierung für Religion, fremde Kulturen und das Evangelium leisten.

Es ist aber wichtig, die Gegebenheiten des Ortes, die Natur und seine Menschen mit einzubeziehen, „die Botschaft" sollte am Leben der TeilnehmerInnen orientiert sein. Eine gute Möglichkeit, religiöses Tun zu erleben, ist das spontane Aufgreifen von Situationen aus der Freizeit (Gemeinschaft, Konflikte, Versöhnung), aus der Natur (Sonnenaufgang, Abend, Wasser) oder aus der momentanen Befindlichkeit der TeilnehmerInnen heraus (Ferien, neue Gruppe, Abschied nehmen). Es macht keinen Sinn, einen Gottesdienst über „Schöpfung" zu machen, wenn sich das Thema „Ausländerfeindlichkeit" oder „Gewalt" bei der Freizeit entwickelt hat. Dabei ist allerdings ein gewisses Fingerspitzengefühl dringend nötig, um niemanden zu verletzen oder bloßzustellen.

Gestaltung von Gottesdiensten

Religiöse Elemente und Gottesdienste sollten von möglichst vielen TeilnehmerInnen vorbereitet und getragen werden. Auf diese Art und Weise wird bereits das Thema erschlossen. Es muss nicht mehr alles in der Feier selbst gesagt werden. Die Kinder und Jugendlichen lernen schon bei der Vorbereitung, dass Religion etwas mit ihrem Leben zu tun haben kann, und sie lernen, sich selbst in einen Gottesdienst einzubringen.

Der Gestaltung der Orte oder Räume sollte man viel Überlegung widmen. Es ist nicht gleichgültig, wie der Raum aussieht, in dem etwas Gottesdienstliches geschehen soll. Für die Jugendlichen ist es wichtig, wie der Raum gestaltet ist, in dem sie sich wohlfühlen können. Um ein religiöses Element auch wirklich ankommen lassen zu können, ist es nötig, auch den Raum entsprechend zu verändern. Da ist der Fantasie keine Grenze gesetzt! Vor allem aber sollte er von den TeilnehmerInnen gestaltet werden dürfen. Wenn er dann nicht so aussieht, wie sich die Leitung das vorgestellt hat, dann hat auf jeden Fall die Vision der Jugendlichen den Vorrang, um ihnen nicht gleich wieder die Motivation zu nehmen. Manchmal kann es sehr provokativ sein, was dabei herauskommt. Aber warum sollte man nicht auch eine solche Provokation zulassen und in der Feier zur Sprache bringen?

Gemeinsam Essen

Essen ist mehr als nur satt werden. Essen ist (bzw. kann sein) Ausdruck von Gemeinschaft. Gemeinsam essen ist Gelegenheit zum Anbieten und Annehmen, Warten, Teilen, Verzichten, Zuhören und Erzählen. Bereits während der Vorbereitung einer Freizeit sollten LeiterInnen und TeilnehmerInnen über den Stellenwert des gemeinsamen Essens nachdenken. Es sollten möglichst schon vorher Vereinbarungen getroffen werden, wie dieses zu gestalten ist (siehe auch Kapitel „Gesund reisen – Wellness auf Freizeiten").

Eine wichtige Voraussetzung ist die Einrichtung eines Tischdienstes. Die TeilnehmerInnen werden mit einbezogen und sorgen unter anderem dafür, dass der Tisch gedeckt ist. Um gemeinsam beginnen zu können, steht das Tischgebet am Anfang (siehe unten). Hier ist es gut, wenn sich auch die TeilnehmerInnen mit einbringen, ein Gebet vorlesen oder vortragen.

Tischkultur kann nicht angeordnet werden! Oft braucht eine Gruppe eine gewisse Zeit, um hier ihren Stil zu finden. Das Vorbild der FreizeitleiterInnen ist dabei sehr wichtig. Sie bieten an und bitten: „Kannst du mir bitte einmal das Brot geben", sie versuchen mit Themen und Lautstärke so umzugehen, dass hier und da ein Gespräch entstehen kann. Daher ist es wichtig, dass die FreizeitleiterInnen zwischen den TeilnehmerInnen sitzen und sich nicht ausgrenzen. An den Schluss der Mahlzeit gehört der Dank – und ebenso selbstverständlich das Abwaschen oder zumindest das Abräumen, je nach Gegebenheiten des Hauses.

Gemeinsam Danken

In einer Reisegruppe oder auf einer Freizeit ist jeder auf den anderen angewiesen. Die Ferien gelingen besser, wenn alle einander helfen. Dazu gehört aber auch, dass jeder sich über die kleinen und großen Hilfen freut und dafür dankt. So kann sich jede und jeder bei einem der Gruppe (oder Küche, Hauspersonal) für die Hilfe, den Rat, die Anstrengung usw. bedanken. Menschen, die „Danke" sagen können, sind in der Lage, zu empfangen, anzunehmen. Diese Haltung ist nicht selbstverständlich. Der Dank bedingt das Annehmen.

Was wir annehmen sind viele kleine und große Dinge, viele kleine und große Geschenke. Der Tag – wenn wir ihn einmal unter diesem Gesichtspunkt betrachten – bringt viele Anlässe des Dankens – vor allem deshalb, weil wir viel annehmen. Annehmen, das bedeutet: Mir wird etwas gegeben. Nehmen ist etwas anderes! Vielleicht nehmen wir zu viel. Nehmen, sich bedienen, gebrauchen, das sind häufig Verhaltensweisen, die kennzeichnend für Menschen sind. Dem gegenüber steht der Dank. Wir bekommen etwas geschenkt. Wir nehmen an, nehmen dankbar an.

Gemeinsam Geschichten erzählen

In vielen Freizeiten wurde in den letzten Jahren die Erfahrung gemacht, dass das Vorlesen ein gutes Element der Freizeitgestaltung sein kann, aber auch die stützende Information für eine Spielidee oder ein Projekt beinhalten kann. Weil Geschichten etwas vermitteln, muss man sie jedoch sorgfältig aussuchen. Welches Weltbild wird gezeigt? Gewinnt immer nur der Stärkere? Gibt es Geheimnisse? Gibt es Identifikationspunkte? Gefällt mir die Geschichte? Geschichten kann man allen erzählen, wenn man sich nur selbst nicht geniert. Ausprobieren ist das Wichtigste. Es lohnt sich. Richtiges Vorlesen und Erzählen ist ein Teil unserer Kultur, die droht verloren zu gehen, wenn sie nicht gepflegt wird.

Geschichten soll man so erzählen: Man bat einen Rabbi, dessen Großvater ein Schüler des Baalschem gewesen war, eine Geschichte zu erzählen. „Eine Geschichte", sagte er, „soll man so erzählen, dass sie selbst Hilfe ist". Und er erzählte: „Mein Großvater war lahm. Einmal bat man ihn, eine Geschichte von seinem Lehrer zu erzählen. Da erzählte er, wie der heilige Baalschem beim Beten zu hüpfen und zu tanzen pflegte. Mein Großvater stand und erzählte, und die Erzählung riss ihn so hin, dass er hüpfend und tanzend zeigen musste, wie der Meister es gemacht hatte. Von der Stunde an war er geheilt. So soll man Geschichten erzählen."

Gemeinsam Feiern

„Feiert die Feste, wie sie fallen" – diesen Satz kennen wir, und sicher, es gibt viele Anlässe im Leben einer Gruppe, auch bei Freizeiten, die zum Feiern einladen: Geburtstage, Gottesdienst, Versöhnung, Bergfest, Abschied. Aber was ist ein Fest? Es reicht nicht, Limonade und Salzstangen anzubieten und dieses dann Fest zu nennen. Ein Fest ergreift den Menschen ganz – er ist ergriffen. Ergriffen sein ist mehr als Stimmung und Frohsinn.

Selbstverständlich sind Stimmung und Frohsinn wichtig. Aber bei einem Fest geschieht noch mehr. Die Menschen werden von allem ergriffen, was das Fest ausmacht. Das sind der Ort des Festes, Gastgeber, Gäste, Speisen und Getränke, Lieder und Musik, Spiele und Gespräche, Tischschmuck und Feuer, Beginn und Ende. Dies und sicher noch viel mehr gehört zum Fest (weitere Ideen auch im Kapitel „Gesund reisen – Wellness auf Freizeiten"). Im Folgenden soll ein besonderes Fest vorgestellt werden.

Hand

Erzählfest

Ein Erzählfest unterscheidet sich von anderen Festen dadurch, dass es durch eine märchenhafte Erzählung geprägt wird. Diese Erzählung prägt den Rahmen, den Ablauf und den Inhalt des Abends. Wie zu jedem anderen Fest auch, muss eingeladen werden. Der Raum muss schön gestaltet sein und es muss eventuell für Essen/Getränke gesorgt werden. Der Rahmen ist sehr wichtig, denn die TeilnehmerInnen sollen auf das Fest eingestimmt werden.

Die FreizeitleiterInnen suchen sich zunächst eine Erzählidee, zum Beispiel ein selbst erfundenes Märchen, eine umgeschriebene, bekannte Erzählung (z.B. eine „ortsbezogene" Sage). Bewährt haben sich Märchen, in denen ein Held oder eine Heldin einer Gefahr ausgesetzt ist, die er/sie nicht allein, sondern nur mithilfe anderer Menschen überwinden kann. Die Gäste werden zu Verbündeten, sie helfen bei der Suche nach der Lösung, dem Schlüsselwort, der Zauberformel. Ist die Idee gefunden, muss eine Rahmenhandlung entwickelt und eingeübt werden. Je besser diese Idee umgesetzt wird, je besser die TeilnehmerInnen motiviert werden, desto besser klappt die Mitarbeit. Beim Fest werden die Gäste durch den vorgespielten Beginn, der natürlich an einer entscheidenden Stelle abbricht, angeregt, die Geschichte weiterzuerzählen und weiterzuspielen. Gemeinsam wird am Schluss das „Happy End" gefeiert. Musik, Essen und Getränke sollten ausreichend zur Verfügung stehen. Ein Beispiel: „Das Schloss mit den sieben Siegeln" ist ein Erzählfest zum Anschauen und Weiterspielen für Kinder- oder Familienfreizeiten. (siehe Vorlage Seite 209)

Religiöse Bausteine

Der Umgang mit religiösen Formen wie Gottesdienst, Gebet und anderen liturgischen Formen ist vielen fremd, was nicht gleichbedeutend mit Ablehnung ist. Die Umsetzung der religiöses Elemente bei Freizeiten sind jedoch so vielfältig wie die Menschen, die in diesem Bereich etwas einbringen.

Morgenrunde

Der Tag sollte gemeinsam begonnen werden, dazu sind alle TeilnehmerInnen eingeladen. Eine Möglichkeit, den Tag gemeinsam zu beginnen, ist die Morgenrunde. Eine Morgenrunde kann zum Beispiel als morgendliche Wanderung mit verschiedenen Wegstationen gestaltet sein oder an einem markanten Treffpunkt am Meer, im Wald, in den Dünen stattfinden, an dem sich die Gruppe trifft. Elemente können ein meditativer Text, ein biblischer Text, Stille, (selbst gemachte) Musik, Symbole oder Naturalmeditation sein.

Abendrunde

Eine Möglichkeit, die Abendrunde zu gestalten, ist der „Erlebnisbaum". Die TeilnehmerInnen haben im Laufe des Tages die Gelegenheit, auf entsprechende
Symbole ihre Erlebnisse und Eindrücke zu schreiben und an den Baum zu hängen. In der Abendrunde werden die jeweils hinzugekommenen „Blätter"
gemeinsam betrachtet. Die Abendrunde sollte nicht zu früh angesetzt werden,
weil danach nichts mehr stattfinden und in den Schlafräumen Ruhe sein sollte.
Inhalt der Abendrunde kann eine Tagesreflexion, ein Abendgebet oder ein
Abendlied sein.

Gebete

Das Gebet verliert an Akzeptanz, wenn damit eine im formelhaften Text ausge-
drückte Pflichtübung verstanden wird. In der Freizeit können gemeinsame
Gebete helfen, Gemeinschaft auszudrücken. Bei einem gemeinsamen Gebet
fühlt sich jeder mit den anderen eng verbunden.

Das beste Gebet ist das aus der Situation heraus gesprochene und frei for-
mulierte Gebet, zum Beispiel vor einer schwierigen Entscheidung, während einer
Rast bei einer Wanderung oder wenn etwas Schönes erreicht ist. Gebete in kleinen Gruppen sind eher zu empfehlen als „Großveranstaltungen" aller TeilnehmerInnen, die oft aufgezwungen wirken. Tischgebete müssen nicht lange, bis in
die letzte Formulierung ausgefeilte Texte sein. So wie gedacht, wird gesprochen,
das ist ehrlicher und besser. Nicht die schönen Worte machen es, sondern das
wirkliche Bedürfnis zum Dank. Die TeilnehmerInnen sollten die Möglichkeit
haben, auszusprechen, was sie bewegt. Man sollte ihnen zuhören, wenn sie
sagen wollen, was sie glücklich oder traurig macht, was sie begeistert und was
sie frustriert, was sie kritisieren und wofür sie sich bedanken. Je nach Gruppe
und je nach Umständen kann dies dann auch im direkten Gespräch mit Gott
geschehen: im Morgenlob, im Tischgebet oder im Dankgebet am Abend (Text-
beispiele siehe Seite 199 ff.).

Lieder

Lieder sollten nicht nur gesungen, sondern auch erschlossen werden. Dafür
muss man einen Bezug zum Thema herstellen, den Ursprung von Text und
Melodie ergründen. Sehr wichtig ist das gemeinsame Singen und/oder Musik
hören/musizieren. Gerade dieser Bereich wird in der Praxis am häufigsten wirklich gepflegt und intensiv vorbereitet. Dabei sollte nicht übersehen werden, dass
es auch entsprechende Liederbücher oder Liederblätter gibt mit Liedern, die
möglichst alle mitsingen können. Unbekannte Lieder sollten vorher kurz ange-
sungen werden.

Meditation

Meditation kann man übersetzen mit: sich der Mitte nähern, um die Mitte kreisen. Meditieren wäre dann ein sich Einlassen auf den Grund unseres Lebens, ein Bedenken des Eigentlichen. In mancher Hinsicht ist der Begriff „Meditation" überstrapaziert worden. Andererseits ist das Thema „Zeit" in den letzten Jahren immer wichtiger geworden. Es gibt viele, die der alltäglichen Hektik und dem Stress etwas entgegensetzen wollen, besonders in der Freizeit. Meditative Ansätze finden wir im Tai-Chi, im Zen-Buddhismus, im autogenen Training ebenso wie in einer Reihe von Kampfsportarten. Die christlich-religiöse Motivation ist nur eine der Möglichkeiten, die gleichberechtigt neben anderen steht. Die Palette der Möglichkeiten reicht von der Bild- oder Symbolbetrachtung bis zum Erstellen von einem in der Gruppe gemeinsam zu einer Musik oder zu einem Text gemalten Bild, von der Textbesinnung und vom Hören von Texten, Geschichten, Märchen, bis zur Verarbeitung von Außeneinflüssen durch Bewegung und Tanz. Die „Erfahrung von Stille" ist auch nicht zu unterschätzen, wobei diese erst behutsam gelernt werden muss.

Zur Meditation gehört Ruhe und die Möglichkeit zur Konzentration, also sind Störfaktoren wie äußere Einflüsse durch Lärm, Telefon und andere Belästigungen möglichst auszuschließen. Auch der Zeitpunkt, der gewählt wird, spielt eine große Rolle. Das persönliche Wohlbefinden jedes Einzelnen ist wichtig, ebenso die Atmosphäre des Raumes, seine Ausstattung, sein Boden, die Wände. Nicht zuletzt die Auswahl der benutzten Utensilien wie Kerzen, Decken ist von Bedeutung, so wie die eventuell eingesetzte Musik.

Wortgottesdienst

Der Wortgottesdienst ist hier nicht als der erste Teil der Eucharistiefeier gemeint, der ja auch „Wortgottesdienst" genannt wird, sondern eine eigene Gottesdienstform ohne Abendmahlfeier. Daher benötigt man für diese Form keinen Priester. Der Zugang zu dieser Form des religiösen Ausdrucks ist leichter zu erreichen, weil weniger Vorverständnis verlangt und mehr Gestaltungsfreiheit als bei der Eucharistiefeier möglich ist. Jugendliche TeilnehmerInnen haben hier verstärkt die Möglichkeit, eigene Formen zu probieren und so Gottesdienst zu feiern. Die Grundbausteine eines Wortgottesdienstes werden im Folgenden aufgeführt. Sie sollten eingehalten werden, wenn auch der Umgang mit ihnen kreativ angegangen werden kann. Grundsätzlich sollte man bei einer religiösen Feier darauf achten, dass es einen „roten Faden" gibt. Nicht möglichst viele Texte – einer wird schon treffen – sind gefragt, sondern es sollte die Botschaft klar sein, die mit solchen Texten transportiert werden soll. Weniger ist oft mehr.

Andachten

Eine Andacht ist nicht einfach nur ein „kleiner Gottesdienst". Sie hat eine eigene Form, die der Sammlung dient, also eher ohne Aktion verläuft, abends dem Bedürfnis nach Ruhe entspricht. Wenig Worte, Musik, Stille (eventuell getragen von Musik) überwiegen. Der Raum sollte, bevor die Andacht beginnt und die TeilnehmerInnen kommen, fertig geschmückt sein. Dann erwartet die TeilnehmerInnen eine ruhige Atmosphäre.

Grundbausteine eines Wortgottesdienstes

1. Teil: Eröffnung und Anrufung

◆ Begrüßung (Der erste Schritt ist für viele TeilnehmerInnen oft mit einer großen Unsicherheit (Schwellenangst) verbunden. Es fällt daher leichter, wenn die TeilnehmerInnen persönlich begrüßt werden.)

◆ Musik oder Lied zur Einstimmung

◆ Eingangsgebet oder Psalm (Themen: aktuell zur Situation oder zum Gottesdienstthema)

◆ Lied (Thema: Vertrauen – Hoffnung – Dank)

2. Teil: Verkündigung

◆ Lesung oder Geschichte

◆ Aktionsteil (oder Predigt – Es ist oft sehr spannend, wenn die TeilnehmerInnen eine Situation aus ihrem Leben in einem kurzen Spiel vortragen. Manchmal kann auch der Text der Lesung nachgespielt werden. Gerade Elemente, die Bewegung und Freude in den Gottesdienst bringen, sind wichtig. Jeder Mensch darf predigen und es gibt keine Art, das zu tun, die von vornherein nicht geeignet wäre: Worte, Gesten, Melodien, Monologe, Dialoge, Spiel,

Tanz – alles kann zur Predigt werden, wenn der Gemeinde die Botschaft bewusst wird. Dazu ist eventuell eine kleine Interpretation nötig.)

◆ Lied oder Musik
◆ Nach dem Hören der Predigt oder nach dem Aktionsteil sollte genügend Zeit der Stille vorgesehen sein. Jeder benötigt Zeit, um Gehörtes bedenken und verarbeiten zu können. Oft ist eine Frage, die zum Beispiel vom Leiter der Gruppe „in den Raum gestellt wird", für das persönliche Nachdenken hilfreich. Leichte Musik im Hintergrund (z.B. wenn jemand aus der Gruppe gut Gitarre spielen kann) hilft dazu, dass Entspannung möglich wird.

3. Teil: Sendung und Segen
◆ Fürbitten
◆ Vaterunser
◆ Lied zum Ausklang (Thema: Abschied – Ausklang – Hoffnung – Vertrauen)
◆ Segen
◆ Verabschiedung

Grundbausteine einer Andacht
◆ Begrüßung
◆ Musik
◆ Abend-/Morgengebet (Themen: Lob – Dank)
◆ Lied zum Thema
◆ Text, Bild, Symbol und Interpretation
◆ Stille, Zeit zum Nachsinnen
◆ Lied
◆ Gebet (Thema: Bitte)
◆ Vaterunser
◆ Segenswort

Gesund reisen – Wellness auf Freizeiten

Wenn Kinder und Jugendliche auf Reisen gehen, haben sie in vielen Punkten ähnliche Ansprüche wie Erwachsene, nämlich Spaß zu haben, neue Erlebnisse mit nach Hause zu nehmen und sich vor allem zu erholen. Oft wird insbesondere Jugendlichen dabei jedoch der Vorwurf gemacht, sie wollten für ihre Erholung nur „abhängen", in der Sonne „braten", Alkohol trinken, vielleicht ein bisschen Sport treiben und weiter gar nichts tun. Dem soll an dieser Stelle deutlich widersprochen werden. In vielen Fällen kommt es auf die FreizeitleiterInnen an, es kommt darauf an, wie und welche Angebote umgesetzt und wie bereits im Vorfeld Akzente gesetzt und Alternativen angeboten werden.

Eine andere Sichtweise

Gesundheitsgefährdende Verhaltensweisen bei Jugendlichen wie beispielsweise Alkohol- bzw. Drogenkonsum, Rauchen, falsche Ernährung etc. haben für die Betroffenen auch Ausgleichsfunktion, zum Beispiel zur Überwindung von Stresssituationen. Zudem sind sowohl Kinder als auch Jugendliche in ihrem Verhalten durch ihre Umwelt geprägt. Ausgewogene und geregelte Mahlzeiten sind in vielen Familien längst keine Selbstverständlichkeit mehr, genauso wenig wie ausreichende körperliche Betätigung. Für vieles sind also Kinder und Jugendliche nicht unbedingt selbst verantwortlich. Gerade junge Menschen, die Orientierung brauchen, sind in besonderem Maße gesellschaftlichen Entwicklungen ausgesetzt, die sie prägen. Fehlt es an entsprechenden Vorbildern im

Han

Umfeld, kann gesundes Verhalten auch nicht erlernt werden. Daneben müssen sie sich heute mit vielen verschieden Belastungen auseinander setzen und erfahren somit schon frühzeitig psychischen Stress (Trennungsfamilien, mangelnde Ausbildungsplätze, Überangebot an Werteorientierungen etc.). Dies führt verständlicherweise zu Orientierungslosigkeit und der Suche, in oder mit irgendetwas Halt zu finden. Häufig äußert sich dieses dann in gesundheitsgefährdenden Verhaltensweisen. Dazu zählt auch die Thrillsuche nach kitzligen, lebensgefährdenden Abenteuern (tendenziell eher bei Jungen), aber auch Erscheinungen wie Magersucht und Bulimie (tendenziell eher bei Mädchen).

An dieser Stelle soll also zunächst zu einer anderen Sichtweise von Jugendlichen angeregt werden. Angeregt werden dazu, Jugendliche nicht zu verdammen, wenn sie nicht sofort das eine oder andere vom angebotenen Programm annehmen wollen. Vielmehr soll diese Sichtweise dazu führen, sich mit dem Thema Gesundheit von Kindern und Jugendlichen und auch der Präsentationsform der Angebote neu zu beschäftigen.

Ziel einer gesundheitsbewussten Sichtweise sollte es sein, Kinder und Jugendliche darin zu fördern, innere und äußere Befindlichkeiten wahrzunehmen und für gesundheitsfördernden Spannungsausgleich selbstständig sorgen zu können, um Ausgeglichenheit immer wieder neu herzustellen. Wesentliche Elemente dabei sind die Einheit von Körper und Seele, Selbstsicherheit sowie Körper- und Selbstwahrnehmung.

Umsetzung in der Praxis

Die Bundeszentrale für gesundheitliche Aufklärung (BzgA) hat in Zusammenarbeit mit verschiedenen Organisationen zu diesem Thema eine Menge praxiserprobter Möglichkeiten in den zentralen Bereichen Bewegung, Ernährung und Entspannung entwickelt und in einem Handbuch veröffentlicht. Hierin findet man neben einer Grundinformation über die Idee des Konzeptes mit dem Namen „GUT DRAUF: Bewegen, entspannen, essen – aber wie!" eine Fülle von Programmaktionen und Hinweise zu deren Umsetzung auch bei Reisen (siehe Literaturhinweise). Zentrales Anliegen der Aktion ist es, Alternativen zu problematischem Verhalten (Alkoholkonsum, einseitig und/oder zu hastig essen, Kompensation von Stress durch Rauchen etc.) im normalen Alltag anzubieten.

Freizeiten und Reisen bieten durch ihre Intensität des Zusammenlebens eine gute Möglichkeit, erlernte Gewohnheiten in Frage zu stellen, Bedürfnisse von Kindern und Jugendlichen aufzugreifen und in einen neuen Rahmen zu setzen. Im Rahmen der GUT DRAUF Aktion gab und gibt es Veranstalter, die ihr gesamtes Konzept von der Personal- und Unterkunftssuche bis zur Kooperation mit Leistungsträgern vor Ort sowie die komplette Programmgestaltung darauf ausgerichtet haben. Wenn man diese Idee bereits im Vorfeld der Freizeit gegenüber dem Veranstalter vorstellen und anregen kann, ist das natürlich eine umfassende, stimmige und rund Sache. Beispielsweise haben sich einige Jugendherbergen auf dieses Angebot spezialisiert (Kontaktadressen s. Anhang). Häufig wird jedoch die Ausrichtung des Veranstalters, die Unterkunft sowie das Personal schon lange im Voraus nach anderen Kriterien bestimmt, ohne dass die Freizeitleiterinnen Einfluss auf das Gesamtkonzept nehmen können. Trotzdem kann man auch mit einfachen Mitteln und der entsprechenden Sichtweise ein gesundheitsförderndes Programmangebot umsetzen, das auch dem Veranstalter entgegenkommt, zumal man bereits vorhandene, bekannte Angebote als Grundlage verwenden kann.

Vorab sollte man zur Selbstvergewisserung jedoch folgende Fragen klären:

◆ Stehen alle beteiligten FreizeitleiterInnen und sonstiges wichtiges Personal vor Ort (Küche, Campleitung etc.) hinter dieser Idee (Vorbildfunktion)?

◆ Kann entsprechendes Material dazu mitgenommen werden (Dekomaterial, tragbarer CD-Spieler, etc.)?

◆ Sind die Örtlichkeiten bekannt und lassen sie sich entsprechend einer Gesamtatmosphäre gestalten bzw. verändern?

◆ Welchen Einfluss haben die FreizeitleiterInnen bei Auswahl/Einkauf und Zubereitung der Verpflegung?

Kommt man zu dem Schluss, dass die Voraussetzungen gegeben sind, sich mit dem Thema Gesundheit in der Programmgestaltung näher zu befassen, kann es losgehen.

Kriterien für die Umsetzung

Folgende Kriterien sind als Querschnittsaufgabe bei allen Angeboten wichtig:

◆ entspannte Gesamtatmosphäre durch harmonische Örtlichkeiten, entsprechend gestaltete Räume und freundliche, natürliche FreizeitleiterInnen

◆ Ausgewogenheit der Angebotsbereiche Bewegung, Ernährung, Entspannung

◆ Sensibilisierung für und Hinweis auf körperliche und psychische Befindlichkeiten der Teilnehmenden während oder nach Angeboten

◆ Sportangebote ohne Leistungsstress, d.h. nicht an Perfektion, sondern an Entspannung und Spaß orientiert

◆ gesunde und attraktiv inszenierte Verpflegung

◆ Angebote an aktuellen Jugendtrends orientieren (als Aufhänger bzw. Zugangsmotiv)

◆ Berücksichtigung von geschlechtsspezifischen Zugangsweisen/u.U Angebote in gleichgeschlechtlichen Gruppen ermöglichen (z.B. sind Entspannungsübungen bei Jungen erfolgreicher, wenn sie unter sich sind).

Es versteht sich von selbst, dass die Angebote für alle Teilnehmenden freiwillig sein sollten. Selbstverständlich ist auch, dass FreizeitleiterInnen das eigene Verhalten im Bezug auf gesundheitsgefährdende Elemente reflektieren sollten.

Hand

Im Folgenden werden einige Ideen vorgestellt, die gut umzusetzen sind und in Freizeiten bereits erfolgreich erprobt wurden. Sie dienen als Anregung, um eigene Ideen abgestimmt auf die jeweilige Situation zu entwickeln. Die einzelnen Punkte sind natürlich nicht isoliert voneinander zu betrachten, sondern greifen ineinander. Wichtig ist allerdings, die verschiedenen Angebotsbereiche im Blick zu halten, sodass eine Ausgewogenheit entsteht. Empfehlenswert ist bei der Programmplanung auch, wenn zu Beginn ein Ideenraster für die einzelnen Bereiche gemacht wird. Gleichzeitig sollte man dabei jedoch das Gespür für die prozesshafte Entwicklung von Gruppen beibehalten. Stehen die TeilnehmerInnen also vielleicht ganz woanders als das Team es vorher gedacht und geplant hatte, muss man mithilfe des Iddenrasters Angebote verschieben, abändern, usw.

Atmosphäre

Das Thema Atmosphäre wird in Freizeiten häufig vernachlässigt. Dabei ist es vielleicht sogar das entscheidendste. Häufig sind die ausgesuchten Unterkünfte oder aufgestellten Zeltcamps einfach und zweckmäßig eingerichtet. Dagegen weiß jeder aus eigener Erfahrung, dass eine gemütliche Raumdekoration wesentlich zum Wohlbefinden beitragen kann. Dabei spielen Farben, Gegenstände und die Raumgröße im Verhältnis zur Personenzahl eine entscheidende Rolle. Aber nicht nur räumlich kommt es auf Atmosphäre an. So findet man manchmal im Eingangsbereich Hausordnungen, die viele Verbote enthalten. Ebenso gibt es manchmal FreizeitleiterInnen, die bei der Erklärung der Regelungen mit den Verboten beginnen. Dies wirkt eher abschreckend als einladend. Oder es wird ein Sportspiel gespielt, bei dem jedoch erst die richtige musikalische Begleitung Nichtmitspieler zum Mitmachen motiviert. Mit anderen Worten: Es kommt wesentlich auf die Inszenierung an, wie ein Angebot angenommen wird! Einige Beispiele:

◆ Atmosphäre beginnt spätestens am Zielort bei der Ankunft. Eigentlich selbstverständlich ist ein großes, freundliches Begrüßungsschild, das den TeilnehmerInnen signalisiert: Hier bin ich willkommen!

◆ Für alle Regelungen, Ankündigungen etc. gilt: Lieber nette Hinweiszettel bzw. Plakate mit einer witzigen, positiven Formulierung, als nüchterne Information oder gar Verbote.

◆ „Personales Angebot": Die Atmosphäre einer Freizeit steht und fällt mit dem Auftreten der FreizeitleiterInnen. Wichtiger ist hierbei mehr, den TeilnehmerInnen gegenüber offen, klar und echt zu sein, als perfekte Angebote ohne persönlichen Stil durchzuziehen. Wer Lust auf Freizeiten hat, mit sich zufrieden, auf die Aufgabe gut vorbereitet und in gutem Kontakt mit den TeilnehmerInnen ist, wird dies automatisch vermitteln können. Damit das auch so bleibt, ist es wichtig – und das wird häufig vergessen – persönliche Freiräume und Ruhephasen zu schaffen und mögliche Konflikte im Team oder mit den TeilnehmerInnen (vgl. Kapitel „Einen Streit wert") zeitnah zu klären um selbst ausgeglichen zu bleiben.

◆ Dekoration: Das räumliche Ambiente spielt bei allen Angeboten eine zentrale Rolle, da Farben, Formen und Raumaufteilung harmonisch und entspannend wirken sollten. Es bietet sich an, Programmaktionen in ein Thema einzubetten, sodass die Gestaltungsideen darauf bezogen werden können (vgl. Kapitel „Programmplanung"). In die Dekoration sollten die TeilnehmerInnen einbezogen werden. So kann die Vorfreude auf die Aktion gesteigert werden. **Tipp:** Um beim Dekomaterial Geld einzusparen, hat es sich als nützlich erwiesen, den TeilnehmerInnen im Vorfeld (z.B. beim Infoabend) einen Mitbringzettel mitzugeben. So kann man um Material bitten, dass in der Menge viel zu kostspielig wäre, für den Einzelnen aber ohne Aufwand mitzubringen ist (z.B. Lichterketten von Weihnachten, Luftballons, ein altes Betttuch, schöne Altgläser als Windlichter, die vor dem Altglascontainer gerettet werden und sich hervorragend zum Bemalen und Befüllen eignen usw.). Auch lohnt es sich, im Vorfeld der Freizeit bei verschiedenen Stellen um kostenloses Material anzufragen, zum Beispiel alte Bettlaken von Krankenhäusern, Ausschusspapier von Papierfabriken etc.

◆ Musik: Für viele Angebote kann die passende Musik den gewünschten Effekt verstärken. Nützlich ist es, wenn man mittels eines tragbaren CD-Recorders flexibel und nach Bedarf Musik einsetzen kann.

Ernährung

Wie schon erwähnt sind die ausgesuchten Unterkünfte oder aufgestellten Zeltcamps häufig einfach und zweckmäßig eingerichtet. Der Esssaal bzw. das Esszelt sind oft großräumig angelegt, das Essen wird „zweckmäßig" verteilt. Eine Beispielsituation aus einem Zeltcamp mit 150 TeilnehmerInnen zeigt, wie es nicht sein sollte:

Montag morgen, 8.00 Uhr Wecken der TeilnehmerInnen. 8.30 Uhr Decken der Tische mit Plastiktellern und Besteck. 150 Leute, die sich im großen Esszelt an die Sitzbänke begeben. Die Tischgruppe 1 holt das Frühstück aus der Küche und stellt Baguettebrot, Wurst und Käse lieblos auf den Tisch. Schon mault Teilnehmerin A: „Schon wieder Baguettebrot – ich esse nichts!" Teilnehmerin B schmiert sich lustlos eine Baguettehälfte und mümmelt schweigend vor sich hin. Teilnehmer C und D haben richtig Hunger und hauen ordentlich rein. Teilnehmerin B ist mit ihrem Brot fertig und will gehen. Tischgruppe 2 ist schon dabei, mit dem Geschirr zu klappern, räumt ihren Tisch ab und fängt bald darauf an zu spülen. Die Betreuerin von Tischgruppe 1 versucht Teilnehmerin B dazu zu bringen, doch erst dann aufzustehen, wenn C und D fertig gegessen haben. B will aber zu ihrem Freund aus Tischgruppe 2, weil sie sich mit ihm nach dem Frühstück verabredet hat, um Postkarten zu kaufen – und der ist ja schließlich schon fast fertig. „Ich sitze ja auch noch hier …" meldet sich Teilnehmerin A, die nichts gegessen hat. „Aber wenn das so ist, komme ich morgen gar nicht mehr zum Frühstück." Inzwischen sind Teilnehmer C und D mit dem Essen fertig und holen das Spülwasser in einer Plastikschüssel, um abzuwaschen. Die Betreuerin sitzt allein an ihrem Brot und wirft zum Schluss ihren Kaffeebecher zum Abwaschen ins Spülwasser. 9 Uhr verlässt der letzte der Gruppe den Tisch.

Die Beschreibung der Situation ist vielleicht ein bisschen überspitzt, soll aber deutlich machen, dass es entscheidend auf die Atmosphäre ankommt, wie Essen zu sich genommen wird. Dabei sind die Unterschiede im Essverhalten der TeilnehmerInnen deutlich spürbar – je nachdem, ob große oder kleine Gruppen gemeinsam essen, ob der Tisch anregend oder gar nicht dekoriert ist, ob und welche Regeln bezüglich des Essens vereinbart werden und wie das Essen selbst präsentiert wird.

Ziel sollte es sein, Essen zum Erlebnis zu machen, welches in Ruhe zu sich genommen werden kann, dabei die Sinne zu schärfen (durch Formenvielfalt, Farbvielfalt, leckere Gerüche) und gesunde Ernährung einladend darzubieten. Dafür muss nicht alles ernährungsphysiologisch hundertprozentig wertvoll sein – es reicht auch aus, Herkömmliches durch Ergänzungen aufzuwerten.

Attraktive Möglichkeiten im Bezug auf die Essensgestaltung sind beispielsweise:

◆ Inszenierung von Essensfesten zu bestimmten Themen mit entsprechender Ankündigung, Menükarte, Dekoration, Musik, entsprechender Kleidervorschrift, Bedienung durch FreizeitleiterInnen und/oder Teilnehmenden (z.B. „Orientalische Nacht" – siehe unten, Startrek-Party, Harry Potter Menü usw.)
◆ Spiele um kulinarische Leckereien (z.B. „Casino", siehe unten)
◆ Spiele, die den Blick auf die Sinne richten (z.B. „Königin der Genüsse", siehe unten)
◆ Kleine Besonderheiten (Müslibar am Strand, Mahlzeiten an ungewöhnlichen Orten, zum Beispiel Frühstück früh morgens am Hafen oder Abendbrot am Flussufer, antialkoholische Cocktailbar bei einem Fest etc.)

Einige Beispiele dazu:
Orientalische Nacht
Grundidee
Bei dieser Aktion wird das Essen selbst in Szene gesetzt: Die „Orientalische Nacht" stellt ein opulentes Festmahl in den Mittelpunkt, das mit Genuss und viel Zeit eingenommen wird. Einige feste Rollen (z.B. ein Scheich als Gastgeber, Bauchtänzerinnen) und die mottogerechte Kleidung der Teilnehmerinnen prä-

gen den Rahmen, der durch ein kleines, orientalisches Programm abgerundet werden kann.

Zeit

◆ Die Aktion benötigt ca. einen halben Tag Vorbereitung.

◆ Abendveranstaltung

Vorbereitung

Sie kann entweder von den FreizeitleiterInnen als Überraschung für die Gäste vorbereitet werden oder ein Teil der Gruppe wird in die Vorbreitung einbezogen. So könnte man beispielsweise im Vorfeld gemeinsam die Dekoration dazu herstellen. „Heimliche" Vorarbeiten lassen in der Regel die Spannung bei den restlichen Gästen steigen.

Sinnvoll ist es auch, die Teilnehmer/innen im Vorfeld zu bitten, einige mottogetreue Programmpunkte vorzubereiten, die im Anschluss an das Mahl für einige Zeit unterhalten.

Durchführung

Je sorgfältiger und liebevoller die Vorbereitung, desto eher wird sich das Essen in ein mußevolles, höchst sinnliches „Gelage" ausdehnen, das bis zu zwei Stunden dauert. Auch hier spielen die Musikwahl (entspannende Musik!) und die Beleuchtung (z.B. viele Kerzen auf Ständern) eine wichtige, unterstützende Rolle.

Durchführung und Inszenierung

Wenige Stunden vor Festbeginn erhalten die Teilnehmer/innen einen Einladungsbrief mit einer Reihe von Regeln, die beachtet werden müssen, um die Geister der Wüste gnädig zu stimmen:

◆ Stelle dich innerlich auf die Begegnung mit den sphärischen Kräften der Wüste ein!

◆ Komme innerlich zur Ruhe!

◆ Wähle Schuhwerk, das du problemlos abstreifen kannst!

◆ Sei darauf vorbereitet, dass dich die Geister der Wüste in seinem Gemach abholen!

Etwa 30 Minuten vor dem Beginn wird überall das elektrische Licht gelöscht und Kerzen werden aufgestellt. Meditative orientalische Musik erklingt. Zwei „sanfte Geister der Wüste" gehen würdevoll von Raum zu Raum, sprechen nur im Flüsterton und holen die Gäste ab. Die Teilnehmer schließen die Augen, bilden mit ihren Händen und unter der Führung eines „Geistes" eine Kette und bewegen sich langsam auf den Festraum zu (Dauer bei ca. 25 Personen etwa 20 Minuten). Dort angekommen, verweilt die lange Menschenkette vor dem zeltähnlichen, mit Tüchern verhangenen Eingang. Ein weiterer „Geist" nimmt sie einzeln in Empfang, begrüßt sie mit einem Duftspritzer oder etwas Puder und übergibt sie dem nächsten Team-Mitglied, das sie an ihren Platz führt, wo ein weiteres Ritual (z.B. Reiben der Stirn mit einem feuchten Dufttuch) erlaubt, danach die Augen zu öffnen und den Blick in die neue, geheimnisvolle Welt

freigibt (Dauer etwa 15 Minuten). Wenn die Teilnehmer nach dem Begrü-
ßungsritual ihre Augen öffnen dürfen, sitzen sie im Kreis auf Kissen und blicken
auf ein Fest-Büfett, auf dem „1000 orientalische Leckereien" versammelt sind.
Auch Geschirr, Servietten und eventuell Besteck stehen bereit, wobei möglichst
viel mit den Händen gegessen werden kann. Neben dem Scheich und seiner Sip-
pe sorgen einige „Bedienstete" für das Wohlergehen der Gäste (Rollen vorher
vergeben!). Der Gastgeber eröffnet das Festmahl, indem er seine Gäste preist
und mit einem Trinkspruch zum ersten Tee einlädt.

Hinweis
Orientalische Rezepte findet man in entsprechenden Rezeptbüchern, die in
Büchereien ausgeliehen und dann kopiert werden könnt. Die beschriebene
Inszenierung ist lediglich eine Anregung. Auch eignen sich andere Themen und/
oder Länder zur Vorbereitung eines Essensfestes. Der Fantasie sind dabei keine
Grenzen gesetzt.

(aus: GUT DRAUF Kompakt, Medienpaket der BzgA – siehe Literaturhinweis)

Zocken um Leckereien – Casino einmal anders

Grundidee

Die Verpflegung – als Alternative zu Geldgewinnen – über ein spielerisches Arrangement in den Mittelpunkt stellen.

Zielgruppe

alle Altersstufen

Gruppengröße

ab 20 Personen

Voraussetzungen

◆ Vorbereitungsteam mit Interesse und Sinn für Spielatmosphäre
◆ großzügig bemessener Raum
◆ mindestens eine kleine Küche sowie Talente in der Zubereitung und Präsentation von Leckereien
◆ passende Spiele, Dekorationsmaterial und Kleidung entsprechend der Casino-Atmosphäre (gute Ideen in dem Buch „Feste feiern" – siehe Literaturhinweise im Kapitel „Hier gibt's Infos!")
◆ geeignete Hintergrundmusik

Zeit

◆ drei bis vier Stunden mit mehreren Personen
◆ Abendveranstaltung

Beschreibung

Die Casinoidee bewegt sich in einem Spielrahmen mit gewissen Regeln, der zwar viel Individualität zulässt, aber dennoch verlangt, dass sich die Gruppe für eine gewisse Zeit darauf einlässt. Die Verpflegung präsentiert sich dabei als Gewinnbüfett mit Preisen, die an einzelnen Spielstationen gewonnen werden können. Das Gewinnbüffett sollte also auf jeden Fall viele, besondere, gesunde und ansprechend präsentierte Leckereien enthalten. Durch eine attraktive Raumgestaltung, mit Charme angeleitete Spielstationen und Lockerheit gelingt es leicht, etwaige (aus pädagogischer Sicht) kritische Aspekte auszuräumen. Eine „Verführung zur Spielsucht" besteht dabei in der Regel nicht - wohl aber bieten sich Gelegenheiten zu Gesprächen über Spielleidenschaften. Die Inszenierung ermöglicht eine schöne, kommunikative Aktion, die auch für internationale Gruppen gut geeignet ist.

Durchführung und Inszenierung

Der Abend sollte in einem Raum stattfinden, der Platz für mehrere Spieltische oder -ecken bietet (bei 40 Teilnehmer ca. 5-6 Stationen). Die Casinogäste werden ein paar Stunden vor der Veranstaltung durch eine kurze, animierende Aktion oder/und einen freundlich-anregenden Brief eingeladen. Pünktliches Erscheinen und angemessene Kleidung sind Ehrensache. Im Casino-Raum werden folgenden Anlaufpunkte eingerichtet: Spieltische oder Spielecken mit verschiedenen Angeboten, die zur Gruppe passen. Es ist der Einschätzung der

Organisatoren überlassen, ob sie lieber „klassische" Kasino-Spiele (Roulette, Karten, Würfel) in den Vordergrund stellen oder mehr Phantasie beweisen (Jenga, Caromm, Zielschießen mit Tip-Kick-Fußballern, etc.). Auch Erinnerungen an Spiele aus Kinderzeiten (Floh-Hops, Mikado, Entenrennen) sind beliebt. Wichtig ist, dass keine der Spielrunden zu lange dauert (maximal 10 Minuten), dass die Regeln und die Einsätze absolut klar und die jeweiligen Gewinnchancen in etwa angeglichen sind.

Der Empfang: Hier werden die Gäste „casino-like" begrüßt und individuell oder gemeinsam in das Spielangebot eingeführt. Auch das Spielgeld (Chips, Backerbsen, kleine Murmeln o.Ä.) wird hier ausgegeben.

Das Gewinnbüfett ist der Clou des Abends: Hier können die beim Spiel erworbenen Wertmarken gegen kulinarische Preise von unterschiedlichem Rang eingetauscht werden. Die jeweiligen Punktwerte sollten der Einfachheit halber mit Schildern gekennzeichnet sein (z.B. Gewürzgurke = 5 Punkte, kleiner Salatteller = 15 Punkte usw.). Eine zusätzliche Cocktailbar bietet als Attraktion tolle Saft-Mixgetränke an – und, wenn gewünscht, auch anderes.

Mitglieder des Teams besetzen die einzelnen Stationen und verhalten sich stilgemäß – auch wenn die Spielsituationen noch so albern erscheinen: der Gegensatz macht's! Insgesamt sind das Auftreten und die Kleidung des Casino-Personals sowie die Dekoration (Tücher, Beleuchtung, Musik) die Eckpfeiler für das Gelingen des Abends.

Nach ca. zwei Stunden ist die größte Spielwut in der Regel vorüber. Je nach Stimmung kann es als Tanzfete oder als ruhige Party weitergehen.

(aus: GUT DRAUF Kompakt, Medienpaket der BzgA – siehe Literaturhinweis)

König/Königin der Genüsse

Voraussetzungen

Eine Gruppe (z.B. eine Schulklasse) möchte ein Essensfest, eine andere kulinarische Aktion oder eine Disko-Fete mit Snacks und weiteren schönen Dingen durchführen. Dabei gibt es jedoch ein Problem: Der „König bzw. die Königin der Genüsse" hat die dafür notwendigen Genüsse weggezaubert! Er bzw. sie möchte die jungen Leute vor ungezügelter, selbstzerstörerischer Genusssucht schützen. Alles, was das Leben lebenswert macht, ist weg: der Essgenuss, der Trinkgenuss, der Augenschmaus, der Musikgenuss, der Tanzgenuss und - besonders schmerzlich! - der Flirtgenuss! Die Gruppe bekommt aber die Chance, sich die Genüsse zurückzuerobern. Die Voraussetzung dafür ist, die verlorenen Genüsse während einer (Nacht-)Wanderung wieder zu finden und dabei die gestellten Aufgaben zu lösen.

Material

vier bis sechs Stationen mit je einer Kiste mit folgendem Inhalt:

◆ Aufgabenzettel

◆ Symbol für den jeweiligen Genuss
◆ Verkleidung für die Fee/den Kobold
◆ kleine Belohnung
◆ bei Nachtwanderung: Teelichter oder Fackel mit Streichhölzern bzw. Taschenlampe
◆ Eventuell Karten für den Rundweg zu den Stationen
◆ Verkleidung für den/die „König/Königin der Genüsse"
◆ Teelichter entsprechend der Teilnehmerzahl

Durchführung und Inszenierung

Der „König/die Königin der Genüsse" erläutert der Gruppe die Situation und damit die Spielgeschichte bzw. -idee und erklärt, wie die Gruppe die Genüsse zurückerhalten kann. Die Gruppe wird in mehrere Kleingruppen (je ca. 4-6 Personen) aufgeteilt und begibt sich auf die Suche nach den Genüssen. Dazu läuft sie mehrere Stationen an. Der Weg zu den einzelnen Stationen wird vorher erklärt (Skizze, weiterführende Hinweise an den Stationen). Jede Station ist einem bestimmten Genuss gewidmet und wird von einer passend gekleideten Fee bzw. einem Kobold betreut. Dort ist eine Aufgabe vorbereitet, nach deren Lösung die Gruppe weiß, um welchen Genuss es sich handelt (verschlüsselte Beschreibung, Fotorätsel, Collage u.a.m.). Hat die Gruppe das Rätsel gelöst, dann erhält sie eine Belohnung, die ebenfalls zum jeweiligen Genuss passt: ein kleines Getränk für den Trinkgenuss, ein „Leckerli" für den Essgenuss, ein Kuss auf die Wange für den Flirtgenuss usw. Außerdem überreicht die Fee in dem Fall ein Symbol, das dem König/der Königin als Erfolgszeichen mitgebracht werden muss. Wenn eine Gruppe alle Stationen gefunden und alle Rätsel gelöst hat, begibt sie sich mit ihren Symbolen wieder zurück zum „König/zur Königin der Genüsse", wo sie zu einer vorher verabredeten Zeit von allen Gruppen übergeben werden. „Der König bzw. die Königin der Genüsse" hält danach eine kleine, aber ergreifende Ansprache, bei der zum Ausdruck gebracht wird, wie sehr ihn/sie die Anstrengung rührt, mit der alle auf die Suche gegangen sind. Als Belohnung revidiert er/sie das Genussverbot, gibt alle gefundenen Genüsse wieder zum Gebrauch frei – und obendrein dazu noch den Genuss der Erkenntnis, der über allem steht (als Symbol leistet dazu ein brennendes Teelicht als „Licht der Erkenntnis" gute Dienste!).

Die anschließende (Abend-)Veranstaltung, das „Fest der Genüsse" (als Essensfest, Disko, Fete etc.), wird eröffnet, indem alle mit ihren brennenden Lichtern in einen festlich geschmückten, aber noch dunklen Raum einziehen.

(aus: Werner Müller (Hrsg.) Praxishandbuch Kinder- und Jugendfreizeiten –

siehe Literaturhinweis)

Entspannung

Programmangebote für Spiel und Freizeit stehen in enger Verbindung mit dem Thema Stress bzw. Entspannung. So können beispielsweise Abenteuerspiele den Umgang mit Belastungssituationen verdeutlichen, leichte Bewegung wie Boule-spielen kann zur Entspannung führen ebenso wie ein Essensfest in ruhiger Atmosphäre. Aber auch typische Bewegungsangebote wie Kanu fahren können sowohl anspannend als auch entspannend wirken. So ist es hier auch nicht mög-lich, Aktivitäten zu benennen, die ausschließlich zur Entspannung führen. Wich-tig ist bei allen Angeboten die Aufmerksamkeitslenkung durch die Freizeitleite-rInnen, um für Spannungs- und Entspannungszustände zu sensibilisieren und bei der Programmplanung der Gruppe entsprechende Spannungsbögen zu berücksichtigen. An dieser Stelle sollen jedoch einige Beispiele für „klassische" Entspannungsangebote vorgestellt werden:

◆ Entspannungszeiten und Angebote „en passant" (z.B. „Blue hour", „Beau-ty-Salon" – siehe unten)

◆ Ritualisierte Entspannungsangebote zu einer festgelegten Zeit im vorbereite-ten Ruhezelt/-raum, den man vielleicht „Relax-Oase" oder „Chill-out-zone" nennen kann (z.B. Meditationsangebot, Fantasiereise, Massage, Hängemat-ten, die zum Entspannen und z.B. dem bewussten Hören eines besonderen Musikstückes einladen usw.)

◆ Gerade bei jüngeren Kindern: Abendgeschichten in gemütlicher Umgebung erzählen

Einige Beispiele dazu:

Wenn der Abend kommt – Die „Blue Hour"

Ziel
Entspannter Tagesausklang

Gruppengröße
beliebig

Voraussetzungen
Die „Blue hour" lebt von einem speziellen aufeinander abgestimmten Arrange-ment, wobei zwei Eckpfeiler von besonderer Bedeutung sind:

◆ ein angenehmes Umgebungsambiente (schöner Ausblick, evtl. platziert am Strand/Fluss/See etc., zumindest aber in einem schön dekorierten, gesonder-ten Bereich, der zwischen Duschen und Abendessen mehr oder weniger au-tomatisch von den Teilnehmer/innen passiert wird)

◆ genug Raum für die Gäste

◆ Freizeitleiter/innen, die entspannte Stimmung verbreiten

Vorbereitung
◆ Aufbauzeit vor dem Eintreffen der Gäste oder aber es gibt einen festgeleg-ten Bereich dafür

Zeit
◆ Angebot nach dem Sonnenbad/ am Vorabend
◆ je nach Verweildauer ca. 60 – 90 Minuten
Material
   Früchte, Säfte, Nüsse oder sonstige gesunde Snacks, Musik, Tische, Bänke, (Liege-)Stühle, (Hänge-)Matten, Tücher
Beschreibung
Passend zur angenehmen Atmosphäre werden kleine Programme mit einer ruhigen Grundstimmung arrangiert, die Körper und Geist mußevoll entspannen. Auch kleinere Bewegungsangebote können dazu gehören. Dabei sollten Erfrischungen (Obst und Säfte) nicht fehlen. Alle drei Elemente Bewegung, Ernährung, Entspannung sollen zum Tragen kommen.

   Schön ist es, wenn der Finanzrahmen der Freizeit es erlaubt, die kleinen kulinarischen Angebote kostenlos anzubieten.

   Manchmal lässt die Freizeitkasse jedoch keine Sonderaktionen zu. Dann kann auch eine „Happy blue hour" definiert werden, in der es zum Beispiel antialkoholische Cocktails und Früchte zum Sonderpreis gibt. Über das Verhalten der beteiligten FreizeitleiterInnen muss die „Durchlässigkeit" des Angebots signalisiert werden.

   Niemand darf sich genötigt fühlen, an der Station Halt machen zu müssen, wenn er das nicht möchte. Alle Gäste duschen in der Regel, fast alle möchten ein Stück Melone, viele bleiben sitzen, hören Musik und reden ein bisschen miteinander – und einige freuen sich sogar auf eine Nackenmassage o.Ä.

Durchführung und Inszenierung
Hier ein Beispiel, was in diesem Bereich angeboten werden kann, die After-sun Station: Das Angebot umfasst frisch aufgeschnittene Wassermelonenstücke, fachgerechte Nackenmassage, danach After-Sun-Lotion und eine vorbereitete „Klön-Ecke". Von der Bar erklingt schöne Musik. Die gesamte Station ist mit dekorativen Sichtblenden (farbige Stoffe, Fallschirm) eingefasst, wobei die Massage-Ecke mit einigen bequemen Stühlen einige Meter abseits – aber auf jeden Fall innerhalb der Verkleidung – platziert wird. Ein vorbereitetes Plakat macht darauf aufmerksam, dass hier die „After-Sun-Station" ist. Die Melone kann vor der Station von einer schönen Servierplatte gereicht werden.

(aus: GUT DRAUF Kompakt, Medienpaket der BzgA – siehe Literaturhinweis)

Beauty-Salon
Ziel
Bei dieser Aktion können jugendliche Bedürfnisse aufgegriffen, hier nach Styling vor dem Abendprogramm, und in entspannte Aktionen umgeleitet werden.
Voraussetzungen
Wichtig ist, dass der Salon in einem geschützten Bereich liegt und wirklich die

Möglichkeit zur Entspannung gegeben ist. Sollten zu viele den Raum aufsuchen, was in der Regel schnell passiert, können, wie in einem echten Salon, auch Termine vergeben werden. Bewährt hat sich auch, eine Fotowand mit den fertig gestylten Personen zu machen. Möglich ist es auch, das Angebot im Rahmen der „Blue hour" zu integrieren.

Vorbereitung

Auf den Beauty-Salon sollte sowohl an einem Info-Brett hingewiesen als auch gezielt dazu eingeladen werden. Dabei sollten alle Angebote des Salons bekannt gemacht werden.

Zeit

Gut platziert ist das Angebot eines „Beauty Salons" am späten Nachmittag - nach dem Sonnenbad und vor dem Abendprogramm.

Material

Im Vorfeld kann eine Kreativ-Aktion dazu angeboten werden, Naturkosmetik wie Deo, Cremes, Parfüm etc. selbst herzustellen, die dann im Salon verwendet werden.

Beschreibung

Hier einige Beispiele, was angeboten werden kann:

◆ Henna-Tatoos und Body-Painting
◆ Gesichtspflege mit natürlichen Masken (Rezepte siehe unten – auch kann man bei der Bezeichnung der Masken erfinderisch sein z.B. Schönheitspak-kung, Hollywood-Maske etc.)
◆ Schminken
◆ Hair-Styling
◆ Farbberatung
◆ Massagen (z.B. mit Igelbällen)
◆ Und was sonst noch einfällt, um sich zu verwöhnen und zu verschönen

Beispiele für Gesichtsmasken

Für normale Haut: *Kräuter-Packung*

2 – 3 EL Quark setzt man eine Handvoll frisch gehackter Petersilie zu. Den Brei auftragen und nach einer Einwirkungszeit von 30 Minuten warm abwaschen. Damit die Auflage nicht abrutscht, legt man eine feine Mullkompresse darüber. Wirkt erfrischend und beruhigend auch bei nervöser, strapazierter Haut.

Für fette, unreine und problematische Haut: *Gurken-Packung*

Man verteilt die dünn aufgeschnittenen Gurkenscheiben auf Gesicht und Hals und legt eine feuchte Kompresse darüber, damit die Scheiben nicht verrutschen können und feucht bleiben. Etwa 20 Minuten einwirken lassen. Wirkt adstringierend und erfrischend.

Für trockene, empfindliche Haut: *Quark-Honig-Packung*
Zwei Esslöffel Quark werden mit einem Esslöffel erwärmtem Bienenhonig verrührt. Ist die Haut sehr trocken, gibt man noch ein paar Tropfen süßes Mandelöl dazu. Nach einer Einwirkungszeit von 30 Minuten lauwarm abwaschen. Wirkt erfrischend und glättend.

Bewegung

In diesem Bereich liegen vermutlich eine Fülle an Erfahrung und Ideen vor, so-dass hier nur auf die Literatur verwiesen wird. Wichtig ist es, im Hinterkopf zu behalten, dass auch gerade diejenigen Bewegungsangebote von Bedeutung sind, die sozusagen „en passant" wahrgenommen werden können, sodass auch Unsportliche oder „Bewegungsmuffel" zur Bewegung angeregt werden. Ent-scheidend ist auch hierbei wieder die Atmosphäre – vielleicht durch die Wahl eines ungewöhnlichen Ortes, einer ungewöhnlichen Rahmengeschichte etc. – dabei sind der Phantasie keine Grenzen gesetzt.

Beispiele für kleinere Bewegungsaktionen sind zum Beispiel Dart, Boule, klei-ne Spiele mit Bewegung, Abenteuer-/Geländespiele mit Bewegung, Tanzspiele, Wasserspiele während eines Strandtages etc. Sportturniere wie Streetball, Vol-leyball, Fußball etc. können ebenso wie die kleineren Bewegungsanimationen um den Bereich „gesunde Verpflegung – anregend präsentiert" erweitert wer-den:

◆ So kann zum Beispiel die Mittagspause bzw. das Mittagessen bei einem Tur-niertag in einem Büffet bestehen, bei dem die einzelnen Salate, Dips, Geträn-ke der Sportart entsprechende Bezeichnungen erhalten (11 Meter-Salat, Anstoß-Dip usw.).

◆ Bei Bewegungsaktionen können antialkoholische, erfrischende Getränke oder kleine Appetithappen (Fingerfood) und Früchte gereicht werden.

◆ Nach bewegenden Aktionen kann der Tag mit einem ruhigen Abend und entspannenden Angeboten ausklingen.

Allzeit bereit zu – erster Hilfe

Erste Hilfe ist die sofortige, vorläufige Hilfeleistung angesichts offenbarer Gefahr für Gesundheit und Leben eines anderen Menschen bis zum Eingreifen fachlicher Hilfe. Erste Hilfe ist kein Ersatz für ärztliche Behandlung! Anderen im Notfall zu helfen, ist sowohl eine sittliche als auch eine rechtliche Verpflichtung (§ 323c Strafgesetzbuch). Es ist immer besser, etwas zu tun, als nichts zu tun. Jeder kann durch einfache Handgriffe helfen. Im Notfall reagieren Betroffene und Personen in ihrer Umgebung oftmals unüberlegt. Deshalb muss der Ersthelfer durch Ruhe, sicheres Auftreten, umsichtiges Handeln und beruhigenden Zuspruch auf Notfallpatienten einwirken.

Die Rettungskette

Die Hilfsmaßnahmen müssen im Notfall wie die Glieder einer Kette ineinander greifen. Die Rettungskette besteht aus fünf Gliedern:
1) Sofortmaßnahmen,
2) Notruf,
3) weitere Maßnahmen der ersten Hilfe,
4) Rettungsdienst,
5) Krankenhaus.
Davon liegen die grundlegenden ersten drei in der Verantwortung des Ersthelfers.

Erste-Hilfe-Kurs

Erste Hilfe lernt man in einem Erste-Hilfe-Kurs und indem man sie übt. Im Rahmen einer Erste-Hilfe-Ausbildung können GruppenleiterInnen vor Beginn der Ferienmaßnahme alle notwendigen Kenntnisse erwerben, um im Bedarfsfall fachgerecht erste Hilfe zu leisten und so die Zeit zwischen Eintritt des Notfalls und dem Eintreffen des Rettungsdienstes zu überbrücken. Eine solche Erste-Hilfe-Ausbildung wird vom Malteser-Hilfsdienst, dem Arbeiter-Samariter-Bund, der Johanniter-Unfall-Hilfe und dem Deutschen Roten Kreuz durchgeführt. Bei einer entsprechenden Teilnehmerzahl lassen sich eigene Kurse organisieren, die dann auch zielgruppenspezifisch auf die Gegebenheiten der geplanten Ferienmaßnahme eingehen. Die folgenden Hinweise sollen als Nachschlagewerk während der Fahrt dienen. Sie ersetzen keinen Erste-Hilfe-Kurs. Die erforderlichen Handgriffe (Seitenlagerung bei Bewusstlosigkeit, Schocklage, Atemspende, Herzmassage) kann man ohnehin nur durch Vormachen und Üben erlernen. Es wird übrigens empfohlen, den Kurs alle drei Jahre zu wiederholen!

Häufige Notfälle

Benannt werden in dieser Praxishilfe in erster Linie solche Notfälle, die erfahrungsgemäß in Freizeiten auftreten können. Die knapp beschriebenen Maßnahmen dienen als Erinnerungsstütze, um sich die gelernten Inhalte des Erste-Hilfe-Kurses noch einmal zu vergegenwärtigen. Nicht zu vergessen und bei allen im Folgenden beschriebenen Erste-Hilfe-Maßnahmen grundlegend wichtig ist auch die seelische und psychologische Betreuung Kranker und Verletzter. Dazu gehört die beruhigende Ansprache genauso wie das Handhalten und die Abschirmung vor Neugierigen. Grundsätzlich verboten ist das Verabreichen von Medikamenten, außer auf ärztliche Anweisung oder wenn Eltern von TeilnehmerInnen ausdrücklich auf die notwendige Einnahme von Medikamenten hingewiesen haben.

Vorsorge

Folgende Fragen sollten bereits zu Beginn der Freizeit geklärt sein:

◆ Gibt es in unserer Freizeit Sanitäter oder andere Fachkundige für erste Hilfe oder Krankenpflege?

◆ Gibt es in unserer Freizeit eine sprachlich versierte Person, die notfalls die Lage in der Landessprache dem Arzt erklären kann?

◆ Wer vermittelt einen Hausarzt, unter welcher Telefonnummer ist er zu erreichen?

◆ Wo ist ein Telefon für einen eventuell erforderlichen Notruf ständig erreichbar, wie lautet die örtliche Notrufnummer?

◆ An welchem Ort wird zugängliches Verbandsmaterial aufbewahrt?

◆ An welchen Stellen/Telefonen kann ich während einer Unternehmung Hilfe organisieren?

Es ist hilfreich, die wichtigsten Daten bereits im Vorfeld auf einen Zettel zu kopieren, die jede/r FreizeitleiterIn während der Freizeit mit sich führen kann (siehe Kapitel „Ordnung muss sein")

Vorbeugende Maßnahmen

Vorbeugende Maßnahmen können zwar vor Unfällen nicht schützen, aber das Risiko doch erheblich mindern, daher gilt insbesondere:
◆ Darauf achten, dass die TeilnehmerInnen die für die Unternehmung geeignete Kleidung und Schuhwerk tragen
◆ Auf Kopfbedeckung und Sonnenschutzcreme bei Sonne und heißem Wetter achten
◆ Für ausreichend Getränke unterwegs sorgen
◆ Erste-Hilfe-Tasche mitnehmen – um so wichtiger, je weiter man sich von der Zivilisation entfernt
◆ Nie allein als BetreuerIn mit einer Gruppe gehen
◆ Notfallnummern und -infos mitnehmen
◆ Vor Beginn der Freizeit Worst-case-Szenarios durchspielen: Auch wenn diese schlimmsten Fälle fast nie eintreten und die Realität meist doch anders daher kommt, kann es sehr hilfreich sein, sich auf bestimmte Handlungsketten und Eventualitäten vorzubereiten.

Notfälle

Der Mensch besteht aus unzähligen Zellen. Jede dieser Zellen benötigt Sauerstoff. Diesen Sauerstoff atmen wir mit der Luft ein. Über die Lungen gelangt der Sauerstoff in das Blut, das ihn zu den Zellen transportiert. Wenn die Sauerstoffversorgung unterbrochen wird, drohen schon nach ca. 3 Minuten Hirnschäden, nach ca. 5 Minuten droht der Hirntod. Daher dreht sich in der ersten Hilfe alles um die Atmung und den Kreislauf, die Vitalfunktionen des menschlichen Körpers. Diese sind bei allen hier genannten Notfällen unter den anzuwendenden Maßnahmen mit zu berücksichtigen.

Zum Nachschlagen werden im Folgenden mögliche Notfälle einer Freizeit und entsprechende Verhaltensweisen genannt.

Bewusstlosigkeit
Erkennen
◆ Der Bewusstlose ist nicht ansprechbar, er reagiert auch nicht auf lautes Ansprechen und gleichzeitiges Rütteln an den Schultern oder andere Schmerzreize. Es ist keine gezielte Körperbewegung feststellbar.

Gefahr

◆ Die Schutzreflexe, wie Aushusten von Fremdkörpern, erschlaffen. Dies bedingt wiederum die Gefahr der Verlegung der Atemwege. Daraus kann ein Atemstillstand folgen, nach einer gewissen Zeit dann auch ein Kreislaufstillstand.

Maßnahmen

◆ Stabile Seitenlage
◆ Atemkontrolle
◆ Pulskontrolle
◆ Notruf

Atemstillstand

Erkennen

◆ Der Betroffene atmet nicht mehr. Der Brustkorb hebt und senkt sich nicht mehr, der Atem ist nicht mehr spürbar.

Gefahr

◆ Die Sauerstoffversorgung des Gehirns fehlt. Folge des Atemstillstands ist nach kurzer Zeit ein Kreislaufstillstand, dann Hirnschäden bis hin zum Hirntod.

Maßnahmen

◆ Atemwege freimachen. Dazu zunächst den Kopf überstrecken, eventuelle Fremdkörper in den Atemwegen beseitigen. Wenn das nichts nützt:
◆ Atemspende
◆ Pulskontrolle
◆ Notruf

Kreislaufstillstand

Erkennen

◆ An der Halsschlagader ist kein Puls mehr tastbar.

Gefahr

◆ Hirnschäden, Hirntod

Maßnahmen

◆ Herz-Lungen Wiederbelebung
◆ Notruf

Gewalteinwirkung auf den Kopf

Nach Gewalteinwirkung auf den Kopf (z.B. Schlag, Sturz, Aufprall) muss mit einer Gehirnerschütterung oder anderen Hirnschäden gerechnet werden. Daher entscheidet grundsätzlich der Arzt, ob der Betroffene aufstehen darf.

Erkennen

◆ Es entsteht ein kurzzeitiger Bewusstseinsschwund bis hin zur Bewusstlosigkeit. Möglich ist eine Erinnerungslücke nach Wiederkehr des Bewusstseins (der Betroffene kann sich meistens nicht mehr an den Unfallhergang erinnern), Kopfschmerz, Schwindel und Übelkeit bis zum Erbrechen.

Gefahren
◆ Erneute Bewusstlosigkeit

Maßnahmen
◆ Betroffenen zum Liegenbleiben veranlassen
◆ Falls eine offene Wunde im Schädelbereich vorliegt, ist diese mit einer keimfreien Wundauflage zu bedecken.
◆ Notruf

Sonnenstich

Sonneneinstrahlung auf den ungeschützten Kopf führt zur Reizung der Hirnhaut. Besonders Kinder bekommen nach längerem Aufenthalt in der Sonne scheinbar grundlos hohes Fieber. Zur Vorbeugung empfiehlt sich, nicht ohne Kopfbedeckung in die Sonne zu gehen.

Erkennen
◆ Hochroter, heißer Kopf,
◆ kühle Körperhaut,
◆ Unruhe,
◆ Kopfschmerzen,
◆ Übelkeit,
◆ Erbrechen,
◆ Schwindelgefühl

Gefahren
◆ Bewusstlosigkeit

Maßnahmen
◆ Betroffenen an einen kühlen, schattigen Ort bringen
◆ Kopf mit nassen Tüchern kühlen
◆ Notruf

Hitzschlag

Bei großer Hitze kommt es durch körperliche Anstrengung zu starkem Wasser- und Salzverlusten. Der Effekt passiert umso eher, je undurchlässiger die Kleidung ist (z.B. aus Polyestermaterial). Der Körper stellt die Schweißbildung ein, weil zu wenig Wasser vorhanden ist. Dadurch entsteht ein Wärmestau.

Erkennen
◆ Heiße, trockene Haut,
◆ Durst,
◆ fehlendes Schwitzen,
◆ schneller, schwacher Puls,

◆ Schwäche,
◆ Übelkeit, Krämpfe
Gefahr
◆ Bewusstlosigkeit
Maßnahmen
◆ Betroffenen an einen kühlen, schattigen Ort bringen,
◆ Rückenlage mit leicht erhöhtem Oberkörper,
◆ bei Bewusstsein kochsalzhaltige Flüssigkeit trinken lassen,
◆ bei Gefahr des Erbrechens keine Getränke geben,
◆ Notruf

Unterkühlung

Unterkühlung kann bei Freizeiten in vielfältiger Weise entstehen, so zum Beispiel, wenn ein/e TeilnehmerInn zu lange mit nasser Kleidung bei kühlem Wind surft oder wenn alkoholisierte TeilnehmerInnen leicht bekleidet draußen einschlafen. Grundsätzlich kann der Körper in solchen Situationen den Blutkreislauf in Armen und Beinen zusätzlich verlangsamen, sodass im Rumpf eine höhere Temperatur herrscht als in den Extremitäten. Daher ist es nicht empfehlenswert, den Betroffenen zu massieren oder ihn zu Bewegungen zu veranlassen. Dadurch gelangt nur kälteres Blut aus den Extremitäten in den Körperkern. Unterkühlte langsam erwärmen. Grundsätzlich ist gegen eine Wärmflasche nichts einzuwenden, allerdings sollte diese nur mäßig warm sein und auf den Rumpf gelegt werden.
Erkennen
◆ Blasse Haut,
◆ Blauverfärbung von Lippen und Fingernägeln,
◆ unüberwindliche Schlafsucht,
◆ Steifwerden von Armen und Beinen,
◆ Verlangsamung von Atmung und Puls
Gefahr
◆ Bewusstlosigkeit
Maßnahmen
◆ Betroffene in warme Umgebung bringen,
◆ nasse Kleidung entfernen, Betroffenen in eine Decke hüllen,
◆ Betroffenen in völlige Ruhelage bringen,
◆ bei vorhandenem Bewusstsein können warme, zuckerhaltige Getränke gegeben werden, aber auf keinen Fall Alkohol!

Alkoholvergiftung

Gefährlich bei Alkoholkonsum ist, dass der Betroffene nach einer gewissen Zeit seine Verfassung nicht mehr objektiv beurteilen kann. Die anfangs euphorische

Stimmung geht mit zunehmender Menge des konsumierten Alkohols zunächst in eine Bewusstseinsstörung und später in Bewusstlosigkeit über. Da die Wirkung von Alkohol erst nach und nach eintritt, ist eine Alkoholvergiftung oft nicht sofort erkennbar. Durch Erzählung von anderen Teilnehmern über die getrunkene Menge Alkohol und den Bewusstseinszustand des Betroffenen sollte man versuchen abzuschätzen, ob eine Vergiftung vorliegt. Dabei ist zu beachten, dass Kinder eine sehr viel niedrigere Alkoholtoleranz als Jugendliche/Erwachsene haben!

Erkennen
◆ Alkoholgeruch,
◆ Sprachstörung,
◆ übersteigertes Selbstbewusstsein,
◆ Gleichgewichtsstörung,
◆ verlangsamte Reaktion,
◆ vermindertes Schmerzempfinden,
◆ Bewusstseinstrübung

Gefahr
◆ Zusatzverletzungen durch Stürze,
◆ Gefahr durch Unterkühlung/Erfrierung,
◆ Bewusstlosigkeit,
◆ Atemstörung

Maßnahmen
◆ Bei Bewusstsein ruhige und geduldige Einflussnahme, gutmütig zureden, keine Machtausübung,
◆ Schutz vor Sturzverletzungen,
◆ wenn der Betroffene noch bei Bewusstsein ist: Erbrechen auslösen. Dazu nimmt man 0,2 l warmes Wasser (ein Saftglas voll) und löst darin 1 Esslöffel Kochsalz auf. Das getrunken löst fast immer heftiges Erbrechen aus. Das Wasser sollte warm sein, damit sich das Salz besser löst. Auf keinen Fall anwenden, wenn der Betroffene bewusstlos ist oder war!
◆ ggf. Arzt verständigen,
◆ bei Störung des Bewusstseins: Notruf/Wärmeerhaltung

Drogen
Spezielle, erkennbare Symptome nach Drogeneinnahme aufzuführen ist fast unmöglich, da es eine Vielzahl von Stoffen gibt, die alle unterschiedlich wirken und damit unterschiedliche Symptome auslösen. Manchmal wissen die Betroffenen selbst nicht so genau, was sie genommen haben. Von daher muss sich die erste Hilfe auf die Erhaltung der Vitalfunktionen (Atmung, Kreislauf) beschränken.

Gefahr

◆ Bewusstlosigkeit,
◆ Atemstillstand,
◆ Kreislaufstillstand

Maßnahmen

◆ Notruf,
◆ Person beobachten,
◆ Stabile Seitenlagen im Falle der Bewusstlosigkeit,
◆ Pulskontrolle,
◆ Atemkontrolle

Verschlucken von Fremdkörpern

Erkennen

◆ Starker Hustenreiz,
◆ Schluckbeschwerden,
◆ Atemnot,
◆ Panikstimmung

Gefahr

◆ Atemstillstand

Maßnahmen

◆ Bei herunterhängendem Oberkörper Schläge mit der flachen Hand zwischen die Schulterblätter geben, um Hustenstöße auszulösen, die den Fremdkörper wieder herausbefördern.

Insektenstiche im Mundraum

Gegen Insektenstiche im Mundraum kann vorbeugend etwas getan werden. Insekten fliegen nicht freiwillig in den Mund um dort zu stechen. In den allermeisten Fällen werden die Insekten mit Getränken in den Mund gebracht. Also: keine Getränke offen draußen stehen lassen. Besondere Gefahr besteht bei Dosen oder dunklen Flaschen, weil die Insekten darin nicht zu sehen sind.

Erkennen

◆ Zunehmende Atemnot,
◆ Schmerz im Mund/Rachenbereich

Gefahr

◆ Atemstillstand

Maßnahmen

◆ Kühlen durch Lutschen von Eis oder Gurgeln mit kaltem Wasser,
◆ kalte Umschläge anlegen,
◆ Notruf

Hyperventilation

Die Betroffenen fangen ohne erkennbaren Grund heftig an zu atmen. Dadurch werden verschiedene Stoffwechselvorgänge ausgelöst, die letztlich dazu führen, dass das Atemzentrum des Gehirns weiter stimuliert wird. Die Betroffenen können den Anfall meist selbst nicht mehr durchbrechen. Typisch sind auch krampfartige Veränderungen an der Muskulatur, beginnend an den Händen. Durch beruhigendes Zureden können die Anfälle durchbrochen werden. Wenn das nichts nützt, kann man versuchen, den Betroffenen in eine Plastiktüte atmen zu lassen. (Vorsicht, Erstickungsgefahr). Das erhöht die Kohlendioxydkonzentration und führt zu einer Verlangsamung der Atmung. Anschließend sollte man die seelische Ursache des Anfalls erforschen!

Erkennen

◆ Tiefes und besonders schnelles Atmen,
◆ Erregungszustand,
◆ Angst,
◆ Erstickungsgefühl,
◆ Kribbeln in Armen und Beinen,
◆ „Pfötchenstellung" der Hände,
◆ „Karpfenmund"

Gefahr

◆ Bewusstlosigkeit, evtl. Atemstillstand

Maßnahmen

◆ Beruhigendes zureden,
◆ evtl. Rückatmung,
◆ Anschließend Ursache erforschen!

Schock

Meist infolge eines Blutverlustes (auch an innere Verletzungen denken!) hat der Körper nicht mehr genug Blutvolumen zur Verfügung, um die lebenswichtigen Organe zu versorgen. Der Körper reagiert zunächst mit einer Erhöhung der Pulsfrequenz und pumpt dabei weniger Blutvolumen schneller durch den Körper. Diese Funktion kann der Körper jedoch nur vorübergehend durchführen. Kann er den Volumenmangel damit nicht mehr ausgleichen, wird der Kreislauf zentralisiert, d.h. die Extremitäten (Arme, Beine) werden weniger durchblutet. Daher wird der Puls in Notfällen auch in der Regel an der Halsschlagader getastet.

Erkennen

◆ Schneller, schwacher Puls (Halsschlagader),
◆ blasse, kalte Haut,
◆ kalter Schweiß auf der Stirn,
◆ frieren

Gefahr
- Bewusstlosigkeit,
- Atemstillstand,
- Kreislaufstillstand

Maßnahmen
- Ursache beseitigen, (z.B. Blutung stillen) sofern möglich,
- Schocklage: Betroffenen flach auf den Rücken legen, Beine ca. 30 cm hoch lagern oder alternativ Ganzkörperschräglage, wenn Brüche in Beinen, im Becken- oder Wirbelsäulenbereich vorliegen. Schocklage wird nicht angewendet bei Kopfverletzungen, Atemnot, plötzlichen Schmerzen im Brustraum. Bei Bewusstlosigkeit: Stabile Seitenlage in Ganzkörperschrägstellung, Wärmeerhaltung,
- regelmäßige Puls- und Atemkontrolle, normal sind 60 - 80 Schläge pro Minute im Ruhezustand,
- betreuen, beruhigen,
- Eß-, Trink- und Rauchverbot,
- Notruf

Wunden
Die schützende Funktion der Haut wird durch äußere Einwirkung aufgehoben. Dadurch können Krankheitserreger in den Körper eindringen.
Maßnahmen
- Wunden nicht auswaschen, sondern nur keimfrei abdecken, je nach Größe mit Wundschnellverband („Pflaster") oder Verbandpäckchen. An Tetanusschutz denken: Ist dieser nicht mehr gewährleistet, sollte man mit dem Teilnehmer zum Arzt gehen und ihn dort impfen lassen.

Fremdkörper in Wunden
Maßnahmen
- Fremdkörper in Wunden werden grundsätzlich nicht entfernt. Der noch in der Wunde steckende Fremdkörper wirkt oft wie ein Korken, d.h. wenn er entfernt wird, fängt es erst richtig an zu bluten. Stattdessen ist die Wunde abzudecken, wobei der Fremdkörper mit einbezogen bzw. die Wundbedeckung um ihn herum gelegt wird. Wichtig ist, das der Verband ihn nicht tiefer in die Wunde drücken kann. Daher legt man in diesem Fall auch keinen Druckverband an.

(Lebensbedrohliche) Blutungen
- Blutungen können lebensbedrohlich sein, wenn sie zu starkem Blutverlust und damit zu einem Zusammenbruch der Sauerstoffversorgung des Körpers führen. Dies ist in erster Linie bei solchen der Fall, die im Pulsrhythmus sprit-

zen. Allerdings sollte man nicht in Panik verfallen: Bereits 0,1 - 0,2 Litern Blut (Saftglas voll) können sehr dramatisch aussehen. Außerdem lassen sich fast alle lebensbedrohlichen Blutungen durch genügend starken Druck stillen (Aufpressen und/oder Druckverband). Die Blutstillung ist am liegenden Verletzten durchzuführen. Abgebunden wird nur noch im äußersten Notfall, da Abbindungen meist zu schweren Nervenschäden führen (die Nerven werden mit eingeklemmt). Wichtig: Zum eigenen Schutz unbedingt Einmalhandschuhe tragen!

Gefahr
◆ Kreislaufstillstand durch Blutverlust,
◆ Schock

Maßnahmen
◆ Arm/Bein: hochhalten – abdrücken – Druckverband anlegen
◆ Kopf/Rumpf: aufpressen – Druckverband
◆ Abriss von Körperteilen: aufpressen, Körperteil in ein steriles Verbandtuch einwickeln, nicht säubern, in wasserdichten Plastikbeutel packen und kühlen Schocklage,
◆ Notruf,
◆ bei Fremdkörpern in der Wunde ist kein Druckverband anzulegen, sondern die Blutung durch Aufpressen zu stillen.

Verbrennungen

Gefahr
◆ Schock durch Schmerz und Flüssigkeitsverlust, Infektion

Maßnahmen
◆ Im Gegensatz zu Wunden soll bei Verbrennungen und Verbrühungen sofort und ausgiebig mit kaltem Wasser gespült werden, und zwar bis zum Abklingen der Schmerzen. Das kann durchaus eine halbe Stunde oder noch länger dauern. Je länger gekühlt wird, um so geringer sind auch die weiteren Schäden. Anschließend die Brandwunden keimfrei abdecken, Brandblasen nicht öffnen.

Knochenbrüche

Es gibt offene und geschlossene Knochenbrüche. Bei offenen Knochenbrüchen (mit Wunde) hat die Versorgung der Wunde Vorrang. Es gibt sichere und unsichere Anzeichen für einen Knochenbruch. Beim Verdacht auf einen Knochenbruch solltet ihr euch so verhalten, als läge tatsächlich ein Bruch vor. Verstauchungen, Verrenkungen oder Bänderrisse sind vom Laien kaum von Knochenbrüchen zu unterscheiden.

Erkennen
◆ sichere Anzeichen: unnatürliche Lage, unnatürliche Beweglichkeit,
◆ unsichere Anzeichen: Schmerzen, Schwellung, Bewegungs- und Belastungs-
  unfähigkeit

Gefahr
◆ Schock durch Schmerzen und Blutverlust,
◆ Infektionen

Maßnahmen
◆ Betroffenen nicht unnötig bewegen,
◆ betroffenes Körperteil durch Umpolsterung ruhig stellen,
◆ Wunden keimfrei abdecken,
◆ Notruf

Wenn ein Knochenbruch in einer einsamen Gegend passiert, muss man abwägen: Eine behelfsmäßige Schienung ist immer mit großen Schmerzen verbunden, ein Transport zum Beispiel durch Tragen des Betroffenen ebenfalls. Es ist in jedem Fall schonender, auf Hilfe zu warten, wenn man weiß, dass Hilfe kommt.

Fremdkörper im Auge

Bei Fremdkörpern im Auge wird der Schaden durch Reiben nur verschlimmert. Wenn sich der Fremdkörper nicht durch Anheben des Augenliedes oder durch Spülen des Auges von innen nach außen entfernen lässt, müssen beide (!) Augen durch Abdecken ruhig gestellt und der Notruf veranlasst werden. Bei einer stärkeren Verletzung des Auges ist dieses vorher mit einer keimfreien Wundauflage abzudecken.

Fieber

Mit Fieber reagiert der Körper auf viele Krankheiten. Ab einer Körpertemperatur von 38 Grad C spricht man von Fieber. Die Erhöhung der Temperatur unterstützt den Körper beim Bekämpfen der Krankheit. Man sollte daher den Körper beim Erhöhen der Temperatur unterstützen, vor allem, wenn der Betroffene friert. Dazu gehört strikte Bettruhe, evtl. mehrere Decken und eine Wärmflasche.

Gefahr
◆ Gefährlich wird es, wenn das Fieber über 42 Grad C steigt, dann können Hirnschäden entstehen. Bei hohem Fieber daher immer einen Arzt hinzuziehen.

Asthma

Bei einem Asthmaanfall verengen sich die Bronchien, was zu starker Atemnot führt.

Erkennen

◆ Pfeifendes, keuchendes Atemgeräusch,
◆ Blauverfärbung der Lippen bzw. des Gesichts,
◆ Kalter Schweiß,
◆ Angstgefühle,
◆ Anstieg der Pulsfrequenz

Maßnahmen

◆ Beruhigen,
◆ Lagerung des Erkrankten nach eigenem Wunsch, am besten aufrechter Oberkörper,
◆ Anweisung geben, dass er langsam und tief durchatmen soll; notfalls Atemspende,
◆ Notruf, wenn keine Besserung eintritt

Wichtig

Im Bezug auf die beschriebenen Maßnahmen wird häufig die Frage gestellt: „Was mache ich denn nachts, im Gebirge, auf See, auf einer einsamen Kanutour …?" Klar ist, dass jede/r FreizeitleiterIn die Pflicht hat, erste Hilfe zu leisten und alle möglichen Maßnahmen zu ergreifen. Manchmal passiert jedoch ein Knochenbruch, eine Gehirnerschütterung etc. in Situationen, in denen kein Telefon in der Nähe ist, um den Notarzt zu rufen, der nächste Ort Stunden entfernt liegt o.Ä. In all diesen Fällen ist man gezwungen, verantwortungsvoll alle Möglichkeiten abzuwägen.

Dokumentation

Unfälle, Krankheiten und Diebstähle werden vielfach von den Versicherungen nach Beendigung einer Freizeit nachgefragt. Dann ist es notwendig, über die wichtigsten Sachverhalte und betroffenen Personen unterrichtet zu sein. Wenn dem Veranstalter in solchen Momenten Unterlagen vorliegen, die den Vorgang ausreichend dokumentieren, erübrigen sich umständliche und meist sehr zeitaufwendige Nachfragen bei den BetreuerInnen. Hilfreich ist hier ein Unfallprotokoll (siehe Checklisten Seite 193).

Zwischendurch und tagelang: Spielen

Das Spiel ist älter als der Mensch. Es ist nicht an eine bestimmte Kulturstufe gebunden. Gespielt wurde und wird in allen Kulturen. Selbst Tiere spielen. In ihrem Spiel sind alle kennzeichnenden Grundzüge enthalten, wie Aufforderung zum Spiel, Regeln, Spaß, Kräftemessen und Lernen. Das Spiel ist somit eine primäre Lebenskategorie und gehört zum Menschen wie Lachen, Sprechen, Weinen. Das Spiel ist ein Kulturfaktor, denn Spiel ist von Sprache durchwoben, Musik wird gespielt, Gedanken werden angeregt und es trägt dem Miteinander der menschlichen Gemeinschaft bei. Kurz: „Der Mensch ist erst da Mensch, wo er spielt" (Schiller).

Die Bedeutung des Spiels

Seit Beginn des 19. Jahrhunderts existieren Spieltheorien. Das Spiel erfüllt verschiedene Funktionen im Lebensbereich der Menschen. Spielen dient zum Abbau überschüssiger Energie, es hat Ventilfunktion. Ebenso lassen sich im Spiel ernsthafte Fähigkeiten erlernen, wie zum Beispiel Sozialkompetenz, Selbstbewusstsein, Durchsetzungsvermögen und vieles mehr. Nicht zuletzt dient das Spiel als Ausgleich und Kompensation des Alltags, aber auch, um Entspannung und Ruhe zu finden.

Die Kennzeichen des Spiels

Spiel ist freies Handeln. Das heißt, dass der Mensch sich darin selbst verwirklichen kann. Ebenso ist Spiel nicht das Alltagsleben, es bedeutet Heraustreten aus dem „Normalen", kann dabei aber durchaus ernsthaft sein. Das Spiel ist eine Kategorie mit eigenen Werten. Das Spiel ist abgeschlossen und begrenzt in Raum und Zeit. Es kennzeichnet sich durch

a) Regeln, die einen Teil der Ernsthaftigkeit des Spiels bilden (bei Regelbruch bricht die Spielwelt in sich zusammen) und

b) ist eigene Welt, dass heißt, alles ist möglich (verkleiden, schminken etc.).

Pädagogische Leitlinien – worauf man achten muss

Die Spielleitung innezuhaben bedeutet, dass man Impulse geben, beobachten und mitspielen muss. Bei den ersten Treffen von Gruppen gibt es häufig ein Problem. Man kennt sich noch nicht und hat noch keine gemeinsamen Erlebnisse, an die man anknüpfen kann. Auf der einen Seite besteht bei jeder Person der Wunsch, dazuzugehören, auf der anderen Seite bestehen noch versteckte Ängste, nicht anzukommen. Der Spielleitung fällt hier eine sehr wichtige Aufgabe zu. An ihrem Einfühlungsvermögen und ihren Vorkenntnissen liegt es, Kontakte untereinander zu vermitteln und eine angstfreie Atmosphäre zu schaffen, die es den einzelnen TeilnehmerInnen ermöglicht, mit mehr Selbstvertrauen in neue Situationen zu gehen.

Zu Beginn der Spielphase mit Kindern, Jugendlichen und Erwachsenen werden von der Spielleitung besondere Impulse erwartet. Sie nimmt die Erwartungen und Ängste der TeilnehmerInnen auf. Bekräftigung und Entgegenkommen lösen Kontakt und Beteiligungsbereitschaft aus. Impulse, Ermutigungen und Anstöße fördern die Eigenaktivität der einzelnen Spieler und schaffen ein freundliches Klima, welches die Möglichkeit zu einer optimalen Entfaltung sowohl des Einzelnen als auch der Gruppe in ihrer Gesamtheit bietet.

Hierbei spielt das Verhalten der/des Spielleiterin/Spielleiters eine bedeutsame Rolle. Es kann sich sowohl positiv als auch negativ auf die Gruppe auswirken.

SpielleiterInnen sollten Wertschätzung mitbringen, das heißt Höflichkeit, Toleranz, Vertrauen, Geduld, Einfühlungsvermögen und Zuneigung. Dieses Verhalten mindert Unsicherheiten und Ängste, führt zu positiven Gefühlen und erhöht das Selbstvertrauen. Die freundliche Zuwendung der Spielleitung befriedigt das menschliche Grundbedürfnis nach positiven zwischenmenschlichen Beziehungen.

Wenn SpielleiterInnen in die Rolle des Beobachters schlüpfen, erkennen sie Spielhemmungen und wissen diese zu überwinden. Sie wissen, dass Lockerungs- und Bewegungsspiele den Einstieg erleichtern und räumen Spielunerfahrenen genügend Zeit zum Einstieg ein. Sie ermutigen die SpielerInnen und wecken Begeisterung. Die Spielleitung soll Spielbedürfnisse erkennen, zum Spiel motivieren, Denkanstöße geben und positive Spielbedingungen schaffen. Positiv wirkt sich aus, wenn die SpielleiterInnen selbst mitspielen. Sie erhöhen so die allgemeine Motivation – „dem/der ist das auch nicht peinlich" – und kann so unter Ausnutzung der Leitposition bewirken, das sie nachgeahmt werden.

Zu den Aufgaben der Spielleitung gehören die Festlegung der Thematik, eine sorgfältige Planung, die Abgrenzung des Spielrahmens und die Festlegung des Zeitraums. Man benötigt ein umfangreiches Spielerepertoire, um Varianten aufgreifen zu können und Alternativangebote griffbereit zu haben.

Folgendes schrittweise Vorgehen sollte beachtet werden:

◆ Mit einfachen Spielen, die der Auflockerung und Entspannung dienen, beginnen.
◆ Bei einer fremden Gruppe mit Namens- und Kennenlernspielen anfangen.
◆ Nach Spielen mit hoher Konzentration Spiele zur Auflockerung folgen lassen.
◆ Ruhige und hektische Spielphasen sollten sich abwechseln.
◆ Möglichst im Spielfluss bleiben, d.h. nicht durch Reflexion unterbrechen.
◆ Wenn Spieler nicht mitmachen wollen oder wenn ein Spiel Ängste auslöst, sollte das Spiel unterbrochen werden.
◆ Sorgfältige Planung bedeutet auch, Komponenten wie Räumlichkeiten, Umgebung und Wetter zu berücksichtigen.

Fehlervermeidung

Folgende Fehler der Spielleitung können vermieden werden:

◆ Fehler Nr. 1
Ein Spiel ist für die Kinder/Jugendlichen altersgemäß nicht geeignet. Chaos bricht aus, weil die Kinder das Spiel gar nicht verstanden haben. Das sollte vorher abgecheckt werden.

◆ Fehler Nr. 2
Bestimmte Spiele, besonders Berührungsspiele, sind nicht unbedingt geeignet für Teenager, das Mädchen-Jungen-Verhältnis ist eventuell noch zu heikel für die Jugendlichen. Das kann man vermeiden, wenn nicht ausdrücklich der Wunsch danach geäußert wird.

◆ Fehler Nr. 3
Am Anfang sollte man eine sich noch fremde Gruppe nicht mit Spielen überfordern, die erst dann geeignet sind, wenn sich die Gruppe kennt (z.B. Vertrauensspiele, Berührungsspiele).

◆ Fehler Nr. 4
Ein Fehler ist auch, alle zum Mitmachen zu zwingen, obwohl einige aus-

drücklich nicht mitspielen wollen. Es geht hier um sanfte Motivation, nicht um Spielen auf Biegen und Brechen.

◆ Fehler Nr. 5
Ein Spiel wird durchgezogen, obwohl längst die Luft raus ist. Man kann ein Spiel auch ruhig abbrechen, sonst leidet die allgemeine Lust am Spielen.

Material – Der Spielekoffer

Um für alle Spielideen gewappnet sein zu können, bietet sich an, eine Material-sammlung zusammenzustellen. Obwohl die im Folgenden vorgestellten Spiele mit einem Minimum an Hilfsmitteln gespielt werden können, ist es immer von Vorteil, schnell benötigte Materialien beisammen zu haben. Ein alter Koffer (eine Reisetasche tut es auch) und schon können wir packen: Stifte unterschiedlicher Art, Papier, bunte Pappe, Plakate, Klebeband, Reißzwecken, Schere, Kleber, Wolle, Seil, Wäscheklammern, Streichholzschächtelchen … und was immer der Fantasie noch entspringt.

Sicheres Gepäck: Spiele-Fundus

Im Folgenden werden einige Spiele vorgestellt, die unterschiedlichen Kategorien zugeordnet sind. Jeder Spielvorschlag wird kurz beurteilt betreffs Zielgruppe, Eignung und Spielziel. Die Spiele sind unterschiedlichen Bereichen zugeordnet.

Anfangen/Kennenlernen

Wenn man sich zum ersten Mal in einer Gruppe trifft, sind die Erwartungen und Gefühle recht unterschiedlich. Man kennt sich nicht, ist verunsichert, hat Hemmungen und bringt Erwartungen mit, die sich oft von denen der anderen unterscheiden. Um den Anfangsschwierigkeiten zu begegnen, werden hier die Akzente gesetzt auf das Sich-Kennenlernen, Namen kennen lernen, Hemmungen abbauen, bestehende Gruppen auflösen und Voraussetzung für Gemeinsamkeit schaffen.

Namen-Kofferpacken

Ziel: Namen merken im Schnellverfahren
Zielgruppen: Für alle Altersgruppen
Beschreibung: Die Gruppe sitzt im Kreis. Einer beginnt damit, seinen Namen zu
    nennen und was er gestern gemacht hat. Es geht nun reihum weiter. Der
    Nachfolgende wiederholt den Namen des ersten, was er gestern gemacht

hat, nennt anschließend seinen eigenen Namen und was er unternommen hat. Das geht nun im Kreis der Reihe nach so weiter.

Beurteilung: Klasse Methode mit garantierter Gedächtnis-Stütze.

Krokodilsumpf

Ziel: Namen lernen mit erster Berührung, da man sich gegenseitig helfen muss, den richtigen Platz zu finden

Zielgruppen: Alle Altersgruppen

Beschreibung: Im Stuhlkreis stellen sich alle auf ihre Stühle. Drumherum ist ein gefährlicher, giftiger Sumpf mit Unmengen an Krokodilen (kleine Geschichte erzählen).

Die Forscher (TeilnehmerInnen) haben die Aufgabe, sich nach Namen alphabetisch zu sortieren, ohne von den Stühlen herunterzusteigen. Ist die Sortierung beendet, sagt jeder, bei A beginnend, seinen Namen

Variante: Sortieren nach Alter

Beurteilung: Nicht direkt als erstes Spiel wählen, erst nach zwei bis drei Aufwärmspielen

Namengewirr

Ziel: Ein Spiel, das es erleichtert, Namen zu lernen und dabei auch noch Lockerung durch Bewegung bietet.

Zielgruppen: Für alle Altersgruppen

Ort: Drinnen

Beschreibung: Die TeilnehmerInnen sitzen im Stuhlkreis. Jede Person nennt ihren Vornamen der Reihe nach. Eine Person steht im Kreis, d.h. ein Stuhl fehlt. Der im Kreis Befindliche nennt jetzt schnell zwei Namen. Diese beiden müssen nun unverzüglich die Plätze tauschen. Natürlich versucht der/die TeilnehmerIn im Kreis, auch einen Stuhl zu erwischen. Wer übrig bleibt, muss in den Kreis und erneut zwei Namen nennen.

Variante: Mehrere Namen hintereinander rufen

Beurteilung: Besonders witzig, wenn sich die beiden Aufgerufenen auf den in der Mitte stürzen; Namen sollten jedoch schon einige Male gehört worden sein, denn sonst werden immer die gleichen Personen aufgerufen.

Namensduell

Ziel: Spielerisch Namen lernen mit Spaß und Wettkampf-Gefühl

Zielgruppen: Alle Altersgruppen

Beschreibung: Die Gesamtgruppe wird in zwei Gruppen geteilt. Zwischen den Mannschaften halten zwei Spielleiter einen Vorhang (Tuch, Laken), sodass die gegnerischen Parteien einander nicht sehen können. Jeweils ein/e TeilnehmerIn je Gruppe stellt sich vor den Vorhang. Dann wird der Vorhang fallen gelassen und es geht darum, dass man möglichst schnell den Namen seines Gegenüber ruft. Der Verlierer wechselt zur anderen Mannschaft. Ende des Spiels: Wenn alle auf einer Seite sind oder die Luft raus ist.

Beurteilung: Sehr witzig, aber nur geeignet, wenn die TeilnehmerInnen die Namen schon ein bisschen kennen; geeignet zur Vertiefung der Namen.

Aufwärmen/Lockerungsspiele

Spots in Movement

Ziel: Klassisches Aufwärmspiel

Zielgruppen: Alle Altersklassen

Beschreibung: Alles läuft, hüpft, schlendert (zur Musik) durcheinander. Jetzt ruft der/die SpielleiterIn: „Tier!" und jeder stellt ein Tier seiner Wahl dar. Weitere Möglichkeiten: Roboter, Fische, Flugzeuge, Eisenbahn … etc.

Variante: Wir werden dick, dünn, groß, klein …
Wir waten durch einen gefährlichen Sumpf, durch einen reißenden Fluss, rutschen über Glatteis …

Beurteilung: Kann von etwas Älteren als lächerlich oder peinlich empfunden werden. Gute Motivationsgabe nötig seitens der Spielleitung.

Freunde finden

Ziel: Ein Lockerungsspiel, bei dem man als aufmerksamer Beobachter erkennen kann, wo in der Gruppe sich bereits Sympathien gebildet haben oder wer zum Beispiel GruppenführerIn oder AußenseiterIn ist.

Zielgruppen: Alle Altersgruppen

Beschreibung: Alle bewegen sich nach Musik frei im Raum oder auf einer Wiese. Die Spielleitung unterbricht plötzlich mit der Anweisung: „Fünf Freunde im Ruderboot!" Schnell müssen sich fünf TeilnehmerInnen zusammenfinden und pantomimisch ein Ruderboot rudern.

Variante: zwei Freunde fahren Tandem
drei Freunde spielen in einer Musikkapelle
drei Freunde finden sich nach einem Flugzeugabsturz im Dschungel wieder
acht Freunde spielen Tauziehen
vier betrunkene Freunde auf dem Heimweg
drei Freunde stellen ein Denkmal dar …

Ebbe und Flut

Ziel: Ein spaßiges Lockerungsspiel, das auch die Kreativität fördert.

Zielgruppen: Alle Altersklassen

Beschreibung: Die Spielleitung beginnt eine Geschichte zu erzählen, die von Menschen handelt, die am Strand spazieren gehen. Die MitspielerInnen laufen dabei locker durch den Raum. Fällt nun in der Geschichte das Wort

„Flut", müssen alle schnell vom Boden wegkommen, d.h. auf Stühle, Tische etc. flüchten. Fällt das Wort „Ebbe", müssen sich alle flach auf den Boden legen. Der/die SpielerIn, der zuletzt den Boden verlässt oder zuletzt liegt, erzählt die Geschichte weiter.

Spiele für Zwischendurch und gegen Langeweile

Schoßsitzen

Ziel: Wenn es gelingt, ist es ein eindrucksvolles Erlebnis, wenn nicht, gibt es ein spektakuläres Durcheinander. Nicht den Mut verlieren und noch einmal probieren. Zur Krönung kann man versuchen, zum Beispiel vorwärts oder rückwärts zu laufen.

Beschreibung: Alle TeilnehmerInnen stellen sich möglichst eng (Körper an Körper) hintereinander im Kreis auf. Der Kreis muss schön rund sein und darf keine Ausbuchtungen haben. Auf ein Kommando gehen alle ganz langsam in die Hocke und landen so automatisch auf dem Schoß des Hintermannes.

Das kotzende Känguru

Zielgruppen: Alle Altersklassen

Ort: Draußen& Drinnen

Beschreibung: Die Gruppe steht im Kreis. Der Spielleiter zeigt auf einen Mitspieler und ruft: „Kotzendes Känguru!" Der Angezeigte macht mit den Armen einen Beutel, die jeweils links und rechts Stehende kotzen hinein. – „Mixer!" Der Angezeigte hält beide Hände hoch und die zwei neben ihm drehen sich dazu im Kreis. „Toaster!" Der Angezeigte hüpft auf und ab, die neben ihm fassen, den Toast in der Mitte, einander an den Händen. „Palmen!" Alle drei schwanken, die Arme schlenkernd, hin und her. „Affen!" Alle drei stellen dar: nichts gehört, nichts gesagt, nichts gesehen. „Elefant!": Der Angezeigte macht einen Elefantenrüssel, die zwei außen zeigen die Ohren. Derjenige, der zuerst einen Fehler macht, muss mit dem Spielleiter tauschen und sich in die Mitte stellen und weiter ansagen, bis wieder jemand einen Fehler macht. Je schneller das Spiel, je höher die Fehlerquote und je höher der Spaßfaktor.

Beurteilung: Am Anfang finden die meisten es ziemlich blöde, das legt sich aber, je rascher der Spielverlauf wird.

Autobahn

Ziel: Schnelle Action

Zielgruppen: Ab 12 Jahren

Ort: Am besten für draußen

Beschreibung: Die Gruppe steht pärchenweise im Kreis. Zwei Spieler laufen um den Kreis herum, sie sind Jäger und Gejagter. Fängt der Jäger den Gejagten, tauschen sie die Rollen. Der Jäger wird also zum Gejagten, der Gejagte zum Jäger. Der Gejagte kann sich, um sich zu retten, an irgendein Pärchen anhängen, wobei in der nun entstandenen Dreierkonstellation der Dritte außen, selbst zum Jäger wird, während der eigentliche Jäger plötzlich zum Gejagten wird und sich schnell woanders einhängen muss. Das Spiel ist umso spannender, je schneller der verwirrende Wechsel vonstatten geht.

Beurteilung: Wenn das Spiel verstanden wird, ist es klasse.

Anblinzeln

Zielgruppen: Alle Altersklassen

Ort: Draußen

Beschreibung: Die Gruppe steht pärchenweise im Kreis. Dabei stehen die Paare hintereinander. Ein Mitspieler hat keinen Partner. Er kann durch Zublinzeln einen anderen zu sich rufen. Der Hintenstehende versucht jeweils, den Flüchtigen festzuhalten. Solange, bis einer loskann. Dann muss der nunmehr Alleingebliebene blinzeln.

Beurteilung: Ein Klassiker, gut für zwischendurch, zum Ausklang des Abends und zum Müdemachen

Igelchenspiel

Zielgruppen: Alle Altersklassen

Ort: Draußen

Beschreibung: Spielfeld abstecken. Jeder Spieler bekommt drei Wäscheklammern, die er gut sichtbar am Körper befestigt. Los geht's ! Jeder Igel versucht jetzt, den anderen Igeln die Stacheln abzujagen und an sich selbst zu befestigen. Wenn der Spielleiter abpfeift, ist Sieger das Igelchen mit den meisten Stacheln (Wäscheklammern).

Beurteilung: Ein Spiel, bei dem es wild und lustig hergeht. Prima, um Energie loszuwerden.

Siamesischer Fußball

Material: Fußball, Schnur/Tücher zum Umbinden
Zielgruppen: Ab 10 Jahren
Ort: Draußen
Beschreibung: Die Regeln entsprechen denen eines normalen Fußballspiels. Nur ist das Spielfeld kleiner. Jeweils zwei Spieler einer Mannschaft binden sich mit einer Schnur die Knöchel zusammen. Der Ball kann mit dem freien Fuß oder mit dem Doppelfuß gekickt werden. Das Tor hütet ebenfalls ein Spielerpaar. Das Spielerpaar ist Rücken an Rücken zusammengebunden.
Beurteilung: Kommt gut bei Kindern an und macht Spaß. Pädagogisch wertvoll, um Sozialverhalten zu fördern.

Kurierwettkampf

Ziel: Gruppenwettkampfspiel, das Zugehörigkeitsgefühl fördert.
Zielgruppen: Ab 10 Jahre
Ort: Draußen
Beschreibung: Die Mitspieler werden in zwei Spielgruppen aufgeteilt. Beide sind zahlenmäßig gleich stark. Jede Spielgruppe wählt aus ihrer Mitte den leichtesten Spieler als Kurier aus. Dann verteilen sich die Gruppen auf einer Entfernung von ca. 50 m Abstand. Die beiden ausgewählten Kuriere stehen am Ende der Spielgruppen. Auf das Zeichen des Spielleiters hin setzen sie sich auf den Rücken des letzten Spielers. Der Wettkampf beginnt. Der letzte Mitspieler läuft mit dem Kurier auf dem Rücken zum vorletzten. Hier steigt der Kurier um, ohne den Boden zu berühren. Das neue Pferd trägt ihn einen Abschnitt weiter usw. So gelangt der Kurier auf den Rücken des ersten, der ins Ziel mit ihm läuft. Sieger ist die Spielgruppe, die ihren Kurier am schnellsten ins Ziel befördert.

Dampfer im Nebel

Ziel: Ein Spiel, bei dem es heißt: sich lenken lassen, vertrauen. Nicht für eine neue Gruppe geeignet, da es doch schon einiges Vertrauen verlangt.
Beschreibung: Man teilt die Gruppe in mehrere, mindestens 6-8 Personen große Tanker-Gruppen auf. Jede Gruppe sucht sich einen freien Platz im Raum. Man stellt sich hintereinander und legt dem/der Vordermann/Vorderfrau beide Hände auf die Schultern. Der/die Letzte ist Kapitän des Schiffes. Nun kommt Nebel auf und alle schließen die Augen. Der Kapitän manövriert das Schiff sicher durch den Nebel. Dirigiert wird, indem alle auf die Schulter des Vordermanns klopfen: Mit beiden Händen auf die Schulter des Vordermanns klopfen: Volle Fahrt voraus – auf die rechte Schulter klopfen: Steuerbord – auf die linke Schulter klopfen: Backbord – mit beiden Händen zweimal auf die Schulter klopfen: Stop ! Das Kommando wird von hinten nach vorne weitergegeben.

Kunstfälscher

Material: Ton

Zielgruppen: Alle Altersgruppen

Ort: Draußen und Drinnen

Beschreibung: Es werden Dreiergruppen gebildet. Es gibt eine Statue, einen Künstler und einen Tonklumpen. Künstler und Tonklumpen schließen die Augen. Die Statue stellt nunmehr eine interessante Pose dar. Der blinde Künstler muss nun durch Abtasten der Statue versuchen, die Pose herauszufinden und auf den bisher formlosen Tonklumpen übertragen. Wenn der Künstler meint, sein Werk ist genau kopiert, so dürfen alle die Augen öffnen.

Beurteilung: Leichtes Berührungsspiel. Ein sehr lustiges Spiel, das am Ende so manchen Lacher auslöst.

Roboterspiel

Zielgruppen: Alle Altersgruppen

Ort: Drinnen und Draußen

Beschreibung: Es werden Dreiergruppen gebildet. Zwei stellen Roboter dar, einer ist der Ingenieur. Die Roboter können nur piepen und geradeaus roboterhaft laufen. Klopft der Ingenieur dem Roboter auf die linke Schulter, geht er links, klopft er auf die rechte Schulter, geht er piepend nach rechts. Ausgangsposition sind die beiden Roboter Rücken an Rücken stehend. Ziel ist es nun, dass es dem Ingenieur gelingen muss, beide Roboter so zu koordinieren, dass sie Nase an Nase stehen. Natürlich darf in der Dreiergruppe jeder mal Ingenieur sein.

Beurteilung: Kurzweiliges, lustiges Spiel mit leichter Berührung

Spiele für Bus und Bahn

Farbenspiel

Ort: Für unterwegs

Beschreibung: Jedes Kind sucht sich eine bestimmte Farbe aus. GewinnerIn ist, wer in einer vorher festgesetzten Zeit die meisten Häuser, Autos etc. in seiner Farbe gesehen hat.

Beurteilung: Gut für lange Busfahrten

Kennzeichen-Spiel

Ort: Für unterwegs

Beschreibung: Wer kann zuerst aus den Buchstaben eines Autokennzeichens einen lustigen Satz bilden ? Aus HH-PR kann man zum Beispiel folgenden Satz bilden: „Heinrich hampelt pausenlos rum".

Beurteilung: Gut für lange Busfahrten

Was ist das?

Ort: Für unterwegs

Beschreibung: Alle MitspielerInnen einigen sich auf einen Themenbereich, zum Beispiel beim Zahnarzt, im Klassenzimmer, auf dem Jahrmarkt, in der Küche … Ein Mitspieler denkt sich daraus einen Gegenstand und beschreibt geheimnisvoll langsam dessen Farbe, Eigenschaft und Zweck. Errät ein Spieler den Gegenstand, darf er das nächste Rätsel stellen.

Strichbilder malen

Ort: Für unterwegs

Beschreibung: Jede/r MitspielerIn bekommt einen Stift, einen Zettel und sucht sich irgendetwas aus, das während der Fahrt immer wieder zu sehen ist, zum Beispiel Kirchen, Tankstellen, Gasthäuser, Bahnhöfe, Züge … Wer etwas aus seinem Bereich sieht, macht einen Strich. Wer aus 12 Strichen zuerst ein Bild gemalt hat, zum Beispiel ein Haus, eine Tanne, ... der hat gewonnen.

Kompassspiel

Material: Kompass

Ort: Für unterwegs

Beschreibung: Während der Fahrt mit dem Auto, Bus oder der Bahn den Kindern einen Kompass geben und bitten, während einer bestimmten Zeit die genaue Himmelsrichtung der Reiseroute anzugeben.

Ideen für Regentage

Es gibt wohl nichts, was das Herz von FreizeitleiterInnen mehr sinken lässt, als Tage voller Regen und eine Meute von Kindern, die beschäftigt werden möchten. Um für eine Freizeit und alle dort entstehenden Eventualitäten bestens gerüstet zu sein, sollte man sich ein umfangreiches Repertoire an Ideen für schlechtes Wetter in den Koffer packen.

Lange Leitung

Ziel: Schnelles Spiel mit starkem Wettkampf-Charakter. Optimal zur Gruppenförderung. Sensibilitätsschulung

Dauer: Ca. 10 Minuten

Beschreibung: Die Gruppe wird in zwei Mannschaften geteilt. Diese sitzen auf Stühlen hintereinander in einer Reihe und fassen einander an den Händen,

IRGENDWER HATTE WILLIS BERMUDA geKLAUT.

sodass eine Kette entsteht. Vor ihnen steht ein Stuhl, auf dem ein Gegenstand liegt. Die Spielleitung fasst jeweils den letzten Spieler der Mannschaften an den Händen. Alle müssen dabei nach vorn sehen, also das Gesicht von der SpielleiterIn abgewandt und dem Stuhl mit Gegenstand zugewandt. Jetzt gibt der/die SpielleiterIn ein Händedrucksignal, das innerhalb der Mannschaften weiter nach vorn gegeben wird, bis es bei der/dem ersten SpielerIn ankommt. Diese/r springt dann auf und versucht, den Gegenstand vom Stuhl zu ergattern. Hat er/sie ihn nicht erwischt oder war der Vorderste der anderen Mannschaft schneller, muss er auf seinem Platz sitzen bleiben. Die Siegermannschaft rückt derweil einen Stuhl auf. Gewonnen hat die Mannschaft, die zuerst wieder in der Ausgangsposition sitzt, d.h. der erste vom Spielanfang sitzt wieder auf dem vordersten Stuhl der Reihe.

Stummer Dirigent
Zielgruppen: Alle Altersklassen
Beschreibung: Während einer den Raum verlässt, bilden alle MitspielerInnen einen Kreis. Sie können dabei stehen bleiben oder sich hinsetzen. Eine/r der MitspielerInnen wird zum stummen Dirigenten bestimmt. Er/sie spielt stumm ein Instrument vor sich hin. Die übrigen MitspielerInnen spielen ihm/ihr dabei möglichst zeitnah nach. Der/die DirigentIn kann dabei auch nach Belieben das gespielte Instrument wechseln. Jetzt wird der/die MitspielerIn wieder hereingebeten. Seine/ihre Aufgabe ist es, den/die stummen DirigentIn herauszufinden. Schafft er/sie es, geht der/die stumme DirigentIn aus dem Raum und die MitspielerInnen bestimmen eine/n andere/n MitspielerIn zum/zur DirigentIn.

Kreiswelle
Material: Stühle
Ort: Drinnen
Beschreibung: Alle SpielerInnen sitzen im Kreis. Eine/r steht in der Mitte. Ein Platz im Kreis ist frei. Der/die SpielerIn in der Mitte versucht, diesen Platz zu bekommen. Alle anderen MitspielerInnen rutschen schnell im Kreis umher, um dem/der Platzsuchenden seine Absicht zu erschweren. Der/die PlatzsucherIn kann durch die Kommandos links – rechts die Rutschrichtung der anderen ändern. Schafft er/sie es, einen Stuhl zu erwischen, so geht der/die im Kreis nachfolgende MitspielerIn in die Mitte.
Beurteilung: Je schneller die Stuhlrutscher, je schneller der Richtungswechsel desto spannender. Ist bei langsamen Spieltempo nicht nur langweilig, sondern es ist auch unmöglich, einen Stuhl zu erwischen.

Spinnenetz

Material: Wolle, Klebeband oder Reißnägel, Plastikring

Zielgruppen: Ab 12 Jahren

Ort: Drinnen oder draußen (zwischen Bäumen zum Beispiel)

Beschreibung: Die Spielleitung bastelt aus Wolle ein Riesenspinnennetz, das einen ganzen Raum unterteilt (Wände, Decke …). Das Netz hat etwa so viele Löcher wie MitspielerInnen und die Löcher müssen so groß sein, dass eine Person durchpassen kann. Man denke sich dann eine Geschichte aus, zum Beispiel ForscherIn im Dschungel, winziger Trampelpfad, Spinnennetz, drumherum Giftmoor … Sinn des Spiels ist, dass die ganze Gruppe durch das Netz hindurch gelangen muss, ohne dass eine Person das Netz berührt, und so, dass jeder durch ein anderes Loch im Netz gehoben wird. Gelöst ist die Aufgabe, wenn alle Gruppenmitglieder auf die andere Seite gelangt sind.

Beurteilung: Eines der schönsten Gruppenspiele und optimal für die Entwicklung eines Wir-Gefühls. Man muss einander vertrauen, sich halten und hochheben lassen, sich berühren lassen. Vorsicht bei Jugendlichen, da hier die Berührungen eventuell als unangenehm empfunden werden.

Märchenworkshop

Zielgruppen: Ab 10 Jahren

Ort: Drinnen

Beschreibung: Es werden Kleingruppen gebildet (4-5 Kinder). Die Gruppen erhalten jeweils ein Blatt mit vielen verschiedenen Begriffen unterschiedlicher Art, zum Beispiel Freizeit, König, reiten, kochen, Wald, Mond etc. Nun soll ein Märchen entstehen, in dem jedes Wort einmal vorkommen soll. Am Abend werden die Geschichten vorgelesen.

Beurteilung: Kann mit Kreativität den trüben Tag verzaubern. Es entstehen tolle Geschichten.

Das Hausspiel

Material: Spielfeld, Fragenkatalog, Papier, Stifte, Würfel

Zeit: Mindestens 2 oder sogar 3 Stunden

Ort: Drinnen

Vorbereitung: Als erstes muss ein Spielfeld erstellt werden. Es sollte aus 60 Feldern bestehen, die durchnummeriert werden. Man sollte Kreativität walten lassen und es schön bunt malen. Dann muss ein Fragenkatalog (in dreifacher Ausfertigung) erstellt werden. Dieser besteht aus 60 Aufgaben, Rätseln oder Wissensfragen. Hinter jeder Frage steht ein Codewort.

Beschreibung: Die Kinder werden in 4-5 Gruppen geteilt. Vor Beginn des Spiels überlegen sich die Gruppen einen Gruppennamen und eine 4-zeilige Gruppenhymne. Erst wenn die Hymne vorgesungen wurde, beginnt das Spiel für die jeweilige Gruppe., d.h. es darf gewürfelt werden.

Die Spielleitung verteilt sich im Haus auf insgesamt drei Stationen:

◆ Die Würfelstation – Hier wird gruppenweise gewürfelt und die Spielfigur auf die dementsprechende Nummer auf dem Spielfeld gesetzt, zum Beispiel Frage 12. Die Gruppe läuft nun (immer gemeinsam) zur Fragestation.

◆ Die Fragestation – Hier erhält die Gruppe die entsprechende Frage (also Frage 12)

◆ Die Antwortstation – Hier muss die Frage beantwortet oder die Aufgabe gelöst werden. Nach erfolgreicher Aufgabenbewältigung erhält die Gruppe ein Codewort, mit dem man zur Würfelstation zurück läuft. Erst nachdem das richtige Codewort (also hier zur Nr. 12) genannt wird, darf weitergewürfelt werden.

Die Spielleitung notiert hier die erreichten Punkte. Bei einer richtigen Antwort gibt es 3 Punkte, bei einer besonders toll gelösten Aufgabe bis zu 5 Punkten, bei einer falschen Antwort 0 Punkte.

Wichtig: Bei der Lösung der jeweiligen Aufgaben müssen immer alle Gruppenmitglieder anwesend sein! Gewinner des Spiels ist die Gruppe, die den höchsten Punktestand erreicht hat. Dabei bekommt die schnellste Gruppe 10 Extrapunkte, die zweite 5, die dritte 2.

Beurteilung: Dieses Spiel bedarf sorgfältiger Planung

Koffer-Versteigerung

Material: 5-7 Koffer /Taschen und witziger Inhalt

Vorbereitung: Man hat 5-7 unterschiedliche Koffer/Taschen vorher gepackt mit witzigen Dessous, zum Beispiel Schlafanzug mit Schlafmütze, Schwimmsachen mit Taucherbrille etc. der Fantasie sind keine Grenzen gesetzt.

Beschreibung: Es sind zwei SpielleiterInnen beteiligt. Ein/e „MasterIn", der/die die Spiele ansagt, kommentiert und eine/r, der/die alles pantomimisch witzig begleitet. Um einen Koffer/Tasche zu erhalten, muss man einen Einsatz bieten, zum Beispiel wer kann die meisten Liegestützen auf einer Hand? Wer isst am meisten trockene Haferflocken in einer Minute? Wer kann aus Konservendosen den höchsten Turm stapeln? Alle Aufgaben sind beliebig erweiterbar, je nach TeilnehmerInnenzahl. Der Gewinner erhält den Koffer und muss die darin befindlichen Sachen in einer Abschlussshow präsentieren. Derjenige, der am meisten Erfolg beim Publikum erntet, gewinnt einen Beutel Bonbons. Hat man mal nicht so viele Koffer zur Hand, kann man das Ganze auch abwandeln. So kann man zum Beispiel zwischendurch kleine Preise versteigern und die Koffer dann immer wieder einstreuen. Dann gibt es aber auch erst am Schluss des Spiels die Megapreise für die Leute, die die Koffer ersteigert haben.

Beurteilung: Ein abendfüllendes Spiel ohne Grenzen!

Prominentenraten

Material: Klebeband, Filzstift
Zielgruppen: Ab 12 Jahren
Ort: Drinnen oder draußen
Beschreibung: Es wird ein Kreis gebildet, entweder drinnen auf Stühlen oder draußen im Schneidersitz auf der Wiese. Jede/r MitspielerIn erhält den Namen einer prominenten Person oder Figur auf Klebeband geschrieben und auf die Stirn gepappt, ohne dass er/sie selbst weiß, was auf dem Klebestreifen steht. Nun muss man durch geschicktes Fragen herausfinden, wer man ist. Es geht reihum mit Fragen, die von den anderen Spielern mit ja oder nein beantwortet werden. Beim ersten „Nein" kommt der nächste in der Reihe dran mit Fragen. Das Spiel dauert so lange, bis jeder den eigenen Namen erraten hat.
Beurteilung: Ein klassisches Spiel à la wer bin ich, das viel Spaß macht.

Spiele, die man unbedingt kennen muss

Drei Hölzle (Lebensbändchenspiel)

Material: rote Wolle, drei Holzscheite
Zielgruppen: Ab 12 Jahren
Ort: Draußen
Beschreibung: Ein recht großes Spielfeld wird abgesteckt, idealerweise im Wald oder irgendwo, wo es auch Gebüsch zum Verstecken gibt. Aus der Gruppe werden zwei Mannschaften gebildet. Durch das Ziehen von Zettelchen wird die eine Mannschaft zu Wächtern bestimmt, die andere sind die Räuber. Die

Räuber bekommen je ein rotes Wollfädchen an den Arm gebunden. Die Räuber versuchen, den Wächterturm zu zerstören, ohne eingefangen zu werden. Der Wächterturm besteht aus drei aneinander gelehnten Holzscheiten in der Mitte des Spielfelds. Die Wächter bewachen den Turm, müssen aber auch gleichzeitig Räuber jagen. Gefangen wird ein Räuber, indem man ihm das Wollbändchen abreißt. Ist ein Räuber gefangen, wird er zum Wächter.

Beurteilung: Ein uraltes Spiel, aber immer noch eines der Besten. Abenteuer und Action, Spannung pur. Vorsicht, damit es nicht zu grob wird. Den Räubern erklären, dass es auch auf Strategie und nicht nur auf bloßes Drauflosrennen ankommt.

Schweizer Schokoladenessen

Material: Je nach Kleingruppenanzahl je eine Tafel Schokolade, in mehrere Lagen Zeitungspapier gepackt, mit Paketschnur zusammengebunden. Für jede Gruppe einen Würfel, Messer, Gabel, Mütze, Handschuhe, Schal.

Zielgruppen: Ab 8 Jahren

Ort: Drinnen

Beschreibung: Es werden Kleingruppen zu je sechs Spielern gebildet. In jeder Gruppe läuft das Spiel für sich. Die SpielerInnen sitzen im Schneidersitz im Kreis, in der Mitte Handschuhe, Mütze, Schal und die eingepackte Schokolade. Es wird reihum gewürfelt. Der-/diejenige, der eine 6 würfelt, muss sich schnellstens Mütze, Schal und Handschuhe anziehen, und versuchen, mit Messer und Gabel bewaffnet, an die Schokolade ranzukommen. Währenddessen würfeln die anderen weiter. Er versucht solange, die Schokolade zu essen, bis die nächste 6 gewürfelt wird, dann muss er sich schleunigst die Sachen wieder ausziehen, damit der andere diese anziehen und weitermachen kann. Na? Wer bekommt am meisten von der leckeren Schokolade ab?

Das ultimative Nachtgeländespiel

Ort: Draußen, Wald

Material: Musikinstrument oder Pfeife, Rassel, Lichtquelle, „Belohnung"

Vorbereitung: Am hellen Tag wird ein deutlich abgrenzbares Wald- und Wiesengelände ausgesucht. In diesem Gelände werden ca. 5-10 weithin sichtbare Stationspunkte festgelegt. Am Abend besetzen Mitglieder der Spielleitung die einzelnen Stationen. Schön schaurig und geheimnisvoll wird es, wenn diese sich schminken oder verkleiden. Jede Station erhält ein Musikinstrument oder eine Pfeife, eine Rassel, eine Lichtquelle etc.

Beschreibung: Wenn es ganz dunkel geworden ist, geht das Spiel los. Die Kinder teilen sich in kleine Gruppen (5-6), werden mit einer schönen Geschichte auf das Spiel vorbereitet und bekommen dann die Aufgabe, die einzelnen

Stationen zu suchen. Die Gesamtzahl der Stationen sind bekannt. Die Stationen müssen mindestens alle zwei Minuten ein Signal geben. Damit sichergestellt wird, dass die Gruppen auch bei allen Stationen waren, bekommen sie bei jeder Station irgendetwas (Zauberformel, Gegenstand, …). Welche Gruppe hat wohl am schnellsten alle Stationen gefunden?

Beurteilung: Ein schaurig schönes und spannendes Spiel mit Irrlichtern, die irgendwo im Dunkeln aufblitzen, rasselnde Geräusche, die mit dem Wind herübergetragen werden und viele Leute, die knackend durchs Unterholz schlüpfen und leise flüsternd diesen Lichtern und Geräuschen hinterherjagen …

Bärenjagd

Ort: Draußen, im Ort

Beschreibung: Etwa zwei bis drei SpielleiterInnen verkleiden und schminken sich auffällig. Sie gehen in den Ort und versuchen auf sich aufmerksam zu machen, sodass sie eine Spur hinterlassen. Sie sprechen beispielsweise einen Tankwart an oder klopfen an ein Schaufenster, winken der Verkäuferin freundlich zu. Nach einem angemessenen Vorsprung (15-20 Min) versuchen die Kinder, die verkleideten SpielleiterInnen zu finden, indem sie nach den auffälligen Personen fragen.

Beurteilung: Genau richtig, wenn man mal auffallen möchte. Die Reaktionen sind interessant.

Gordischer Knoten

Zielgruppen: Alle Altersklassen

Ort: Drinnen und Draußen

Beschreibung: Alle Spieler stellen sich mit geschlossenen Augen in einen Kreis. Auf ein Kommando laufen alle mit nach vorne gestreckten Armen in die Mitte des Kreises. Jede/r SpielerIn fasst sich zwei Hände. Haben alle eine Hand gefunden, werden die Augen wieder aufgemacht. Nun wird gemeinsam versucht, den Knoten zu entknoten. Das Ziel ist, einen Kreis zu bilden, in dem sich alle an den Händen halten.

Beurteilung: Es kann vorkommen, dass sich am Ende zwei Kreise bilden, das ist aber nicht weiter schlimm. Ansonsten ein tolles Gruppenspiel.

Professor X hält Vorträge, ohne zu wissen, worum es geht

Zielgruppen: Ab 12 Jahren

Ort: Drinnen

Beschreibung: Professor X wird aus dem Kreis der TeilnehmerInnen gewählt. Er sitzt auf einem Stuhl und hat einen Umhang umgehängt. Er bekommt Schuhe an die Hände, sodass seine Arme zu seinen Beinen werden. Diese „Beine" liegen locker auf dem Umhang. Ein zweiter Spieler kniet hinter dem Stuhl und dessen Hände sind nun die Hände des Professor X. Nun flüstert die Spielleitung dem hinter dem Stuhl knienden Mitspieler das Thema des Vortrags zu, zum Beispiel auf dem Klo sitzen. Nun müssen die Hände des Professor X dem Professor irgendwie klarmachen, um was es geht, während der Professor bereits mit Erzählen loslegt.

Beurteilung: Zum Quietschen komisch! Allein der Anblick des Professors ist genial. Als Professor sollte ein Spieler gewählt werden, der gut reden kann, am besten den Spaßmacher der Gruppe.

Abschied

Lebe wohl heißt es immer wieder. Irgendwann naht das Ende der Freizeit und man spürt bereits, dass die Gruppe in diese Abschiedsphase eintritt. Es wird mehr von zu Hause gesprochen, Adressen werden ausgetauscht, man spricht von Wiedersehen und ertappt sich selbst dabei, dass man bereits über Alltagsdinge nachdenkt. Die Abschiedsphase ist eine der wichtigsten Phasen im Gruppenprozess und sollte bewusst von den TeilnehmerInnen erlebt werden. Sie sollte in jedem Fall durch die Spielleitung thematisiert werden.

Sonnenblume

Ort: Draußen

Beschreibung: Es ist Zeit, sich voneinander zu verabschieden. Wir gehen gemeinsam auf die Wiese, stellen uns in einen Kreis und umarmen einander an den Schultern. Wir sind Sonnenblumen im Wind. Wir schwanken schweigend hin und her, schließen die Augen und genießen den letzten Sonnenstrahl, bevor es Abend wird. Langsam wird es kühler. Wir sehen jetzt jedem Einzelnen ins Gesicht, suchen Blickkontakt und verabschieden uns mit einem Lächeln. Dann kommt der Abend. Und wie die Sonnenblume am Ende des Sommers ihre Blätter verliert, trennen wir uns. Wir lassen nun einander los, drehen uns um und gehen alle in verschiedene Richtungen davon.

Beurteilung: Schluchz. Traurig-schön. Das letzte Spiel vor der Abreise, vielleicht kurz bevor der Bus kommt.

Spieleszenarien

Neben kleinen und vereinzelt einsetzbaren Spielen kann man einen oder mehrere Tage zu Spieleszenarien entwickeln und so verschiedenen Angebote kombinieren.

Rallyes/Olympiaden/Turniere

Das Turnier ist eines der variabelsten Spiele, das nach den gegebenen Voraussetzungen individuell umgesetzt werden kann. Es kommt darauf an, möglichst viele und unterschiedliche Aktionen anzubieten, damit es möglichst viele Einzelsieger gibt, sodass letztendlich alle gewonnen haben. Die FreizeitleiterInnen können mit Aktionen (SportreporterIn, FotografIn) und durch eigene Teilnahme viel zur Stimmung beitragen. Die meisten Aktivitäten machen so viel Spaß, dass Belohnungen nicht unbedingt notwendig sind.

Olympiaden funktionieren am besten, wenn sie unter ein Motto gestellt werden, zum Beispiel Ritterturnier, Strandolympiade, Fahrradturnier, Fußballmeisterschaft und mit viel „Trara" (Fahnen, Mannschaftsaufstellungen etc.) beginnen. Die ganze Aktion sollte mit den TeilnehmerInnen organisiert werden.

Am besten ist es, Gruppen von mindestens fünf und höchstens zehn TeilnehmerInnen, wenn möglich quer durch jedes Alter, zu bilden. Jede Gruppe erhält eine Laufkarte mit Aufgaben und Punkteverteilung, dies erleichtert die Orientierung und das Dableiben. Die einzelnen Stationen sind mit FreizeitleiterInnen oder „HilfsbetreuerInnen" besetzt bzw. mehrere TeilnehmerInnen übernehmen jeweils eine Station, um sich abzuwechseln (damit sie ebenfalls an anderen Aktivitäten als TeilnehmerInnen mitmachen können). Am Ende steht eine große Siegesfeier mit Urkunden für alle.

Strandolympiade
Bei einer Strandolympiade können verschiedene Spiele organisiert werden:
- Frisbee-Zielwurf – Drei unterschiedlich große Kreise werden im Sand mit Schnüren und Bändern markiert, ebenso der Abwurfpunkt in ca. 20 Metern Entfernung. Jede Gruppe hat drei Versuche. Je Kreis 1, 3 oder 5 Punkte.
- Das schwarze Loch – In drei Minuten soll jede Gruppe mit bloßen Händen ein möglichst tiefes Loch buddeln. (Durchmesser egal nur Tiefe zählt.) Je 10 Zentimeter 4 Punkte.
- Pinguin-Rennen – Es muss zu einem Kleiderhaufen als Ziel gelaufen werden. Dort müssen Schwimmflossen, Gummisachen, Taucherbrille etc. angezogen

werden, um eine bestimmte Markierung gelaufen und wieder zum Ausgangspunkt zurückrannt werden. Die Zeit zählt.

◆ Burgenbau – Beim Einsetzen der Flut (am Tag vorher genau berechnen, sonst gibt es einen großen Flop) baut jede Gruppe an einem bestimmten Punkt nebeneinander innerhalb von 45 Minuten eine Sandburg, die sie mit Strandgütern sichern kann. In die Mitte der Burg kommt eine Flasche mit einer Fahne. Diejenige Fahne, die die Flut am längsten stehen lässt, gewinnt. Die Rangfolge der Gruppen zählt: 20, 15, 10, … Punkte.

◆ Wasserluftballons – Als Abschlussspiel bietet sich ein Mannschaftsspiel an: Es stehen sich zwei Gruppen gegenüber und werfen sich mit Wasser gefüllte Luftballons zu (je TeilnehmerIn ein Ballon). Es gewinnt die Gruppe, die den letzten heilen Ballon hat.

Lagerturnier

Bei einem Lagerturnier können folgende Spiele organisiert werden:

◆ Balancierspiel – Auf einem ca. 20 Meter langen Weg mit vielen Hindernissen muss ein Tablett mit gefüllten Wasserbechern entlangbalanciert werden, ohne das Wasser zu verschütten.

◆ Ringwerfen – Größere TeilnehmerInnen oder ReisebegleiterInnen nehmen als „wilde Pferde" TeilnehmerInnen Hucke-Pack und „reiten" eine Strecke mit Pfählen ab. Der Reiter muss Ringe über die Pfähle werfen.

◆ Kampf ums blaue Band – Aus Papier werden Schiffe gefaltet und in einem flachen Gewässer (oder einem Wassergraben aus Plastikfolie) möglichst schnell über eine bestimmte Strecke gepustet.

◆ Schmierseifenrutsche – Eine mit Schmierseife eingeschmierte Plastikfolie am Hang muss gequert werden.

◆ Löffelfechten – Jeder Fechter erhält zwei Esslöffel. Auf einem liegt eine Kartoffel. Es geht darum, die eigene Kartoffel auf dem Löffel zu behalten und mit dem anderen Löffel die Kartoffel des Fechtgegners abzuschlagen.

◆ Stiefelweitwurf – Jede/r TeilnehmerIn erhält ein Stiefelpaar und versucht, diese so weit wie möglich zu schleudern.

Zum Abschluss vereinigen sich alle MitspielerInnen zum „Olympischen Knäuel" (Gordischer Knoten, siehe Kapitel „Sicheres Gepäck – Spiele-Fundus"). Nachdem sich das Knäuel wieder entwirrt hat, versammeln sich alle MitspielerInnen im Kreis und können nun gemeinsam die Abschluss-Zeremonie beschließen.

Kooperationsspiele

Das Gruppenklima wird vor allem durch Neugier, Mitteilungsfreude, Kooperationsbereitschaft und Interesse am anderen Menschen gefördert. Gerade am Anfang halten sich die TeilnehmerInnen jedoch zurück. Diese Verhaltensweisen kommen auch nicht bei allen auf, wenn sie nicht gefördert werden. Die kooperative Zusammenarbeit steht in positivem Einfluss auf den Gruppenprozess. Die TeilnehmerInnen können lernen, sich aufeinander einzustellen und die anderen TeilnehmerInnen als gleichberechtigte PartnerInnen wahrzunehmen. Kooperationsspiele können hier vieles beitragen. Sie werden vor allem in Situationen eingesetzt, in denen Ängste und Hemmungen bestehen.

Blind führen
Alle MitspielerInnen suchen sich eine/n PartnerIn. Eine/r der beiden schließt die Augen und lässt sich von dem/der PartnerIn durch den Raum führen. Wahlweise kann das „Führen" auch nur durch je einen Finger geschehen, durch Töne oder Angaben wie „links", „rechts", o.Ä., ohne den „Blinden" zu berühren. Damit der „Blinde" nicht abgelenkt wird, muss im Raum bis auf die gewünschten Laute absolute Ruhe herrschen.

Vertrauenskreis
Kleine Gruppen mit ca. sechs bis sieben MitspielerInnen bilden einen engen Kreis, in dessen Mitte ein/e MitspielerIn steht. Diese/r lässt sich nun mit geschlossenen Augen mit gespanntem Körper nach außen fallen. Die MitspielerInnen fangen ihn/sie auf und reichen ihn/sie vorsichtig im Kreis weiter.

Anflug
Bis auf eine/n MitspielerIn stehen sich alle Gruppenmitglieder im Abstand von ca. drei Metern gegenüber und bilden so eine Gasse, nämlich die Schlucht, durch die der Flieger fliegen muss. Der Flieger steht an einem Ende der Gasse und schließt die Augen. Er läuft in einem von ihm gewählten Tempo durch die Gasse. Die MitspielerInnen summen leise, sodass er sich orientieren kann. Läuft er in seine MitspielerInnen, so schieben sie ihn vorsichtig in die Einflugschneise zurück. Erst wenn er das letzte Paar in der Gasse erreicht, rufen diese beiden „Stop" und der Flieger kann seine Augen öffnen und sicher auf dem Flugplatz landen. Nach erfolgreicher Landung stellt er sich in seine Reihe, die eins weiter aufrückt. Dies geschieht abwechselnd so lange, bis jeder, der will, einmal Pilot und Tower war.

Adler
Der „Adler" liegt mit ausgestreckten Armen und angespannt auf dem Bauch und sechs Adlerträger (drei pro Seite) tragen den Adler an den Schultergelenken, der Hüfte und an den Beinen. Nach erfolgreichem Flug wird der Adler wieder sanft auf den Boden gelegt. Die Adlerträger sollten den Adler mit gestrekkten Armen über den Köpfen tragen; dazu sollte die Gruppe jedoch gut eingespielt sein, da der Adler unter Umständen sonst etwas unsanft landen könnte.

Der Fall

Ein/e TeilnehmerIn lässt sich von einem Kasten mit gestreckten und angespann-
tem Körper vorwärts in die Gasse der Mitspielenden fallen. Die Mitspielenden
stehen in leichter Schrittstellung und bilden mit vorgestreckten Armen eine Gasse. Dabei fassen sie sich nicht an, sondern verschränken die Arme nach dem
Reißverschlussprinzip. Der/die Fallende wird federnd entgegengenommen. Es
geht auch mit geschlossenen Augen oder rückwärts. Eine vollkommene Körper-
spannung ist das „A und O" dieser Übung. Sobald der/die Fallende die Körper-
spannung verliert, rutscht er durch die fangbereiten Arme der FängerInnen.

Förderband

Die SpielerInnen liegen auf dem Bauch nebeneinander auf dem Boden. Auf
ihnen liegt ein /e MitspielerIn, die sie durch das Drehen ihrer Körper auf ihrem
Rücken bis an das Ende der Reihe transportieren. Dort angekommen legt die
Person oben sich neben den/die letzte/n MitspielerIn und der/die nächste SpielerIn vom Anfang der Reihe wird „befördert". Damit der Transport auch richtig
funktioniert, müssen alle SpielerInnen des Förderbandes mit den Köpfen in der
gleichen Richtung, eng nebeneinander auf dem Bauch liegen. Das „Transport-
gut" legt sich entweder mit dem Bauch oder Rücken vorsichtig auf die ersten
des „Förderbandes". Es ist wichtig, dass er sich lang ausgestreckt und mit Kör-
perspannung hinlegt. Auf ein Signal hin beginnt die erste „Rolle" des Förderbandes sich zu drehen, dann die zweite und so weiter. Dadurch wird das Trans-
portgut immer weiter transportiert, bis an das Ende des Förderbandes.

Variante

Die SpielerInnen stellen sich in Gassenstellung auf und legen ihre Unterarme im
Reißverschluss-System ineinander. Dabei sollen die Handflächen nach oben zeigen. Wichtig ist, dass keine Uhren oder große Ringe getragen werden, da sonst
die Verletzungsgefahr sehr hoch ist. Ein/e MitspielerIn legt sich am Ende der
Gasse auf die Hände und Arme der Spieler und wird dann vorsichtig durch
rhythmisches Hochheben nach vorne befördert.

Schwebende Jungfrau

Die „schwebende Jungfrau" liegt ausgestreckt auf dem Rücken auf weichem
Untergrund (z.B. Turnmatte). Die Arme sind an den Körper angelegt, der Körper ist angespannt. Vier TeilnehmerInnen stehen um die Jungfrau, je zwei auf
der linken und zwei auf der rechten Seite. Die jeweils gegenüberstehenden TeilnehmerInnen strecken sich die Hände entgegen, legen die Fingerspitzen aneinander, schließen die Augen und drücken die Fingerspitzen fest aneinander. Nach
einer Konzentrationsphase von ca. einer Minute, hocken sich die TeilnehmerInnen neben die Jungfrau und heben sich mit ausgestreckten Zeigefingern hoch:

Ein Zeigefinger am Nacken, einer an der Hüfte, einer am Gesäß und einer an der Ferse, und schon schwebt die Jungfrau - auf acht ausgestreckten Zeigefingern. Nach einiger Übung kann die Jungfrau sogar auf nur vier ausgestreckten Zeigefingern schweben. Das ganze funktioniert auch mit einer auf einem Stuhl sitzenden Jungfrau und zwei TeilnehmerInnen. Dazu bedarf es allerdings einiger Übung.

Höhlenlabyrinth

Ein Raum wird mit Tischen, Stühlen, Kästen, Kriechtunneln, etc. präpariert. Eine lange Schnur/ein Seil wird so in dem Raum verschlungen, dass die Teilnehmenden der Schnur mit großer Vorsicht blind tastend folgen, da man in einer „Höhle" ja schließlich nichts sieht. Von beiden Enden werden die Höhlenforscher losgeschickt. Man kann die Höhle akustisch bereichern, zum Beispiel Krach machen, Luftballons auf den Weg legen, unter nassen Tüchern die Leine herführen etc. Bei großen Gruppen dauert es eine Weile, bis alle durch die Höhle gekrochen sind.

Wettkampfspiele

Gerade in Phasen der Rollenfindung der TeilnehmerInnen (siehe Kapitel Gruppen sind dynamisch) bieten sich Wettkampfspiele an. Hierbei ist es wichtig, dass die Sieger entsprechend prämiert, die Verlierer aber nicht so hervorgehoben werden. Bei den Wettkampfspielen kann man gut auf die altbewährten Spiele zurückgreifen: Volleyball, Fußball, Völkerball, Tischtennis, Baseball etc. Mit diesen Spielen lassen sich gut Turniere oder Wettkämpfe veranstalten, bei denen die „High-Score-Listen" öffentlich ausgehangen und die Sieger prämiert werden.

Tischtennisspiel – Mexiko (Rundlauf)

Es gibt nur einen Schläger pro Seite, der weitergereicht werden muss. Eine weitere Variante ist, dass pro Seite ein Hut existiert, die der Schläger vorher aufsetzen muss. Die dritte Variante ist, dass der Schläger beim Rundlauf um einen Stuhl herum laufen muss.

Beach-Volleyball

Vielen TeilnehmerInnen sind die traditionellen Volleyballregeln bereits bekannt. Beim Beach-Volleyball spielen offiziell zwei Spieler pro Mannschaft, es lässt sich aber gut mit bis zu sechs Spielern pro Mannschaft spielen. Das Spielfeld ist kleiner als beim traditionellen Volleyball. So reichen 12 x 8 Meter und eine Netzhöhe von 2 Metern. Mit Absperrband können die Begrenzungslinien gut abgesteckt werden, da sie sich klar vom Sand abheben.

Ein Spiel geht über einen Satz. Dieser ist beendet, wenn eine Mannschaft bei zwei Punkten Vorsprung 15 Punkte erreicht hat. Punkte kann nur die Mannschaft erlangen, die vorher auch aufgeschlagen hat. Der Aufschlag wechselt, wenn die aufschlagende Mannschaft einen Fehler macht. Der Ball wird beim Aufschlag von einem beliebigen Punkt hinter der Grundlinie direkt ins gegnerische Feld geschlagen. Wie beim traditionellen Volleyballspiel muss er spätestens nach der dritten Ballberührung zurück. Kein/e SpielerIn darf dabei den Ball zweimal hintereinander spielen. Vom Knie an aufwärts kann der Ball mit jedem Körperteil berührt werden. Das Netz darf nicht berührt werden.

Abendprogramme

Eine Möglichkeit, ein Abendprogramm zu organisieren ist es, eine Spielekette zu veranstalten. Eine Spielekette ist eine Folge mehrerer Spiele in einer bestimmten Reihenfolge zu einem Thema. Spieleketten stellen die Spiele in einen thematischen Zusammenhang. Zwar sind einzelne Teile der Kette austauschbar, aber die Reihenfolge keineswegs beliebig. Eine Spielekette besitzt einen vorausgeplanten Ablauf, der jedoch auch spontane Einfälle der Gruppe oder der AnleiterInnen einbezieht. Spieleketten können eine neue Erfahrungsdimension mit Spiel vermitteln und so für Gruppe und AnleiterInnen ein Erlebnis werden, welches das beziehungslose Aneinanderreihen von Spielen bei weitem übertrifft.

Aufbau einer Spielekette

Für den Aufbau einer Spielekette gibt es einige Grundregeln:

◆ Zu Beginn Spiele, die wenig Ängste und Hemmungen wecken (bekannte Spiele – leichte Spielregeln)
◆ Für den Einstieg Spiele auswählen, bei denen man zu mehreren gleichzeitig spielt. Alle fühlen sich dabei unbeobachtet, also angstfreier.
◆ Die wichtigsten erleichternden Spielbedingungen ist ein klares souveränes Spielleiterverhalten.
◆ Nach einfachen Simultanspielen muss die Schwierigkeit gesteigert werden, damit ein Spannungsbogen entsteht.
◆ Eine gute Dramaturgie steigert die Schwierigkeiten allmählich bis zum Höhepunkt und schließt mit einer Auswertung oder einem Simultanspiel.

Entwicklung einer Show

Shows können unterschiedliche Themen haben. Eine Show „Thema: Alle werden gewinnen" greift die Grundlagen und Erfahrungselemente von Fernsehshows auf und setzt sie in „lustvolle", variantenreiche Gestaltung eigener Spielideen um. Dabei bleibt es nicht nur bei der Nachempfindung der bekannten Elemente, sondern es entstehen neue Formen durch die Entdeckung eigener Fähigkeiten und Phantasien. Die Showidee besteht aus vier Elementen:

1. Die Musikabteilung

   Hier geht es je nach Möglichkeiten um die Form der Play-back-Show, d.h. Musiktitel werden eingespielt, die Akteure interpretieren den Titel auf ihre Weise. Oder aber es entsteht auch zum Beispiel bei deutschen Texten eine spielerische Interpretation der Textinhalte.

2. Die Ratespielszenen

   Je drei bis fünf Leute denken sich eine Werbespot-Idee aus, bei der es um ein einigermaßen bekanntes Produkt geht. Aufgabe der Gruppe ist es, eine Spielszene zu entwickeln, die zwar mit dem Produkt umgeht, aber dennoch unklar lässt, um was es sich konkret handelt. D.h. die ZuschauerInnen werden beteiligt, indem sie raten sollen, um was für ein Produkt es sich handelt. Dies ist eine spannende, herausfordernde Aufgabe für eine Kleingruppe, die viel Fantasie und Kreativität fordert, damit es für die ZuschauerInnen nicht zu leicht wird.

3. Die Filmszene

   Berühmte Personen der Filmgeschichte stellen Ausschnitte aus ihren Meisterwerken vor. Ausgangspunkt sind die großen bekannten Figuren des Films. Je zwei Personen entscheiden sich für einen Film. In ihrer Darstellung sind sie völlig frei. Sie können einerseits die Klischees dieser Filme voll ausspielen oder aber die Figuren in eine andere Zeit versetzen oder aber völlig neue überraschende Begebenheiten inszenieren. Der Fantasie sind dabei keine Grenzen gesetzt. Zur Entwicklung ihrer Szene haben die Akteure ca. 1 Stunde Zeit.

4. Variationsnummern

   Ein weiterer Programmpunkt für die Show kann auch folgende Idee sein: Vier Leute bekommen Kazoos (Musikinstrument mit dem man durch Summen Töne erzeugt) und sollen damit einen bekannten Song interpretieren (mehrstimmig). Eine andere Gruppe bekommt vier Gegenstände (z.B. Schere, Banane, Schirm und Luftballon) und soll daraus eine gespielte Geschichte entwickeln.

Aus diesen vier Elementen besteht nun die Show, diese müssen jedoch entsprechend gemischt werden, damit daraus ein buntes Kaleidoskop von Formen und Inhalten wird, die das Wesen einer solchen Show ausmacht. Die Spielleitung sollte daher eine entsprechende Reihenfolge entwickeln, zum Beispiel Musiktitel/Ratespielszenen/Filmgeschichte/Musik/Variationsnummer usw. im Wechsel. Dadurch entsteht im günstigsten Fall ein sehr guter Spannungsbogen, ohne den auch eine solch vielfältige Spielaktion nicht auskommt. Wenn es gelingt, bleibt eine Erfahrung eines Abends, über den man noch lange gern erzählen wird!

Wie aufwendig oder weniger aufwendig man die Show ausstatten kann, hängt von den jeweiligen Möglichkeiten ab. Was man jedoch in jedem Fall organisieren und bereitstehen haben sollte, ist Folgendes:

◆ ein Vorhang (Bindfaden, großes schwarzes Tuch)
◆ möglichst ein oder zwei Scheinwerfer, um eine entsprechende Atmosphäre von Bühne zu schaffen
◆ vorher ausgewählte Requisiten und Kleidungsstücke (es brauchen nicht viele zu sein, aber sie müssen markant sein für die Personen aus der Filmgeschichte)
◆ Klamottenkoffer für die Werbeszene und Musikszenen
◆ eine Musikanlage mit Anschluss für Mikro für die Moderation
◆ wenn möglich eine Videoanlage, auf der man das ganze Geschehen für sich bzw. die Gruppe und auch die Nachwelt festhalten kann.

Südseetraum – eine Traumreise ins Abenteuer

Mithilfe von Spielshows können auch Abende unter einem bestimmten Thema gestaltet werden. „Kreuzfahrt auf der MS International" ist so ein Thema. Im Folgenden wird ein Beispiel-Szenario vorgestellt. Es ist gedacht für alle Altersgruppen zwischen 5 und 50 Jahren und daher auch für Familienspielaktionen geeignet. Das Spiel sollte mit möglichst mindestens zwanzig, maximal fünfzig Spielerinnen durchgeführt werden. Dann benötigt man mindestens fünf Helfer, je nach Anzahl der Kinder mehr. Die Zeit kann man beliebig verkürzen oder ausdehnen, indem man weitere Spiele dazu nimmt.

Das Spiel

Eine Schiffssirene tutet zur Abfahrt. Bordstewards (FreizeitleiterInnen) sitzen an Tischen und stempeln die vorher gefertigten Bordkarten der MS International ab und geben kleine Zettel mit Familiennamen aus. Wer eine abgestempelte Bordkarte vorweisen kann, bekommt einen Begrüßungscocktail (Orangensaft). Dann geht es die Gangway hinaus an Bord auf das Vordeck (zusammengestellte Tische). Um auf das Vordeck zu kommen, bilden zehn bis sechzehn TeilnehmerInnen zwei Reihen, die Gegenüberstehenden reichen sich die Hände und verschränken sie fest miteinander. Die nächsten Gäste legen sich auf die Hände und werden bis zum Vordeck unter He- und Ho-Rufen hinaufgereicht.

Auf dem Deck angekommen, geht man nun auf das Zwischendeck (vom Tisch runter). Hier bilden sich schnell neue Reisegruppen. Nachdem sich nun alle gefunden haben, teilt der Kapitän mit sichtlichem Bedauern mit, dass das Schiff einen Maschinenschaden hat, und dass die einzige Möglichkeit wegzukommen die ist, mit dem Notsegel (großes Tuch oder Plane) eine entsprechende Brise zu erzeugen. Das große Tuch wird bewegt und alle laufen drunter her bzw. wechseln die Plätze, ohne sich von den Windmachern mit dem Tuch fangen zu lassen. Nachdem nun das Schiff Fahrt macht, kündigt der Kapitän den Beginn des Unterhaltungsprogramms an Bord der MS International an (Aufteilung der Kinder in drei Gruppen).

„Bordprogramm"
Das Bordprogramm besteht wieder aus verschiedenen Spielen.

◆ Querfeldein-Pferderennen – Dazu sitzen alle auf Stühlen und die Pferde scharren und wiehern unruhig. Nach dem Startschuss geht's los. Die Pferde galoppieren (mit den Händen auf die Schenkel klopfen), da kommt die erste Hürde (alle stehen von den Stühlen auf und setzen sich wieder), weiter galoppieren. Da, der erste Wassergraben (in die Hände klatschen), weiter geht es querfeldein über eine große Wiese (auf die Brust klopfen), die nächste Hürde kommt, weiter galoppieren, und noch eine, eine scharfe Linkskurve unter Bäumen durch (alle nach links legen, ducken), dann eine Rechtskurve (alle nach rechts legen, ducken), eine letzte Hürde und dann kommt die Zielgerade (so schnell klopfen wie möglich), dann durchs Ziel (alle Siegerlächeln – Finger in den Mund – breit lächeln fürs Siegerfoto).

◆ Marionette – Alle Kinder werden zu Marionetten, die von einem/einer imaginären SpielerIn an entsprechenden Fäden gezogen und überprüft werden. Während alle locker im Kreis laufen, überprüft er Knie-, Hacken-, Bauch-, Gesäß-, Schulter-, Ellenbogen-, Kopf- und Handflächenfäden, d. h. alles muss im Laufen so hoch wie möglich bewegt werden. Zum Schluss lässt der/die imaginäre/n SpielerIn die Fäden los und die „Marionette" fällt in sich zusammen auf den Boden.

◆ Feuer am Meer – Alle liegen entspannt am Boden. Der Bordanimateur schildert eine entsprechende Urlaubsstimmung. Sommer – Sonne – Am Strand unter Palmen liegen – das Wasser plätschert um die Füße, als es plötzlich an zu brennen fängt. Ein Tanker ist ausgelaufen, das Öl hat Feuer gefangen. Alle springen so hoch sie können, um sich nicht die Füße zu verbrennen. Dann plötzlich regnet es, alles fällt zu Boden, bis plötzlich … usw.

◆ Hut-Spiel – Alle bewegen sich im Raum. Einer hat einen Hut auf. Der/diejenige, der den Hut auf hat, gibt die Geräuschform, Gangart, Körperhaltung vor, die alle imitieren. Wer genug hat, gibt den Hut weiter.

◆ Wettlauf mit verschränkten Armen – Die Kinder bilden Paare. Sie legen einander den Arm um die Hüfte, das linke Bein des einen verschränkt sich mit dem rechten des anderen, wobei jeder auf dem freien Bein steht. Beim Wettlauf bewegt sich das Paar nun wie eine Person.´

◆ Handicap-Volleyball – SpielerInnen werden jeweils zu dritt an Handgelenken verbunden. Nur die AußenspielerInnen haben die Hand frei. Das Spieltuch/Netz wird so hoch gehalten, dass die Parteien sich nicht sehen können. Jede Mannschaft erhält die gleiche Anzahl an Luftballons (zum Beispiel fünf).

Beim Spiel kommen dann die Ballons raus, die den Boden berührt haben. Dies kann gleichzeitig auch mit zwei bis drei Crews gespielt werden.

◆ Hochsee-Angeln – Für das Hochsee-Angeln bilden umgekippte Tische die Bordwand. Hinter der Tischplatte hockt bzw. sitzt der/die AnglerIn, an der Fußseite „schwimmt" sein/e HelferIn im Wasser und gibt dem/der AnglerIn Anweisungen und dirigiert den Angelhaken, um das kleine Geschenk – die „Schatztruhe" mit Knabbersachen für zwei – herauszufischen. Variante dazu: Mit verbundenen Augen fischen, jeweils nur ein Geschenk oder Angeln im Wechsel unter der jeweiligen Hilfestellung des anderen.

Nach dem Bordprogramm eröffnet die Bordkapelle den Abschlusstanz mit einer zünftigen Samba, zu der die Paare jeweils einen Luftballon auf Fingerspitzen balancieren, ihn dann zwischen die Stirn, den Bauch und den Po klemmen und sich dazu weiter zum Rhythmus der Musik bewegen. Zum großen Abschlussfeuerwerk werden dann alle Ballons durch ein Draufsetzen zum Platzen gebracht. Zum Abschied von Bord stehen alle im Kreis, schwingen die Arme vor und rufen „10 … 9 … 8" usw. Bei Null springen alle nach vorn und rufen laut „Ahoi". Damit ist eine aufregende und abenteuerliche Kreuzfahrt zu Ende bis zum nächsten Mal an Bord der MS International.

Materialhinweise

◆ Toll ist eine entsprechende Raumausstattung.
◆ Tücher werden dann als Segel gespannt, gemalte Bullaugen, entsprechende Verkleidung für den Kapitän und seine Crew müssen zusammengestellt werden.
◆ Schiffsgeräusche, Wellengeräusche und entsprechende Seemannslieder kommen von der Kassette.
◆ Zum Einstieg sind vorher gemalte Bordkarten und Zettel mit Familiennamen hilfereich.
◆ Außerdem braucht man ein großes Tuch oder eine Plane für das Windspiel.
◆ Für das Unterhaltungsprogramm werden ein Hut, ein Spieltuch als Netz für Handicap-Volley, entsprechend viele Luftballons, je zweimal zehn gleichfarbige Luftballons für die Rallye, ein langes Tau (ca. 12 m), zwei Stühle, Papier und Filzschreiber für das Tauziehen benötigt.
◆ Für das Hochseeangeln braucht man diverse Angeln mit Haken, entsprechende eingepackte kleine Knabbersachen oder Geschenke.
◆ Fürs Bordfest ist außerdem entsprechende Tanzmusik (z.B. Samba) schön und die Luftballons nimmt man zum Schmücken und für das Feuerwerk.

Kreativ unterwegs: Bauen und Basteln

Unter Kreativität versteht man die schöpferische Fähigkeit Neues zu erschaffen, zu kreieren oder zu erdenken. Das heißt aber noch nicht, dass man wirklich etwas Neues schafft – auch der kreative Umgang mit bereits Vorhandenem gehört dazu, zum Beispiel die Umgestaltung einer Fernsehsendung, um sie „freizeitfähig" zu machen. Die wichtigste Voraussetzung, um kreativ zu sein, ist, dass wir uns Zeit lassen – Zeit, um Kreativität zulassen zu können, ohne unter einem Druck zu stehen. Daneben müssen die TeilnehmerInnen und FreizeitlerInnen, die kreativ sein wollen, eine möglichst hohe Frustrationstoleranz entwickeln, um damit umgehen zu können, dass nicht immer alles so abläuft, wie sie es sich vorgestellt haben. In diesem Zusammenhang muss man Flexibilität beweisen. Man kann noch so tolle Ideen haben, aber die Umsetzung scheitert manchmal daran, dass nicht die geplanten Materialien zur Verfügung stehen. Daher sollten FreizeitleiterInnen ihre Ideen als Grundgerüst nehmen und sie auf die jeweilige Situation flexibel anwenden.

Wer kreativ sein will benötigt einen angst- und druckfreien Raum. Die Freizeitlerlnnen dürfen nicht hinter den TeilnehmerInnen stehen und bei jedem Schritt sofort missbilligend den Kopf schütteln oder sogar die Sachen wegnehmen um zu zeigen, wie man es „richtig" macht. Wichtig ist eine begleitende Tätigkeit. Der/die ReisebegleiterIn kann mehrere Modelle vorschlagen oder auch methodische Umsetzungen zeigen, aber die kreativen TeilnehmerInnen entscheiden selbst, wie sie kreativ werden.

Basteln und Werken

Wird ein Bastelangebot für die Freizeit vorbereitet, dann sollte man nicht nur an die dafür zu verwendenden Materialien denken, sondern sich auch mit den technischen und persönlichen Voraussetzungen beschäftigen:

◆ Wie alt sind meine TeilnehmerInnen?
◆ Was möchte ich gern anbieten? Was habe ich schon ausprobiert?
◆ Was macht den TeilnehmerInnen Spaß?
◆ Sind die Angebote durchführbar (Räume, Zeit, Wetter, Finanzen)?
◆ Soll es ein Angebot oder Alternativangebote geben?
◆ Müssen Vorbereitungen getroffen werden (Kleister anrühren, Vorlagen erstellen)?

Es gibt eine Unmenge an kreativen Bastelideen. Einige kommen von vornherein für eine Freizeit nicht in Betracht, weil die Materialien entweder zu teuer sind oder weil Voraussetzungen fehlen. Wenn zum Beispiel kein Brennofen vorhanden ist, kann man nicht Töpfern oder nur selbsttrocknenden Ton verwenden. Es gibt viele Bastelbücher, die auch Ideen für kostengünstiges Basteln liefern. So kann man viele Angebote mit so genannten „Abfallprodukten" oder Naturmaterialien verwirklichen. Was aber auf keine Fall vergessen werden darf ist, dass den TeilnehmerInnen die Möglichkeit gegeben werden sollte, ihre „Kunstwerke" fertig zu stellen und mit nach Hause nehmen zu können. Im Folgenden werden einige Bastelein vorgestellt. Alle Anregungen sollten ausprobiert werden, bevor sie in einer Freizeit eingesetzt werden.

Seifenblasen

Als Material für die Seifenblasen braucht man: 4 Liter Wasser, 1 Liter-Flasche Neutralseife, 500g Zucker, 25g Tapetenkleister, Drahtkleiderbügel, Mull oder Bindfaden. Man erhitzt 1 Liter Wasser und rührt die Neutralseife, den Zucker und den Tapetenkleister ein, bis sich alles gut aufgelöst hat. Dann gibt man 3 Liter kaltes Wasser dazu und lässt das ganze über Nacht stehen, besser noch 2 – 3 Tage durchziehen. Aus einem Drahtkleiderbügel wird ein Ring geformt und mit Mull oder Bindfaden umwickelt. Dann kann es losgehen mit dem Blasen von Riesenseifenblasen.

Gipsmasken

Das Material für Gipsmasken ist: Vaseline, Band oder Tuch, Gipsbinden, Papiertaschentücher, Strohhalme, Wasser und Handtücher. Zuerst schneidet man die Gipsbinden in Stücke von ca. 5 cm Länge. Wenn man Gipsbinden in der Apotheke kaufen muss, sind sie sehr teuer. Vielleicht kann man jemanden um eine Spende bitten. Dann bindet man mit dem Band oder Tuch die Haare des Gips-„Original" fest aus der Stirn. Die Vaseline verteilt man als Schutz überall auf dem Gesicht, aber nicht zuviel. Nur die Augen werden freigelassen. Das Handtuch wird als Kleidungsschutz über die Schultern gelegt. Die Augen deckt man nun mit je einem halben feuchten Papiertaschentuch ab. Damit der „Begipste" gut atmen kann, werden die Nasenlöcher auf jeden Fall freigelassen! Ggf. kann er zusätzlich auch einen Strohhalm in den Mund bekommen. Jetzt kann es losgehen: Man taucht das erste Gipsbindenstück kurz in Wasser, legt es aufs Gesicht und verstreichen es mit den Fingern. So fährt man fort, bis das ganze Gesicht mit 3 - 4 Gipsschichten bedeckt ist. Dabei darf man nicht zu nahe an den Haaransatz geraten, sonst ziept es fürchterlich beim Abziehen der Maske. Die Augen belegt man erst ganz zum Schluss mit höchstens zwei Schichten. Wer davor Angst hat, kann die Augenöffnungen auch ganz frei lassen. Nach ca. 2 Minuten kann die Maske vorsichtig an den Seiten angehoben werden. Lustig sieht es aus, wenn die Maske nach dem Trocknen mit Wasserfarben bunt angemalt wird. Achtung! Das Anfertigen von Gipsmasken erfordert viel Fingerspitzengefühl und sollte vorher unbedingt geprobt werden. Auch ist es nicht jedermanns Sache, eingegipst zu werden; es kann leicht Panik entstehen.

Jonglierbälle

Für das Anfertigen von Jonglierbällen benötigt man Luftballons, Reis oder Sägespäne und Plastikbeutel. Pro Ball wiegt man eine 100g-Portion Rundkornreis ab oder nimmt eine gute Handvoll Sägespäne. Man gibt dies in einen Plastikbeutel und klebt ihn zu. Dann wird der Hals von einem hellen Luftballon abgeschnitten und der Ballon so über den gefüllten Plastikbeutel gezogen, dass er völlig bedeckt ist. Dann nimmt man einen zweiten präparierten Ballon und zieht ihn von der anderen Seite über, so dass das Loch verdeckt ist. Dann rollt man den Ball zwischen den Handflächen, damit er rund und glatt wird und gut in der Hand liegt. Jetzt werden noch 2-3 Ballonschichten aufgebracht. Den letzten Ballon nimmt man und schneidet ihn in der Mitte der Rundung durch. Er wird nun vorsichtig über den Ball gezogen, sodass die Öffnung des vorherigen Ballons verdeckt ist und man einen zweifarbigen Jonglierball erhält.

Sandbilder

Für Sandbilder braucht man feste Pappe, Tapetenkleister, Sand, Muscheln, Gräser, Steine, Messer oder Holzspatel (evtl. über Zahnarzt). Ein großer Eimer Kleistersand (10 Liter) reicht für etwa 50-70 Sandbilder von einfacher Postkartengröße. Einen Tag vorher rührt man den Kleistersand an. Dazu verrührt man Tapetenkleister mit 1 Liter Wasser (am besten mit einem Mixer, es dürfen keine Klümpchen bleiben). In einem großen Eimer gibt man möglichst weißen Sand durch ein Sieb langsam dazu. Am besten die Ärmel hochkrempeln und mit der Hand mischen, bis eine klebrige, zähflüssige Masse entsteht. Bei Bedarf gibt man noch Wasser hinzu. Dann fertigt man ein Muster an und lässt es über Nacht stehen. Wenn am nächsten Morgen die Oberfläche angetrocknet ist, war es genau richtig. Nun rührt man den Kleistersand noch einmal ordentlich durch. Jede/r TeilnehmerIn bekommt ein oder mehrere Stücke Pappe. Mit einer Schöpfkelle verteilt man den Sand, der dann auf die Pappe ca. 5mm dick mit Holzspateln oder Messern verstrichen wird. Zum Schluss werden Muscheln, Gräser, u.ä. einfach in den Kleistersand hineingedrückt – fertig! Die fertigen Sandbilder müssen einen Tag lang flach liegend trocknen und dürfen nicht über Nacht draußen bleiben, da sich bei Tau der Sand wieder verflüssigt. Man kann der Pappe auch Formen geben – als Herz, als Kreuz, als Buchstabe etc. Nicht verbrauchter Sand muss möglichst bald entsorgt werden, wenn der nämlich erst richtig am Eimer festklebt, wird es schwierig.

Hier gibt´s Infos: Literatur- und Adresshinweise

Zur Vorbereitung auf die Leitung einer Jugendreise und auf das besuchte Urlaubsziel gibt es eine Reihe Servicestellen und Literatur, die hilfreiche Informationen geben können. Neben den unten aufgelisteten Büchern, Broschüren, Materialien, Adressen und Hinweisen gibt es natürlich noch eine Reihe weiterer Notwendigkeiten, über die man sich bereits im Vorfeld informieren sollte:

◆ Ein- und Ausreisebeschränkungen (Pass, Impfzeugnis, Waren, Geld, Lebensmittel)

◆ Impfnotwendigkeiten (erforderliche und empfohlene Impfungen, Verträglichkeit, wann und wo durchzuführen)

◆ Versicherungsschutz (Geltungsbereich der Krankenversicherung, Abschluss eines Unfall-, Kranken-, Haftpflicht- und Reisegepäckversicherungspaket)

◆ Dokumente (Gültigkeitsdauer von Ausweisen und Pässen, Visum, Nutzbarkeit von Zahlungsmitteln)

Grundsätzlich sollte man von den wichtigsten Dokumenten vorher Kopien anfertigen (Pass, Personalausweis, Visum, Impfzeugnis, Führerschein, Fahrticket) und diese getrennt von den Originalen aufbewahren, damit im Falle eines Verlustes eine schnelle Ersatzausstellung möglich wird.

Länderinformationen

Nicht zu vergessen sind Vorinformationen über das Land, das bereist wird. Als Quellen gibt es eine Reihe von Möglichkeiten:

◆ Erfahrungsberichte der Freizeitleiter/innen des Vorjahres

◆ Reisemagazine und Dokumentarfilme im Fernsehen

◆ Reisevideos

◆ Bildbände

◆ Reiseführer (z.B. der Reihen Reise-Know-How, Anders Reisen, Michael Müller Verlag, Stephan Loose Verlag)

◆ Zeitschriften (z.B. GEO, Merian)

◆ Materialien zu Ländern und Völkern (z.B. von Misereor, Adveniat, Missio, Pax Christi)

◆ Musik des jeweiligen Landes

Es gibt eine große Anzahl von Sachbüchern und Reiseführern, die Aufschluss geben über die Situation der jeweiligen Länder, über Bevölkerung, politische Verhältnisse, Lebensgewohnheiten, Kultur, Geschichte, Religion usw. Auch in Tages- und Wochenzeitungen findet man häufig interessante Artikel und Reisebeschreibungen. Am günstigsten ist es, zunächst einmal in der Bücherei zu stöbern, die neben Büchern eine Reihe weiterer Medien (CD-Roms, Musik etc. haben). Mittlerweile bieten auch die Internetsuchmaschinen eine hervorragende Trefferquote und einen guten Überblick bei der Suche nach Oberbegriffen, die interessieren (sehr gut z.B. www.google.de). Dort findet man auch Adressen der entsprechenden Fremdenverkehrsämter, bei denen man in der Regel kostenloses Informationsmaterial anfordern kann. Als Länderinformation sind die „Sympathie-Magazine" des Studienkreis für Tourismus und Entwicklung sehr aufschlussreich. Vor allem, wenn man in ein Land reist, das wirtschaftlich, sozial und kulturell ganz anders strukturiert ist als das unsere, sind diese Informationen interessant und hilfreich.

Literaturhinweise

Sexualität

- ◆ Baer, Ulrich: Lernziel: Liebesfähigkeit, Akademie Remscheid, 4. Auflage 1992
- ◆ Sielert/Herrath/Wendel/Hanswille u.a.: Sexualpädagogische Materialien für die Jugendarbeit in Freizeit und Schule, Weinheim, 1993
- ◆ Kluge, Norbert: Sexualverhalten Jugendlicher heute, Weinheim 1998
- ◆ Mittermair, Franz: Körpererfahrung und Körperkontakt, München 1996

Internettipp:
- ◆ www.bzga.de
- ◆ www.loveline.de

Erste Hilfe

Einen guten und ausführlichen Überblick mit anschaulichen Bildern gibt die Broschüre des Malteser Hilfsdienstes, zu beziehen bei den örtlichen Rettungsdiensten oder über:

Bayrisches Rotes Kreuz, Zentrale Beschaffungsstelle Süd des DRK,
Äußerer Ring 10,
85107 Baar-Ebenhausen,
Tel.: 0 84 53/325-200,
Fax: 0 84 53/320-141,
Bestell-Nr. 07220002

Rechtsfragen und Versicherungen

- ◆ Arbeitskreis Moderne Kinderreisen e.V. (Hrsg.): Recht-Fibel für Kinder- und Jugendreisen, 3. überarbeitete Auflage, Bielefeld 2000
- ◆ Bundesarbeitsgemeinschaft Kinder- und Jugendschutz (Hrsg.): Jugendschutzbestimmungen in Ferienländern, Bonn 2000
- ◆ Grenzenlos e.V. (Hrsg.): Jugendrecht im Ausland (inkl. anderer Auslandsgesetze), 1. Auflage, Verl 2000
- ◆ jugendhaus düsseldorf e.V., Abteilung Versicherung (Hrsg.): §... im Auge behalten! Merkheft für Leiter, Aufsichtspersonen und Betreuer zu rechtlichen und versicherungstechnischen Grundlagen für Gruppen- oder ReiseleiterInnen

◆ Obermeier, Stefan: Aufsichtspflicht , 5. Auflage, Fürstenfeldbruck 1999
  Internettipp: www.aufsichtspflicht.de und www.rechtsfragen.com

Gruppendynamik
◆ Baer, Ulrich/Bücken, Hajo/Freitag-Becker, Edeltrud: Sag beim Abschied ... –
  Spiele, Materialien und Methoden für Schlussphasen in der Gruppenarbeit,
  Kallmeyersche, 1998
◆ Dießner, Helmar: Gruppendynamische Übungen und Spiele, Junfermann,
  Paderborn, 1997
◆ Klein, Irene/Ritter, Klaus: Freizeit-Handbuch, pfeiffer-Verlag, München,
  1995, Neuauflg. 2001
◆ Klein, Irene: Gruppen leiten ohne Angst, pfeiffer Verlag, München, 2000
◆ Verführth, Martin: Kinder- und Jugendgruppen leiten, M. Grünewald Verlag,
  Mainz, 1998
◆ Vopel, Klaus: Handbuch für Gruppenleiter/innen, iskopress Verlag, 2000
◆ Vopel, Klaus: Kreative Konfliktlösungs-Spiele für Lern- und Arbeitsgruppen,
  2001

Beteiligung
◆ bdkj-Jugendferienwerk und Jugendreferat der Katholischen Gesamtkirchen-
  gemeinde Sindelfingen (Hrsg): All together - Mitbestimmung auf Freizeiten,
  Wernau/ Sindelfingen 1997
◆ Bruner, Franziska/Winklhofer, Ursula/Zinser, Claudia: Beteiligung von Kin-
  dern und Jugendlichen in der Kommune, München 1999
◆ Müller, Werner (Hrsg.): Praxishandbuch Kinder- und Jugendreisen, Lands-
  berg/Lech 1997
◆ Reader „Partizipation auf Kinder- und Jugendreisen" – zu beziehen über
  transfer e.V. (Adresse im Anhang)
◆ Internettipp: www.kinderpolitik.de (Informationsstelle Kinderpolitik beim
  Deutschen Kinderhilfswerk e.V.)

Interkulturelle Erfahrungen
◆ Fuß, Manfred: Interkulturelles Lernen im nichtkommerziellen Jugendtou-
  rismus, Dortmund 1989
◆ BEJ (Hrsg.): Methodenbox international, Frankfurt 1991

Religiöse Erfahrungen
◆ Brunner, Reinhard: Hörst Du die Stille? Meditative Übungen mit Kindern –
  Kösel Verlag, München, 2000
◆ Griesbeck, Josef: 77 meditative Impulse für Schule, Gottesdienst und
  Gemeinde, Herder Verlag, Freiburg, 1996

- Hintersberger, Benedikta: Mit Jugendlichen meditieren. Methoden – Einstiege – Texte, Don Bosco Verlag, München 1998
- Hoffsümmer, Willi: 255 Kurzgeschichten für Gottesdienst, Schule & Gruppe, – M. Grünewald-Verlag, Mainz, 2000
- KJG (Hrsg.): Beten durch die Schallmauer – Impulse und Texte, Düsseldorf 1996
- Leitschuh, Marcus C.: Fit für Gott – Gebete und texte junger Christen, Pattloch Verlag, Augsburg, 1998
- Schnitzler-Forster, Jutta (Hrsg.): … und plötzlich riecht's nach Himmel – Religiöse Erlebnisräume auf Freizeiten und in Gruppen, Schwabenverlag Ostf., 1995

Gesundheit – allgemein

- BzgA – Bundeszentrale für gesundheitliche Aufklärung (Hrsg.): KOMPAKT – Das Gut drauf Kommunikationspaket, Ringordner mit Grundlagen zum Konzept und 4 Praxisheften.
  Bezug:
  BzgA
  Ostmerheimer Str. 220
  51109 Köln
  Tel.: 02 21/89 92-0
  oder über transfer e.V. (Adresse S. 173)
  hier sind auch umfassene Informationen zu Projekt - und Schulungsabgeboten erhältlich

Entspannung

- Biermann, Ingrid: Spiele zur Wahrnehmungsförderung, Herder Verlag, 1999
- Ceh, Johann: Entspannen jederzeit, MVG Verlag, 1995
- Faber, Stephanie: Das Rezeptbuch für Naturkosmetik, Heyne Verlag, 1988
- Hopkins, Cathy: 92 Wege zur Entspannung, Droemer Knaur, 2000
- Johnen, Wilhelm: Muskelentspannung nach Jacobson, Gräfe & Unzer, München
- Manteufel, E.; Seeger, N.: Selbsterfahrung mit Kindern und Jugendlichen, Kösel Verlag, München, 1998
- Müller, Else: Du spürst unter deinen Füßen das Gras, Fischer TB-Verlag, Frankfurt/M., 1983 (der „Klassiker" für Fantasiereisen)
- Völkening, Martin: Meine schönsten Entspannungsspiele, AA-Verlag für Pädagogik, 1998

Ernährung

◆ Brandl, Franz: Cocktails ohne Alkohol, Cormoran Verlag, München, 1997
◆ Donderski, Manfred: Alkoholfreie Mixgetränke, Blaukreuz Verlag, Wuppertal, 2000
◆ Furtmayr-Schuh, Anneliese: Die 30 Minuten Bioküche, TRIAS-Verlag, Stuttgart, 1996

Feste

◆ Kast, Caroline: Feste feiern, Bassermann Verlag, Nedernhausen, 1999
◆ Seyffert, Sabine: Dschungelfest und Ritterparty – 5 Spielgeschichten und 90 Spielaktionen, Menschenkinder Verlag, Münster, 1996

Spiele

◆ Baer, Ulrich: 666 Spiele. Kallmeyersche Verlagsbuchhandlung GmbH, 6. Auflage 1997
◆ Fritz, Jürgen: Rallyes bei Tag und Nacht, M. Grünwald Verlag, 1998
◆ Fuchs, Birgit: Spiele fürs Gruppenklima, Don Bosco Verlag, München, 1998
◆ Gilsdorf/Kistner: Kooperative Abenteuerspiele, Kallmeyersche Verlagsbuchhandlung GmbH
◆ Hoffmann-Pieper, Kristina: Das große Spectaculum/Kinder spielen Mittelalter, Ökotopia Verlag, Münster, 1995
◆ Kaderli, Manfred & Team: Geländespiele, Band I und II, rex verlag Luzern/Stuttgart, 1997
◆ Krumbach, Monika: Larix, Taxus, Betula – Pfiffige Spiele, Basteleien, Rezepte und Aktionen rund um Bäume, Ökotopia Verlag, Münster, 1996
◆ Pöllinger, Martina/Dickert, Hans-Ludwig (u.a.): Spielträume, Band I und II, KJG Verlagsgesellschaft mbH, Neuss, 1995, 6. Auflage 1997
◆ Reuys, Eva/Viehoff: Freizeit mit Kindern gestalten, Don Bosco Verlag, München
◆ Schön, Bernhard: Wild und verwegen übers Meer, Ökotopia Verlag, Münster, 1997
◆ Schriever, Erich/Wehmeier, Ulrich: „Spielwerkstatt", GPM Düsseldorf 1989
◆ Sommer, Jörg: Oxmox ox Mollox/Kinder spielen Indianer, Ökotopia Verlag, Münster, 1999
◆ Völkening, Martin: Meine schönsten Nacht- und Geländespiele, AA-Verlag für Pädagogik, 1998
◆ Vopel, Klaus W.: Anwärmspiele, Salzhausen 1994
◆ Vopel, Klaus W.: Interaktionsspiele Band 1 – 6 , Salzhausen 1992

Adressen

Bundeszentrale Verbände und Servicestellen

Bundeszentrale Verbände und Servicestellen können Auskünfte geben über Fortbildungsangebote, Projekte, Treffpunkte, Arbeitskreise, Unterkünfte, Referentenvermittlung, Literaturhinweise, Beratung:

Bundesarbeitsgemeinschaft Katholischer Jugendferienwerke (BAG)
Carl-Mosterts-Platz 1
40477 Düsseldorf
Tel.: 02 11/46 93-161 Fax: 02 11/46 93-120
E-Mail: jugendreisen@jugendhaus-duesseldorf.de
Internet: www.jugendhaus-duesseldorf.de

Bundesarbeitsgemeinschaft Evangelischer Jugendreisedienste (BEJ) e. V.
c/o Ferien- und Freizeitdienst Dortmund
Jägerstr. 5
44041 Dortmund
Tel.: 02 31/84 94-190
E-Mail: info@ffd-do.de
Internet: www.ffd-do.de

Bundesarbeitsgemeinschaft Kinder- und Jugenderholungszentren
(BAG der KiEZ e. V.)
Stolberger Weg
06507 Guntersberge
Tel.: 03 94 88/76 22
Fax: 03 94 88/2 74/ 2 25 06
E-Mail: kiezharz@aol.com
Internet: www.kiez-harz.com

Bundesforum Kinder- und Jugendreisen e. V.
(Dachverband des Kinder- und Jugendreisens in Deutschland)
Senefelder Str. 14
10437 Berlin
Tel.: 0 30/44 65 04-10 Fax: 030/44 65 04-11
E-Mail: service@bundesforum.de
Internet: www.bundesforum.de

Hand

transfer e.V.
Servicebüro für interkulturelle Jugendbegegnung, Kinder- und Jugendreisen und Anders Reisen
Paulshofstr.11
50767 Köln
Tel.: 02 21/9 59 21-90 Fax: 02 21/9 59 21-93
E-Mail: transfer.koeln@t-online.de
Internet: www.transfer-koeln.de

Das Reisenetz e.V.
c/o transfer e.V. (Adresse siehe oben)

Deutsches Jugendherbergswerk (DJH)
Hauptverband für Jugendwandern und Jugendherbergen e.V.
Bad Meinberger Str. 1
32760 Detmold
Tel.: 0 52 31/99 36-0 Fax: 0 52 31/99 95 90
E-Mail: hauptverband@djh.de
Internet: www.djh.de

Informationen zu Reisen mit Behinderten
Nationale Koordinierungsstelle Tourismus für Alle e.V. (NATKO)
Kötherhofstraße 4
55116 Mainz
Tel.: 0 61 31/25 04 10 Fax: 0 61 31/21 48 48
E-Mail: info@natko.de
(hilft z.B. bei Fragen, wenn man das Angebot auch behinderten Kunden zugänglich machen möchte)

Informationen zum Internationalen Jugendaustausch

Internationaler Jugendaustausch- und Besucherdienst der BRD (IJAB) e.V.
Heussallee 30
53113 Bonn
Tel.: 02 28/95 06-0 Fax: 02 28/95 06-199
E-Mail: ijab-info@ijab.de
Internet: www.ijab.de

Jugend für Europa
Deutsche Agentur JUGEND
Heussallee 30
53113 Bonn
Tel.: 02 28/95 06-0 Fax: 02 28/95 06-222
E-Mail: jfe@jfemail.de
Internet: www.webforum-jugend.de

Deutsch-Französisches Jugendwerk (DFJW)
Molkenmarkt 1-3
10179 Berlin
Tel.: 0 30/28 87 57-0 Fax: 0 30/28 87 57-88
E-Mail: info@dfjw.org
Internet: www.dfjw.org

Deutsch-Polnisches Jugendwerk (DPJW)
Friedhofsgasse 2
14473 Potsdam
Tel.: 03 31/2 97 52-7 Fax: 03 31/2 84 79-0
E-Mail: buero@dpjw.org
Internet: www.dpjw.org

Koordinierungszentrum deutsch-israelischer Jugendaustausch
Altes Rathaus
Markt 26
06886 Lutherstadt Wittenberg
Tel.: 0 34 91/420260 Fax: 0 34 91/42 02 70
E-Mail: koordinierungszentrum-d-il@gmx.de

Koordinierungszentrum deutsch-tschechischer Jugendaustausch
TANDEM
Dechbettener Straße 15
93049 Regensburg
Tel.: 09 41/58 55-70 Fax: 09 41/58 55-722
E-Mail: tandem@tandem-org.de
Internet: www.tandem-org.de

jugendhaus düsseldorf e.V./Bundeszentrale für Katholische Jugendarbeit
Förderungsabteilung Kinder- und Jugendplan des Bundes (KJP)
Carl-Mosterts-Platz 1
40477 Düsseldorf
Tel.: 02 11/46 93-150 Fax: 02 11/46 93-120
E-Mail: zentralstelle@jugendhaus-duesseldorf.de
Internet: www.jugendhaus-duesseldorf.de

Bund der Katholischen Jugend (BDKJ)
Bundesstelle e.V.
Referat für internationale Arbeit und europäische Jugendpolitik
Carl-Mosterts-Platz 1
40477 Düsseldorf
Tel.: 02 11/46 93-174 Fax: 02 11/46 93-120
E-Mail: jsauer@bdkj.de
Internet: www.bdkj.de

Versicherungen

jugendhaus düsseldorf e.V./ Bundeszentrale für Katholische Jugendarbeit
Versicherungsabteilung
Carl-Mosterts-Platz 1
40477 Düsseldorf
Tel.: 02 11/46 93-135 Fax: 02 11/46 93-112
E-Mail: versicherungen@jugendhaus-duesseldorf.de
Internet: www.jugendhaus-duesseldorf.de

Material & Literatur zu Jugendreisen/Internationale Begegnung

jugendhaus düsseldorf e.V./Bundeszentrale für Katholische Jugendarbeit
Verlag/Verkauf
Carl-Mosterts-Platz 1
40477 Düsseldorf
Tel.: 02 11/46 93-168 Fax: 02 11/46 93-120
E-Mail: verkauf-verlag@jugendhaus-duesseldorf.de
Internet: www.jugendhaus-duesseldorf.de

transfer e.V.
(vor allem auch graue Literatur, Seminardokumentationen, Diplomarbeiten etc.)
Paulshofstr.11
50767 Köln
Tel.: 02 21/9 59 21-90 Fax: 0221/9 59 21-93
E-Mail: transfer.koeln@t-online.de
Internet: www.transfer-koeln.de

Naturfreundejugend Deutschlands
Haus Humboldtstein
53424 Remagen
Tel.: 0 22 28/94 15-0 Fax: 0 22 28/94 15-22
E-Mail: nfjd@naturfreundejugend.de
Internet: www.naturfreundejugend.de

Materialien zu Ländern und Völkern

Studienkreis für Tourismus und Entwicklung e.V. (Länderinformationen/„Sympathie-Magazine")
Kapellenweg 3
82541 Ammerland/Starnberger See
Tel.: 0 81 77/17 83 Fax: 0 81 77/13 49
E-Mail: studienkreistourismus@compuserve.com
Internet: www.studienkreis.org

Bischöfliches Hilfswerk MISEREOR e.V.
Mozartstr. 9
52064 Aachen
Tel.: 02 41/4 42-0 Fax: 02 41/4 42-188
E-Mail: postmaster@misereor.de
Internet: www.misereor.de

Missio – Internationales Katholisches Missionswerk e.V.
Goethestr. 43
52012 Aachen
Tel.: 02 41/75 07-00 Fax: 02 41/75 07-335
E-Mail: praesident@missio-aachen.de
Internet: www.missio-aachen.de

Pax Christi – Internationale Katholische Friedensbewegung
Feststr. 9
61118 Bad Vilbel
Tel.: 061 01/20 73 Fax: 061 01/6 51 65
E-Mail: paxchristi.sekretariat@t-online.de

Adressen deutscher Botschaften im Ausland

Auswärtiges Amt
Werderscher Markt 1
10117 Berlin
Tel.: 0 18 88/17-0 Fax: 0 18 88/17-3402
Internet: www.auswaertiges-amt.de

Adressen tropenmedizinischer Institute

*Deutsche Gesellschaft für Tropenmedizin und
internationale Gesundheit (DTG) e.V.*
Info Service
Postfach 40 04 66
80704 München
E-Mail: dtg@lrz.uni-muenchen.de
Internet: www.dtg.mwn.de/institut.htm

Service und Hilfe bei der Organisation von Jugendgruppenreisen

Katholisches Ferienwerk Oberhausen e.V.
Hasenstr. 15
46119 Oberhausen
Tel.: 02 08/9 94 23-0 Fax: 02 08/9 94 23-71
E-Mail: info@kforeisen.de
Internet: www.kforeisen.de

bdkj-ferienwerk
Antoniusstr. 3
73249 Wernau
Tel.: 0 71 53/30 01-122
Fax: 0 71 53/3001-622
E-Mail: info@bdkj-ferienwerk.de
Internet: www.bdkj-ferienwerk.de

Ferienwerk Köln
Komödienstr. 2
50667 Köln
Tel.: 02 21/94 20 06-50
Fax: 02 21/94 20 06-22
E-Mail: info@ferienwerk-koeln.de
Internet: www.ferienwerk-koeln.de

IFAD
Drachenfelsstr. 23
53604 Bad-Honnef
Tel.: 0 22 24/94 65-0
Fax: 0 22 24/94 65-44
E-Mail: ifad@kljb.org
Internet: www.ifad.kljb.org

Checklisten
01. Checkliste Teamer-Kompetenzen

Name _____

Alter: _____ Beruf: _____

Hobbies: _____

Welche Art von Musik hörst du gerne? _____

Aktionen/Talente und Fähigkeiten	Kann ich eigenverant-wortlich anleiten	Kann mich unterstüt-zend beteiligen	Ist eher nichts für mich
Spiel			
Spiele für Groß-gruppen			
Spiele für Kinder von 7 bis 12 Jahren			
Spiele für Jugendliche von 13-16 Jahren			
Wasserspiele			
Stadtrallye			
Nachtspiele			
Tanzsspiele			
Sing- und Kreisspiele			
weitere Ideen …			
Sport und Bewegung			
Jonglieren/Akrobatik			
Ballspiele			
Tanz (z.B. Hip Hop, Standard, Salsa, Square Dance usw.)			
Schwimm-/Sportspiele (z.B. Wasserball)			
Kanu/Kajak			
Trampolinspringen			
Platz für anderes …			

Aktionen/Talente und Fähigkeiten	Kann ich eigenverantwortlich anleiten	Kann mich unterstützend beteiligen	Ist eher nichts für mich
Entspannung			
Massage			
Fantasiereise			
Geschichten erzählen/Vorlesen			
Meditation			
weitere Ideen …			
Ernährung			
Kochen für große Gruppen/Kochen mit TeilnehmerInnen			
Essensgestaltung/Präsentation			
Musik			
Singen			
Instrument spielen			
Musik auflegen (DJ)			
Basteln/Werken			
Malen/Zeichnen			
Foto			
Video			
Basteln			
Schnitzen			
Batiken			
Schminken			
Schreiben (z.B. für die Lagerzeitung)			
Lay-outgestaltung			
weitere Ideen …			
Weiteres:			
für Atmosphäre sorgen			
Moderation/Animation			
Landes-/Sprachkenntnisse			
sonstiges:			

02. Aufgaben-Checkliste für FreizeitleiterInnen (Anreise)

Letzter Werktag vor Reiseantritt

❑ Telefonisch beim Büro nach letztem Stand der Reise (Änderungen in TeilnehmerInnenliste, Abfahrtszeit des Busses u.Ä.) erkundigen.

Busreise

❑ Mindestens 45 Minuten vor Abfahrt am zugeteilten Abfahrtsort einfinden und sich als FreizeitleiterIn kenntlich zeigen (T-Shirt, Kappe, Schild o.Ä.);

❑ TeilnehmerInnen (u. Eltern) begrüßen, nach Teilnehmenden-Liste abhaken;

❑ Gegebenenfalls Enthaftungserklärungen (d.h. unterschriebene Erklärungen der Eltern z.B. bezüglich Schwimmen u.Ä.) einsammeln und prüfen. Fehlende TeilnehmerInnen zu Hause anrufen, dann beim Büro anrufen;

❑ Busfahrer begrüßen und Reiseverlauf abklären (Reiseroute, weitere Zwischenstopps, Pausen u.Ä.).

Auf der Fahrt

❑ TeilnehmerInnen im Bus begrüßen, Busfahrer und Freizeitleitung vorstellen;

❑ Busfunktionen (Sitze, Lüftung, Toilette, Musik) und Fahrtablauf erklären (auf Rauchverbot hinweisen);

❑ Pausen/Dauer rechtzeitig bekannt geben (nicht erst auf dem Rastplatz, sondern schon, wenn dieser ausgeschildert ist. Ansonsten dauert es gerade bei nächtlichen Pausen sehr lange, bis die TeilnehmerInnen ihre Sachen – Schuhe, Jacke usw. – gefunden haben und aussteigebereit sind);

❑ genaue Weiterfahrtzeit durchgeben („Es ist jetzt 23.30 Uhr. Wir fahren um 24.15 Uhr an dieser Stelle weiter.");

❑ Verhaltensregeln für die Pause durchgeben („Vorsicht beim Aussteigen.", „Sich nicht auf Fahrbahnen aufhalten.", „In Gruppen zum Rasthaus oder Toilette gehen.", Hinweis auf Müllentsorgung geben);

❑ vor Weiterfahrt TeilnehmerInnenzahl kontrollieren (persönlich durchzählen).

Ankunft in der Ferienanlage

❑ Zentrale Ansage, um die TeilnehmerInnen zu versorgen (Zelt-/Zimmerbelegung, Verpflegung, Terminankündigung für späteres Info-Treffen u.Ä.),

❑ die wichtigsten Informationen einholen und in Kurzansprache an TeilnehmerInnen weitergeben (Toilette, Essenszeiten, Telefonzelle usw.), Zelt-/Zimmerbelegungsliste machen;

❑ im Veranstalter-Büro Ankunft melden.

Info-Treffen am Ankunftstag

❏ Über allgemeine, feststehende Verhaltensregeln und Bestimmungen informieren wie z.B. Ruhezeiten in der Anlage, Camp-/Hausordnung, Essenszeiten und Regeln, Alkohol, Baden, offenes Feuer etc.

Nottelefon

❏ Bei Problemen vor Ort:
Telefon 0000-99999 (Geschäftszeiten) oder
Handy-Nummer 01??-9999999

Viel Spaß und keine Probleme auf eurer Reise wünscht
euch euer
Team aus dem Büro

03. Kassenbuch

Reise-Nr.: _____ Reiseziel: _____ Kassenführer/in: _____

| Beleg | Datum | Text | Einnahmen | | Ausgaben | | Konto-stand |
			€	Landes-währung	€	Landes-währung	
		Endbestand					

_____
Unterschrift d. Kassenführer(s)/in

Nicht vergessen: Beim Tausch von und in ausländischer Währung sind auch die Wechselgebühren sind als Ausgaben aufzuführen

04. Kautionsliste

Freizeit in: vom: bis:

Verantwortliche Freizeitleiter/-in: Seite

Zelt/Zim-mer-Nr.	Name	Vorname	Höhe	Scheck (S) o. Bar (b)	Erhalt bestätigt	Rückgabe bestätigt

05. Ausflugsliste

Ausflug nach: _____

am: _____   Treff: _____

Nr.	Name	Vorname	Zelt/Zimmer-Nr	bezahlt
01				
02				
03				
04				
05				
06				
07				
08				
09				
10				
11				
12				
13				
14				
15				
16				
17				
18				
19				
20				
21				
22				
23				
24				
25				
26				
27				
28				
29				
30				
31				
32				
33				

06. Kopiervorlage erste Hilfe – Sicherheit bei Unternehmungen

Wer eine Aktivität mit Kindern oder Jugendlichen leitet, ist dafür verantwortlich, dass die Teilnehmenden unversehrt heimkehren!

Zu beachtende Sicherheitsvorkehrungen:
- ❏ geeignete Kleidung und Schuhwerk
- ❏ Kopfbedeckung
- ❏ Sonnenschutzcreme (besonders bei Bootsfahrten)
- ❏ ausreichend Getränke
- ❏ Erste-Hilfe-Set
- ❏ Notfall-Telefonnummern

Unfallorganisation:

Schauen	Denken	Handeln
Was ist passiert? Wie viele sind verletzt? Wie schwer sind die Verletzungen	Welche Maßnahmen sind notwendig? Sind Hilfsmittel vorhanden? Aufgabenverteilung vornehmen!	Sichern der verletzten Person! Lebensrettende Sofortmaßnahmen! Notruf veranlassen

Verhalten bei Erkrankungen und Verletzungen:
- ❏ Ruhe bewahren!
- ❏ Betroffene und andere TeilnehmerInnen beruhigen!
- ❏ Aufgaben verteilen!
- ❏ Erste Hilfe leisten!
- ❏ Lagerleitung sofort (evtl. per Melder) informieren und ggf. Rettungsmaßmahmen einleiten

Eine Meldung beinhaltet folgende Informationen:
1. Was ist passiert?
2. Wie viele Personen sind verletzt?
3. Wie schwer sind die Verletzungen?
4. Wo ist es passiert? Genauen Ort angeben!
5. Was wurde bisher veranlasst?
6. Kann der Betroffene selbst ins Lager gebracht werden?
7. Kann der Betroffene von der Lagerleitung abgeholt werden?
8. Muss der Rettungsdienst verständigt werden?

06a. Notfall-Checkliste

URGENCE! / Notfall / Emergency

Nous sommes un groupe d'enfants et de jeunes et nous avons besoin d'urgence d'une aide médicale!

Wir sind eine Gruppe von Kindern und Jugendlichen und benötigen dringend ärztliche Hilfe!

We are a group of children and teens and need urgently medical help!

Folgendes ist passiert:	Ceci est arrivé:	That's happened:
❏ ein Kind	❏ un enfant	❏ a child
❏ mehrere Kinder	❏ plusieurs enfants	❏ more children
❏ ein Erwachsener	❏ un adulte	❏ an adult
❏ hat bzw. haben sich	❏ c'est ou ce sont	❏ has or have
❏ leicht verletzt	❏ blessé légerement	❏ slightly injured
❏ schwer verletzt	❏ blessé gravement	❏ seriously injured
❏ lebensgefährlich verletzt	❏ blessé mortellement	❏ critically injured
Verletzungsart:	*Genre de bléssure:*	*Kind of injury:*
❏ Armbruch	❏ fracture du bras	❏ broken arm
❏ Beinbruch	❏ fracture de la jambe	❏ broken leg
❏ Augenverletzung	❏ bléssure de l'oeil	❏ eye injury
❏ Kopfverletzung	❏ bléssure de la tête	❏ head injury
❏ Bauchverletzung	❏ bléssure au ventre	❏ stomach injury
❏ Fußverletzung	❏ bléssure au pied	❏ foot injury
❏ Schnittverletzung (größere)	❏ coupure (entaille)	❏ cut (gash)
❏ mit dem Fahrrad gestürzt	❏ chute de vélo	❏ heavily fallen from the bike
❏ Vergiftung	❏ empoisonnement	❏ poisoning
❏ Sonnenstich	❏ coup de soleil	❏ sun stroke
❏ Unterkühlung	❏ refroidissement	❏ under cooling
❏ im Canyon abgestürzt	❏ chute dans les gorges	❏ fallen in the canyon
❏ ertrunken/erstickt	❏ noyé/étouffé	❏ is drowned/suffocated
❏ bewusstlos	❏ sans connaissance	❏ is fallen senseless
❏ Kreislaufstillstand	❏ arrêt de circulaire	❏ a circulatory collapse

Le lieu d'accident, (voir la carte au dos de la page). Merci de prévenir un docteur et/ou les pompiers.
Notre camp est à … … … (Ort) (Camping … … …., Tel.: … … …)
Prière de prévenir un/une responsable de la groupe… … (z.B. Pfarre xy)… … de … … … (Ort)

Den Unfallort sehen Sie auf der rückseitig abgedruckten Karte. Bitte verständigen Sie einen Arzt und/oder die Feuerwehr.
Unser Basis-Camp ist in … … … (Ort), (Camping … … …, Tel.: … … …)
Bitte verständigen Sie auch dort jemanden von der Gruppe … … …
(z.B. Pfarre xY) aus … … … (Ort)

Please find the place of the accident on the otherside of the card.
Please call a doctor and/or the fire brigade.
Our base camp is at … … … (Ort), (Camping … … … , Tel.: … … …).
Please inform there as well somebody of the group … … … (z.B. Pfarre XY) from … … … (Ort)

Merci/Vielen Dank/Thank You

07. Sofortmaßnahmen

Lebensbedrohliche Blutung

Hochhalten: Eine Blutung am Arm kann durch Hochhalten vermindert werden.

Drücken: Die Schlagader gegen einen darunter liegenden Knochen drücken.

Druckverband: Blutet der Verband durch, muss ein Druckverband angelegt werden.

Schock

Infolge des Blutverlustes steht dem Kreislauf nicht mehr genügend Blut zur Füllung der Blutgefäße zur Verfügung.

Erkennen	*Maßnahmen*
❏ schneller, schwacher Puls	❏ Betroffenen flach auf den Rücken legen
❏ blasse, kalte Haut	❏ und seine Beine in 30 cm Höhe lagern
❏ frieren	❏ Betroffenen zudecken
❏ kalter Schweiß auf der Stirn	❏ beruhigend auf Betroffenen einwirken

Knochenbrüche

Man unterscheidet zwischen offenen und geschlossenen Knochenbrüchen. Verhaltet euch bei Verdacht auf einen Knochenbruch so, als läge ein Bruch vor.

Erkennen
- ❏ unnatürliche Lage und Beweglichkeit
- ❏ Stufenbildung im Bruchbereich
- ❏ sichtbare Knochenenden
- ❏ Schmerzen und Schwellung

Maßnahmen
- ❏ Der betroffene Körperbereich soll nicht unnötig bewegt werden.
- ❏ Der betroffene Körperteil muss durch Lagerung oder Umpolsterung ruhig gestellt werden.
- ❏ Bei einem offenem Bruch muss die Wunde druck- und keimfrei bedeckt werden.

Sonnenstich

Eine direkte Sonneneinstrahlung auf den ungeschützten Kopf führt zur Reizung der Hirnhaut.

Erkennen

❏ hochroter, heißer Kopf
❏ kühle Körperhaut
❏ Unruhe, Schwindelgefühl
❏ Übelkeit/Erbrechen
❏ Bewusstseinsschwund

Maßnahmen

❏ Betroffenen an einem kühlen, schattigen Ort lagern
❏ ihn mit etwas erhöhtem Oberkörper lagern
❏ den Kopf mit nassen Tücher kühlen
❏ Betroffenen beruhigen

Hitzschlag

Bei großer körperlicher Anstrengung in undurchlässiger Kleidung entsteht eine Wärmestauung.

Erkennen

❏ Durst, fehlendes Schwitzen
❏ Bewusstlosigkeit, Fieber, Krämpfe
❏ hochroter Kopf und trockene warme Haut
❏ Übelkeit und Erbrechen

Maßnahmen

❏ Rasche Abkühlung
❏ Bei Bewusstsein kochsalzhaltige Flüssigkeit trinken lassen
❏ Rückenlage mit leicht erhöhtem Oberkörper

Verbrennungen

Erkennen

❏ Hautrötung
❏ Blasenbildung
❏ Zerstörung der Haut

Maßnahmen

❏ sofortige ausgiebige Kühlung mit kaltem Wasser bis die Schmerzen abklingen.
❏ Versorgt die Wunde mit einem keimfreien Verbandtuch.
❏ Bei großflächigen Verbrennungen nur mit feuchten Tüchern kühlen

Verschlucken von Fremdkörpern

Erkennen
- ❏ Starker Hustenreiz
- ❏ Blauverfärbung der Haut
- ❏ Schluckbeschweren

Maßnahme
- ❏ Schlagt mit der flachen Hand bei herunterhängendem Oberkörper des Betroffenen zwischen seine Schulterblätter, um so Hustenstöße auszulösen, die den Fremdkörper wieder herausbefördern.

Asthma

Bei einem Asthmaanfall verengen sich die Bronchien; dies führt zu starker Atemnot.

Erkennen
- ❏ Pfeifendes, keuchendes Atemgeräusch
- ❏ Blauverfärbung der Lippen, bzw. des Gesichts
- ❏ kalter Schweiß
- ❏ Angstgefühle, Anstieg der Pulsfrequenz

Maßnahmen
- ❏ Lagert den Erkrankten nach seinem Wunsch, ideal mit aufrechtem Oberkörper.
- ❏ Gebt die Anweisung, dass er langsam und tief durchatmen soll.
- ❏ Den Erkrankten beruhigen.

08. Notfallkarte/Lagerausweis:

Alle Teilnehmer/innen der Ferienmaßnahme sollten einen Notfallkarte/Lagerausweis mit den wichtigsten Telefonnummern und Adressen mit sich führen. So kann nicht nur jeder im Notfall den Rettungsdienst alarmieren, sondern auch die Lagerleitung über Vorkommnisse umgehend informieren. Außerdem liefert dieser Ausweis bei einem Unfall oder einer plötzlichen Erkrankung wichtige Hinweise. Diese Notfallkarte könnte wie folgt aussehen:

Lagerausweis/Notfallkarte

Name:

Vorname:

evtl. Bild

Name der Jugendgruppe:

Lageradresse:

medizinische Hinweise (z.B. Blutgruppe oder chronische Krankheiten):

Wichtige Telefonnummern:

Polizei:

Rettungsdienst:

Lagerleitung:

Gruppenleiter:

Campingplatz/Herberge:

09. Unfall-Protokoll

Datum:_____

Freizeit: _____vom: _____ bis:_____

verantwortliche/r LeiterIn: _____

Ferienziel: _____

Name d. Betroffenen: _____

Adresse: _____

_____

Was ist passiert? _____

_____

_____

Bemerkungen: _____

_____

Zeugen:
Name, Vorname: _____
Straße, Hausnr.:_____
PLZ Ort:_____
Telefon Nr.:_____

Name, Vorname: _____
Straße, Hausnr.:_____
PLZ Ort:_____
Telefon Nr.:_____

Falls ihr dieses Formblatt ausfüllen müsst, bitte auch zum Veranstalterbüro
faxen. Fax-Nr.:

10. Freizeittagebuch vom _____

FreizeitLeiterIn: _____ Ziel: _____

Wetter: _____

_____

_____

Küche:

Frühstück: _____

Zwischenmahlzeit: _____

Mittagessen: _____

Zwischenmahlzeit: _____

Abendessen: _____

Freizeitprogramm: _____

_____

_____

_____

_____

Probleme: _____

_____

_____

Bemerkungen: _____

_____

_____

_____

Stimmung allgemein (bitte ankreuzen):

gut ❏   ❏   ❏   ❏   ❏   ❏ schlecht

Bitte aus an das Veranstalterbüro weiterleiten! Fax-Nr.:

11. FreizeitleiterInnen – Fragebogen

Liebe FreizeitleiterInnen, eure Meinung ist uns wichtig. Bei der Umsetzung von Qualität und bei der Qualitätssicherung sind wir auf euch angewiesen. Nur so können wir Stärken und Schwächen unseres Angebotes erkennen und entsprechend für die Zukunft handeln. Daher bitten wir euch, den Fragebogen nach Durchführung der Freizeit umgehend an uns zurückzusenden.
Schon jetzt ein großes DANKESCHÖN dafür an euch.

Reisenummer: _____Reiseziel: _____Termin: _____

FreizeitleiterIn:_____Anzahl der TeilnehmerInnen: _____

(Bewertungen nach Schulnotensystem von 1 – sehr gut – bis 6 – ungenügend)

1. Wie verlief die
Hinreise: ❏ 1 ❏ 2 ❏ 3 ❏ 4 ❏ 5 ❏ 6
Rückreise: ❏ 1 ❏ 2 ❏ 3 ❏ 4 ❏ 5 ❏ 6

2. Unterbringung:
Zustand der Zimmer oder Zelte: ❏ 1 ❏ 2 ❏ 3 ❏ 4 ❏ 5 ❏ 6

Bemerkungen:

3. Sanitäre Einrichtungen: ❏ 1 ❏ 2 ❏ 3 ❏ 4 ❏ 5 ❏ 6
Bemerkungen:

4. Verpflegung:

Portionen:	❏ groß	❏ ausreichend	❏ wenig
Qualität:	❏ gut	❏ mittel	❏ schlecht

Bemerkungen:

5. Die Reise hat mir insgesamt ❏ 1 ❏ 2 ❏ 3 ❏ 4 ❏ 5 ❏ 6 gefallen.

6. Wie habt ihr euch in eurem FreizeitleiterInnen-Team verstanden?
❏ 1 ❏ 2 ❏ 3 ❏ 4 ❏ 5 ❏ 6

7. Wie war die Zusammenarbeit mit dem Veranstalter-Büro?
❏ 1 ❏ 2 ❏ 3 ❏ 4 ❏ 5 ❏ 6

8. Wie schätzt ihr eure Vorbereitung auf die Reise durch die Seminare ein?
❏ 1 ❏ 2 ❏ 3 ❏ 4 ❏ 5 ❏ 6

9. Was würdet ihr auf den Vorbereitungsseminaren noch gern zusätzlich behandeln?

_____

_____

_____

10. Welche Verbesserungsvorschläge zu den TeilnehmerInnen-Infos habt ihr?

_____

_____

_____

11. Was ihr noch unbedingt sagen wollt ...

_____

_____

_____

Datum: _____ Unterschrift: _____

12: TeilnehmerInnen – Fragebogen

Eure Meinung ist uns wichtig. Deshalb habt ihr hier die Möglichkeit, eure Meinung schriftlich zu äußern. Eure Bewertung erfolgt im Schulnotensystem von 1 (sehr gut) bis 6 (ungenügend). Bei der Umsetzung von Qualität und bei der Qualitätssicherung sind wir auf euch angewiesen. Nur so können wir Stärken und Schwächen unseres Angebotes erkennen und entsprechend für die Zukunft handeln.
Schon jetzt ein großes Dankeschön dafür an euch.

Reisenummer: _____Reiseziel: _____Termin: _____

FreizeitleiterIn:_____Anzahl der TeilnehmerInnen: _____

(Bewertungen nach Schulnotensystem von 1 - sehr gut - bis 6 - ungenügend)

1. Wie verlief die
Hinreise:　　　　❑ 1 ❑ 2 ❑ 3 ❑ 4 ❑ 5 ❑ 6
Rückreise:　　　 ❑ 1 ❑ 2 ❑ 3 ❑ 4 ❑ 5 ❑ 6

2. Unterbringung:
Zustand der Zimmer oder Zelte: ❑ 1 ❑ 2 ❑ 3 ❑ 4 ❑ 5 ❑ 6

Bemerkungen:

3. Sanitäre Einrichtungen:　　　❑ 1 ❑ 2 ❑ 3 ❑ 4 ❑ 5 ❑ 6
Bemerkungen:

4. Verpflegung:

Portionen:	❑ groß	❑ ausreichend	❑ wenig
Qualität:	❑gut	❑ mittel	❑ schlecht

Bemerkungen:

5. Die Reise hat mir insgesamt ❏1 ❏2 ❏3 ❏4 ❏5 ❏6 **gefallen.**

6. Wie hat Euch der Reiseablauf bzw. das Programm gefallen?
❏ 1 ❏ 2 ❏ 3 ❏ 4 ❏ 5 ❏ 6

7. Wie habt ihr Eech mit euren FreizeitleiterInnen verstanden?
❏ 1 ❏ 2 ❏ 3 ❏ 4 ❏ 5 ❏ 6

8. Würdet ihr die Reise weiterempfehlen?
❏ ja ❏ nein
weil

9. Wart ihr mit den Informationen und der Organisation zufrieden?
❏ ja ❏ nein
weil

10. Welche Verbesserungsvorschläge zu den TeilnehmerInnen-Infos habt ihr?

_____

_____

11. Was Ihr noch unbedingt sagen wolltet ...

_____

_____

Bitte gebt diesen Fragebogen ausgefüllt auf der Rückfahrt euren FreizeitleiterInnen oder sendet ihn direkt an uns zurück. Vielen Dank im Voraus.

13. Texte und Gebete

Zeit-Gebete

Lieber Gott,
vor uns liegen die Ferien,
auf die wir uns schon lange freuen.
Wir haben viele Erwartungen und Pläne.
Wir möchten dich bitten:
Schenke uns in diesen Wochen
die Begegnung mit Menschen,
die uns etwas zu sagen haben,
mit denen wir wirklich sprechen können,
einen Freund, eine Freundin,
vielleicht auf der ersten eigenen Reise unseres Lebens.
Wir bitten dich auch für die,
deren Gesundheit angegriffen ist,
dass sie in Kur und Urlaub die Erholung finden,
auf die sie hoffen.
Bewahre uns vor Leid und Unglück,
vor Langeweile und Enttäuschung.
Lass uns täglich dankbar sein.
Lass uns verantwortlich umgehen mit unseren Dingen und mit dem Eigentum
anderer,
mit unserer Zeit,
mit allem, was uns geschenkt wird.
Lass uns alle wieder gesund zurückkommen,
fröhlich, reich und dankbar.
AMEN.

Gott, die Zeit ist ein Geschenk,
das du uns machst,
aber ein vergängliches Geschenk,
ein Geschenk, das sich nicht aufheben lässt.
Herr, ich habe Zeit.
Ich habe Zeit für mich,
alle Zeit, die du mir gibst,
die Jahre meines Lebens,
die Tage meiner Jahre,
die Stunden meiner Tage,
sie gehören alle mir.
An mir ist es, in der Zeit mein Leben zu erfüllen,
für dich und für meine Mitmenschen.

Guter Gott,
wir danken dir für die schöne Zeit
des Sommers und der Ferien.
Kleine und große Abenteuer warten auf uns,
wir wollen sie gemeinsam entdecken.
Manche Kinder haben vielleicht auch ein wenig Angst, weil sie zum ersten Mal
von zu Hause weg sind und weil alles neu ist.
Schenke uns gute Ideen, wie wir unsere gemeinsame Zeit verbringen können,
damit sich alle wohlfühlen.
Behüte und segne uns alle. AMEN.

Tischgebete

Segne, Herr, dieses Essen.
Es schenke uns neue Kraft und Fröhlichkeit.
Segne unsere Tischgemeinschaft,
damit aller Unfriede von uns fernbleibe.
Wir danken dir, weil du uns beschenkst. AMEN.

Gott, unser Vater!
Mit gutem Essen ist unser Tisch wieder gedeckt.
Wir danken dir dafür,
dass wir wieder satt werden können.
Lass uns deine dankbaren Gäste sein. AMEN.

Die Erde, das Korn, das Licht und die Wärme
und die Arbeit der Menschen geben uns das Brot.
Wir danken dir, Gott,
für das Brot des Lebens,
Du Gott der Erde, Gott des Lichtes,
Gott der Menschen. AMEN.

Herr, unser Gott,
der Tisch ist gedeckt,
wir sitzen zusammen und wollen essen.
Alles, was wir haben,
ist ein Geschenk von dir.
Auch diese Mahlzeit.
Du bist der Gastgeber,
wir sind die Gäste.
Herr, wir danken dir. AMEN.

Guter Gott,
wir wollen nun unser Essen miteinander teilen.
So, wie wir hier an einem Tisch sitzen,
weil wir gegenseitig Anteil nehmen am Leben des anderen.
Hilf uns dazu Herr,
in Freude und Leid,
in Armut und Wohlstand,
in kranken und gesunden Tagen. AMEN.

Herr Jesus Christus,
Du hast uns versprochen,
uns nahe zu sein wie jemand,
der neben uns am Tisch sitzt.
Gib darum, dass auch wir jetzt
einander nahe sind. AMEN.

Herr Jesus Christus,
Du hast die Menschen
gern eingeladen
und dich mit ihnen zusammengesetzt.
Komm auch jetzt zu uns
und sei bei unserer Mahlzeit,
sei mitten unter uns. AMEN.

Herr, segne diese Gaben,
die wir zusammengetragen haben.
Segne uns alle miteinander,
sodass wir leben füreinander. AMEN.

Morgengebete

Ich danke dir, Gott,
dass wir nicht allein sind
auf dem Weg durch den Tag.
Du hast uns Menschen gegeben,
die uns begleiten,
die uns verstehen,
die uns lieben.
Mein Gott, ich bitte dich,
für meine Familie (die Vertrauten),
für die Freunde,
sei du mit ihnen.
Segne unser Zusammensein und
unsere Gemeinschaft.
Hilf uns teilen,
was du uns schenkst
und was du uns auflädst.
Gib uns Geduld und Treue.
AMEN.

Herr, du lässt jeden Tag beginnen,
und jeder Tag ist gleich wichtig vor dir.
Gib, dass wir darum
diesen Tag ernst nehmen:
die Aufgaben, die uns an ihm fordern,
die Menschen, mit denen wir ihn verbringen,
die Erfahrungen, die er bringt,
die Freude, mit der er uns überrascht,
und das Bittere, das uns an ihm widerfährt.
Ein neuer Tag ist da.
Hab Dank für Schlaf und Ruhe
und sei mir heute nah
bei allem was ich tue.

Weiß nicht, was kommen wird
an Fülle und an Leere.
Sei du guter Hirt
durchs Schöne wie durchs Schwere.

Dein Wort soll Prüfstein sein
für wesentlich und wichtig,
das Maß für groß und klein
und für verkehrt und richtig.

Hilf, wo ich etwas kann,
die ganze Tat zu wagen,
und fällt mich Schwäche an,
auch dazu ja zu sagen.

Du hast mir Kraft verliehen,
auch diesen Tag zu leben.
Am Abend lass mich ihn
dir wieder fröhlich geben.

Abendgebete

Es ist Abend geworden – ein Tag neigt sich.
Wir halten inne.
Wir wollen uns einlassen auf Gott und sein Wort.

Unser Abendgebet steige auf zu dir Herr
und es senke sich auf uns herab dein Erbarmen.
Dein ist der Tag und dein ist die Nacht.
Lass, wenn des Tages Schein vergeht,
das Licht deiner Wahrheit uns leuchten.
Geleite uns zur Ruhe der Nacht
und vollende an uns dein Werk.

Am Abend des Tages suchen wir den Frieden
nach aller Hast oder auch manchem Streit.
Wir bitten den Gott des Friedens um gute Gedanken vor der Ruhe der Nacht.

Ein Tag ist zu Ende. Wir schauen zurück;
bei Gott suchen wir Antwort auf unsere Fragen.
Wir sammeln Kräfte für erste Schritte.

Herr unser Gott,
wir kommen an diesem Abend zu dir,
um in deiner Nähe Ruhe zu finden.
Lass still werden vor dir die lauten Stimmen des Tages,
die uns nach vorne blicken lassen.
Sprich du zu uns, weise uns den Weg,
schenke uns Mut und gib uns Kraft.
Wecke in uns das Vertrauen, darauf,
dass du uns geben kannst, was wir brauchen,
was uns froh und glücklich für heute,
für morgen und für alle Zeit macht.
Amen.

Niemand von uns geht allein.
Das Versprechen Jesu:
Ich bin bei euch gilt uns.
Das macht unsere Schritte sicher und unser Herz ruhig.
Darum gehen wir in Frieden.

Schöpfungsgebete

Herr, ich staune,
über das, was wunderbar ist,
in der Schöpfung
und in mir, deinem Geschöpf.
Dafür lobe ich dich,
Du Schöpfer des Himmels und der Erde.
Ich danke dir für diesen Flecken Erde,
für alles Leben und Erleben,
das hier und heute möglich ist.
Ich sehe über mir den offenen Himmel;
er gibt meinem Leben einen weiten Raum.

Segensgebete

Möge dein Weg dir freundlich entgegenkommen, Wind dir den Rücken stärken, Sonnenschein deinem Gesicht viel Glanz und Wärme geben. Der Regen möge deine Felder tränken, und bis wir beide, du und ich, uns wiedersehen, halte Gott schätzend dich in seiner hohlen Hand.

Gott möge bei dir auf deinem Kissen ruhen,
dich schützend in seiner hohlen Hand halten.
Deine Wege mögen dich aufwärts führen,
freundliches Wetter begleite dir deinen Schritt.
Wind stärke dir deinen Rücken
und mögest du längst im Himmel sein,
wenn der Teufel bemerkt, dass du fort bist.

Sonne, Regen und Erde
Segen sei mit dir, der Segen strahlenden Lichtes,
Licht um dich her und innen in deinem Herzen.
Sonnenschein leuchte dir und erwärme dein Herz,
bis es zu glühen beginnt wie ein großes Torffeuer
und der Fremde tritt näher,
um sich daran zu wärmen.

Der Segen der Erde,
der guten, reichen Erde sei für dich da.
Weich sei die Erde dir, wenn du auf ihr ruhst,
müde am Ende des Tages,
und leicht ruhe die Erde auf dir
am Ende des Lebens,
dass du sie schnell abschütteln kannst
und auf und davon
auf deinem Wege zu Gott.

Gott segne uns und behüte uns.
Gottes Wort leuchte uns den Weg.
Gottes Geist sei uns Schutz und Schirm vor allem Argen,
Stärke und Hilfe zu allem Guten.
So wahr Jesus lebt.

Gott sei mit dir
beim Anbruch eines neuen Morgens,
dass du gespannt und erwartungsvoll
dem entgegenblickst, was dir dieser Tag abverlangt
und was er dir schenken will.
Gott sei mit dir
in allem, was du tust, dass Deine Arbeit fruchtbar sei
und durch dein Wirken hindurch etwas spürbar wird
von Gottes Frieden und Liebe.
Gott sei mit dir
in den Stunden deiner Muße, dass du Ruhe und Frieden findest in dir selbst
und dir neue Kräfte zuwachsen für dein Tun.
Gott sei mit dir
wenn die Nacht anbricht,
dass du dankbar zurückschauen kannst auf die Last
und die Lust des vergangenen Tages
und du gewiss sein kannst, dass nichts vergeblich war.

Der Friede Gottes,
der größer ist, als unser Denken erfassen kann,
bewahre euch (uns), eure (unsere) Gedanken und Gefühle,
wo ihr lebt oder arbeitet,
wo es euch (uns) gut geht oder ihr (wir) leidet(n).
Der Herr sei mit euch. AMEN.

Wen du auch triffst,
wenn du über die Straße gehst –
ein freundlicher Blick von dir möge ihn treffen.

Und der gesegnete Regen,
der köstliche, sanfte Regen
ströme auf dich herab.
Die kleinen Blumen mögen zu blühen beginnen,
und ihren köstlichen Duft ausbreiten,
wo immer du gehst.

14. Beispiel Erzählfest „Das Schloss mit den sieben Siegeln"

Vorbereitung

Für die Vorbereitung ist zunächst das FreizeitleiterInnenteam gefragt. Erzählfeste sind eine sehr zeitaufwändige Veranstaltung und erfordern eine gute Vorbereitung. Zunächst werden anhand der vorhandenen MitarbeiterInnen die Rollen verteilt und entsprechend eingeübt. Man benötigt ausreichend Zeit für die „Generalprobe" - lieber etwas mehr einplanen, damit man noch Spielraum hat, um Unstimmigkeiten in der Geschichte auszubügeln, die man beim ersten Spielen entdeckt hat. Auch der Bühnenaufbau und die Vorbereitung der Materialien für die Gruppenarbeit und das Verkleiden müssen entsprechend eingeplant sein. Beim Bühnenaufbau gilt aber: weniger ist mehr, es reichen schon ein paar Stühle oder Decken, um ein Schloss anzudeuten. Die Bühne ist geteilt. Es gibt ein Szenario „im Schloss" und „vor dem Schloss", dazwischen ist ein bisschen freier Raum als Symbol für sieben Siegel. Für die spätere Gruppenfindung werden am Eingang beliebig farbige Krepp-Bänder oder Wollfäden an alle TeilnehmerInnen verteilt. Die Platzwahl bleibt dann den TeilnehmerInnen selbst überlassen.

Das Stück

Der Held des Stückes ist ein Prinz, der in einem mit sieben Siegeln gesicherten Schloss sitzt. Sein Charakter ist lieb, aber er ist unter der Herrschaft seiner Mutter. Das Problem entsteht, als er sich in ein Hirtenmädchen verliebt und aufgrund der sieben Siegel nicht zu ihr kann. Seine Gegenspielerin ist die Mutter, die den Prinzen im Schloss eingesperrt hat, damit eine Prophezeiung, die bei seiner Geburt ausgesprochen wurde, nicht in Erfüllung geht. Die Prophezeiung besagt, dass der Prinz nicht standesgemäß heiratet. Einige Zwischenschritte bestimmen den Fortgang der Geschichte. Der Prinz muss auf irgendeine Weise das Hirtenmädchen mindestens sehen und sich in sie verlieben. Das Hirtenmädchen muss erfahren, wie sie den Prinzen aus seinem versiegelten Schloss befreien kann. Die Aufgabe für die Zuschauer ist es, die Siegel zu lösen.

Aufteilung in Szenen

Die Erzählerin erzählt die Vorgeschichte: Die Prophezeiung bei seiner Geburt: besagt, dass der Prinz einmal eine Magd heiraten wird. Die Eltern versuchen, die Erfüllung dieser Prophezeiung zu verhindern. Sie bauen dem Prinzen ein Schloss mit besonderen Sicherheitsvorkehrungen. Es wird siebenfach versiegelt. Im Schloss wohnt der Prinz Claus Benjamin von und zu Wibbelstein mit Johann, seinem treuen Diener. Täglich kommt Amos, der Hirte, um das Schloss mit dem Notwendigsten zu versorgen. Ein Drache Wotan liegt vor der Schwelle und weist alle Besucher bis auf Amos ab.

Szene 1: Wotan liegt vor dem Schloss. Der Prinz liegt im Bett, Johann weckt ihn, hilft ihm beim Ankleiden, dabei gibt es ein Gespräch Prinz – Johann. Die beiden spielen „Fantasie-Reisen", da der Prinz ja nie wirklich verreisen kann, z.B. einen Berg besteigen (Fingerspiel „Himpelchen und Pimpelchen"). Beide stellen fest, dass das furchtbar langweilig ist. Der Prinz ist viel zu alt dafür. Mitten in das Gespräch platzt Amos, der Steinchen (oder einen Ball) ins Schloss schmeißt, um sich bemerkbar zu machen. Der Drache Wotan beschnüffelt Amos und lässt ihn als bekannt gelten. Johann geht raus und holt den Korb mit den Sachen ab. Dabei gibt es ein Gespräch über den Korbinhalt, das kann ruhig ein bisschen lustig sein. Amos hustet dabei ein wenig, hat Kopfschmerzen und sieht leidend aus. Sie verabschieden sich. Amos geht weg, Johann geht zurück ins Schloss.

Erzählerin: Am nächsten Tag geht es Amos immer schlechter, die Versorgung fällt ihm immer schwerer, seine Schwester Jana soll für ihn einspringen.

Szene 2: Amos und Jana treten auf. Amos schleppt sich nur mühsam vorwärts. Er sagt, dass er es nicht mehr schafft und verschwindet von der Bühne – nach Haus, um Fliederbeertee zu trinken und gesund zu werden. Jana nimmt den Korb und geht allein weiter. Auf der anderen Seite der Bühne sieht man, wie Johann mit einer Rolle Klopapier hinter dem Vorhang verschwindet. Der Drache Wotan schnüffelt an Jana und ist angetan von dem frischen Geruch. Jana schmeißt Steinchen. Der Prinz ruft: „Amos, warte mal!" Darauf ruft Jana: „Hallo!" Der Prinz rennt zum Fenster, sieht sie, beide himmeln sich an. Es folgt ein kurzes Gespräch. Dann hört man die Klospülung, der Prinz weicht erschreckt vom Fenster weg, spielt den Unbeteiligten. Johann geht zum Fenster, ruft erschreckt aus: „Huch, ein junges Mädchen, gut, dass der Prinz sie nicht gesehen hat!" Er schreit aus dem Fenster: „Wotan, du fauler Drache, jag sie weg." Wotan jagt Jana durch den ganzen Raum. Johann geht raus zu Wotan und schimpft ihn aus.

Erzählerin: Die beiden sind in Liebe entbrannt. Der Prinz wird vor Liebe fast krank, bekommt Herzschmerzen. Jana beschließt, dass sie um jeden Preis zu dem Prinzen will.

Szene 3: Jana kommt mit dem Korb. Der Drache wird wachsam, gibt Laut. Es folgt eine Diskussion zwischen Jana und Wotan. Wotan sagt: „Ich lasse dich nicht rein, schließlich bin ich das erste von sieben Siegeln". Jana gibt ihm einen Kuscheldrachen zur Besänftigung und singt ihm ein Lied („Ich hab ein großes Kuscheltier"). Der Drache wird ruhiger. Jana hat eine Idee: Sie singt ihm ein Schlaflied: „Wisst ihr wie die kleinen Drachen abends gehen zur Ruh.

Kaum kommt der Mond mit seinem Schein, schon schläft der Drache fried-
lich ein". (Dazu kann jemand von hinten Seifenblasen machen). Der Drache
nimmt sein Kuscheltier und kringelt sich zusammen. Dann kann Jana über die
Schwelle treten. Johann kommt rausgeschossen: „Was machst du hier, hau
ab!" Es folgt ein Gespräch Jana – Johann. Der Diener ist das zweite Siegel.
Johann erzählt, dass der Prinz krank ist, Jana kennt die Heilkräfte der Natur
und könnte dem Prinzen helfen. Johann bedauert, dass er Jana nicht einlassen kann, denn es gibt noch fünf weitere Siegel. Wer da durch geht, ist nie
mehr derselbe Mensch, er wird nämlich lieblos, besitzgierig, steif, taktlos und
traurig. Johann erklärt die Siegel, Jana ist verzweifelt: „Ist hier denn keiner,
der mir helfen kann?" Der Diener erklärt, wenn sie mindestens X (1/5 der
Gruppengröße) Leute findet, die ihr helfen, der Wirkung der Zaubersiegel
entgegenzusteuern, kann sie es schaffen. Und Jana fragt sich, wo sie so viele Leute herkriegen soll.

Erzählerin: Es gibt glücklicherweise fünf Expertengruppen im Saal:
    die mit den roten Bändern sind Experten in Liebesliedern und Gedichten,
    die mit den blauen Bändern sind Experten im Verschenken,
    die mit den lila Bändern sind Experten für Bewegung und Gymnastik,
    die mit den gelben Bändern sind Experten für Takt und Rhythmus,
    die mit den grünen Bändern sind Experten für Fröhlichkeit.

Die Experten treffen sich zur Beratung in verschiedenen Räumen. Nach ca. ein
bis zwei Stunden treffen sich alle Gruppen wieder am „Schloss", um Jana durch
die restlichen fünf Siegel zu geleiten. Bei jeder Vorführung der Gruppenergeb-
nisse geht Jana ein Stück vor, der Prinz wird jedes Mal ein bisschen lebhafter und
winkt ihr immer heftiger zu, sie schmachten sich dabei an. Nach dem letzten Siegel kommt der Prinz aus dem Schloss, die beiden umarmen sich und laden alle
Gäste zur Hochzeitsfeier ein: Es wird ein Gruppentanz zum Beispiel eine Polo-
naise getanzt. Unterdessen bereiten die FreizeitleiterInnen etwas zu trinken vor
und tragen eine Hochzeitstorte (Prinzenrolle-Kekse, aufgetürmt und mit Puder-
zucker bestäubt) herein. Dann darf jeder Gast etwas trinken und einen Keks
nehmen und das Fest ist zu Ende.

Cliparts

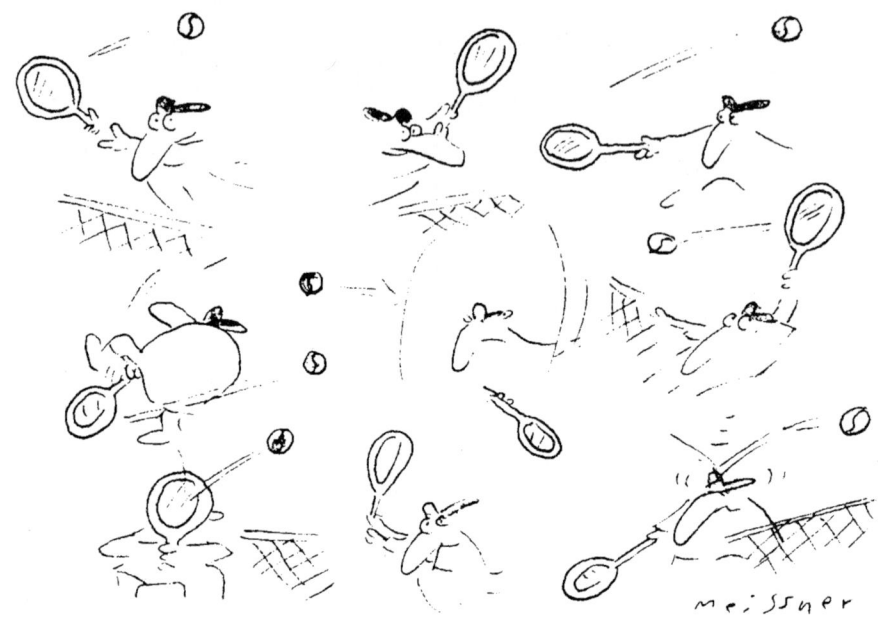

Tu mir einen Gefallen, Stefan, ... und mal nicht wieder ab!

MEINE ERSTE KONFRONTATION MIT MENSCHLICHEN WERTEN HAT MEIN VERHALTEN – SOWEIT ICH DAS HEUTE BEURTEILEN KANN – NUR UNWESENTLICH BEEINFLUSST.

Also, lieben tu ich nur die Petra. Petra ist aber total in Harry verKnallt. Harry ist jedoch in Ute verliebt und ich hab heut abend ein Date mit Lotte. – IST DAS EIN SCHEISS!!!

Die BAG

Die BAG Katholischer Jugendferienwerke ist eine Kooperationsgemeinschaft von fünf Kinder- und Jugendreiseveranstaltern. Sie sind alle aus der Tradition kirchlicher Jugendverbände entstanden.

Gemeinsam bietet die BAG eine Vielfalt an Kinder- und Jugendreisen jeglicher Form an. Zur Angebotspalette gehören u.a.:

- ❏ Workcamps
- ❏ Internationale Begegnung
- ❏ Abenteuer- und (Natur-) Erlebnisreisen
    - ❏ Sprachaufenthalte
    - ❏ Badeurlaube
    - ❏ Zeltlager
    - ❏ Studienreisen

Alle Reisen für Kinder, Jugendliche werden von ausgebildeten Reiseleiterinnen und Reiseleitern begleitet.

Darüber hinaus bieten wir Unterstützung bei der Organisation von Ferienfreizeiten und Internationalen Begegnungen für Pfarrgemeinden bzw. andere bestehende Gruppierungen an: Von der Unterkunftssuche bis zur Anreise kann auf das fachliche Know How zurückgegriffen werden.

Die BAG Kath. Jugendferienwerke ist in verschiedenen bundesweiten Gremien vertreten, um sich für die Interessen der katholischen Veranstalter von Ferienfreizeiten und Jugendreisen, als Teil der Jugendhilfe, einzusetzen.

Da die BAG um eine fortschreitende Qualifizierung ihres Angebotes bemüht ist, dient sie vor allem dem fachlichen Austausch der Veranstalter beispielsweise in den Bereichen, Marketing, Öffentlichkeitsarbeit, Ausbildung von ReiseleiterInnen, Reiserecht etc.

Sie initiiert u.a. Fortbildungsseminare und Veranstaltungen für Verantwortliche im Jugendreisebereich, erstellt Arbeitshilfen für die Praxis und beteiligt sich an trägerübergreifenden Projekten.

Geschäftsstelle:
Carl-Mosterts-Platz 1
40477 Düsseldorf
Tel.: 02 11/46 93-161
Fax: 02 11/46 93-120
E-Mail: jugendreisen@jugendhaus-duesseldorf.de
Internet: www.jugendhaus-duesseldorf.de